2023 内蒙古文学艺术发展年度报告

NEIMENGGU WENXUE YISHU FAZHAN NIANDU BAOGAO

内蒙古自治区文学艺术界联合会　编

中国文联出版社

图书在版编目（C I P）数据

内蒙古文学艺术发展年度报告 . 2023 / 内蒙古自治区文学艺术界联合会编 . -- 北京 : 中国文联出版社, 2024. 7.
ISBN 978-7-5190-5569-1

Ⅰ . G127.26

中国国家版本馆 CIP 数据核字第 20248BW445 号

编　　者　内蒙古自治区文学艺术界联合会
责任编辑　刘　雷　张　甜
责任校对　书虫校对
装帧设计　贾闪闪

出版发行　中国文联出版社有限公司
社　　址　北京市朝阳区农展馆南里 10 号
邮　　编　100125
电　　话　010-85923025（发行部）010-85923091（总编室）
经　　销　全国新华书店等
印　　刷　天津和萱印刷有限公司

开　　本　710 毫米 ×1000 毫米　1/16
印　　张　21.75
字　　数　311 千字
版　　次　2024 年 7 月第 1 版第 1 次印刷
定　　价　79.00 元

目录

文学

置身于北疆农耕文化、游牧文化、渔猎文化、工业文化多重视野中的内蒙古多民族作家，紧贴时代脉搏，深入现实生活，砥砺文学技艺，进行艺术突破，力求在讲好中国故事的文学主潮中贡献内蒙古文学的锦绣篇章。不论是时代激流与生活涓滴激荡出的人物形象，还是世界与自我相互辉映的抒情声音，抑或是中华传统美学与现代文学主体对话交融形成的审美创造，2023年，内蒙古多民族作家始终以中华民族共同体意识为主线，以叙事与抒情，呈现内蒙古土地丰富多样的生活剖面，表现内蒙古各族人民丰饶的内心经纬，勾勒又一年奋力攀登的文学图景。

一、2023 年内蒙古小说图景

近年来，内蒙古中短篇小说创作非常活跃，在作家代际上，70 后小说家、80 后小说家、90 后小说家的中短篇小说创作都保持稳定的创作状态；从发表平台上看，《人民文学》《民族文学》《上海文学》等全国性文学杂志都刊载了内蒙古小说家的作品；在作品类型上，内蒙古小说家擅长呈现的草原诗情写作传统有新的继承与发扬，小说形式探索在新一代青年作家身上有突出的表现，年轻的女作家群也是当下内蒙古小说创作的重要力量。

（一）稳健有力：中生代小说家的小说形态

在当下的文学主潮之中，70 后是创作的主力之一，经历过文学现场筛选的 80 后作家也已经成为创作的中坚。内蒙古小说创作也具有这样的特点。海勒根那是内蒙古 70 后作家的代表。追寻传统草原生活记忆与描述当下草原新变是海勒根那小说的两大主题。前一类常以父辈的出走与草原记忆的再现为叙述特征。以往的代表性作品《寻找巴根那》《我的叔叔于勒》《父亲鱼游而去》都是如此。《马背上的奥登》发表于《草原》2023 年第 8 期，延续了这一主题，小说以“我”的视角回忆了“我”的叔叔奥登的故事。“我”的叔叔年轻时是家乡最好的牧马人，有着高超的马背技艺。当生产队解散草场改作农田，叔叔无法接受由牧人向农民的转变，从此没有再回家，成为一个马背流浪者。老一辈牧人面对传统游牧生活变化的失落感通过叔叔“出走”表现出来。《白色罕达犴》发表于《民族文学》2023 年第 5 期，呈现了草原环境的良性转折。该小说入选 2023 年度中国当代文学排行榜、2023 年度中国好小说。小说写护林员纳卡遇到故去多年的舅舅阿日坤的灵魂，阿日坤的灵魂向外甥讲述生前故事：冬日打猎迷路为白色罕达犴所救，为了救治受伤的白色罕达犴但终被猎人误伤打死。甥舅之间跨越时光的对话，包含着兴安岭森林生态的变化。阿日坤昔日的恋人妞日卡给孩子起名为白犴，这既是爱的纪念，也是阿日坤爱护兴安岭信念的延续。如今的白犴已经成为一名林业专家。怀着共同的护林目标的纳卡和白犴在飞机上看到了白色罕达犴。白色罕达犴的重现表明阿日坤的梦想已经实现。这梦想正如小说结尾所写：“是的，他要把这所知所见禀知阿日坤舅舅，告诉他，兴安岭上日月常新，森林的魂魄犹在……”[1] 海勒根那《牧羊人失踪案》发表于《中国作家（文学版）》2023 年第 2 期，是一部以悬疑手法层层剥茧，进而揭露结局的现实主义小说。《白色罕达犴》从草原森林生态方面着眼草原变迁，《牧羊人失踪案》则是从草原生活的精神生态方面做了揭示。小说中的牧羊人额日斯失踪了，警察“我”和小张进行案件侦查。小说以悬疑的技法形成引人入胜的效果，而真正打动人心的还是情感的挣扎与人性的幽微，呈现了作者对草原现实生活的思考。妻子故去的额日斯经常醉酒，三个子女对他充满怨怼，又一次醉酒的额日斯在风雪之夜再也没有醒来。额日斯死前紧握着给女儿乌日娜买的新书包，流露出他深沉的父爱，但额日斯风雪中没有找到回家的路，引发了警察“我”关于芒来兄妹对父亲态度的

1　海勒根那：《白色罕达犴》，《民族文学》2023 年第 5 期。

思考。小说采取双线叙事，警察“我”的家庭和亲子关系也出现了问题，额日斯的案件促使“我”重新回归父亲角色。《牧羊人失踪案》表达了对失踪了的家庭亲情的追寻，流露出叙述者重建当下草原日常生活的意愿。

70后小说家赵卡，擅长讲述情节跌宕离奇的故事，也常常表现出“元”小说特色。同时，浓郁的口语化叙述与内蒙古西部风土人情的描写使他的小说具有明显的地方色彩。赵卡的《帕萨特》发表于《滇池》2023年第12期，写“我们”联合村支书，帮助县水务局局长的司机李天宝摆平偷情事件。在小说结尾处，“我”发现“窝囊废”杨七似乎是在套住“我们”，以此获得承包防洪工程的机会，而县水务局局长也酒后猝死在宾馆中。赵卡的《疯狂的羽毛》发表于《红岩》2023年第4期，小说以瘫痪在床的赵秀清的视角回忆自己和罗志刚、王力生、小利军、樊高之间的情感纠葛，火辣爽快的语言和跌宕起伏的叙述使小说可读性较高，小说写出了赵秀清斗志太强的性格所带来的生命的起伏，引人深思。赵卡的《绝境穿越》发表于《草原》2023年第9期，是对抗战时期草原历史的陈说。驯马手巴尔斯逐渐认清日本侵略者的面目，加入由姚井泉领导的八路军铁山骑支，在参与抗战的过程中找到了生命的意义。小说从还没有受到战争侵袭的草原讲起，还是王府奴隶的巴尔斯和日军上尉羽生平次在一次赛马后结为安达。后来，羽生平次以政府军马场需要驯马手的名义帮助巴尔斯告别了奴隶身份，巴尔斯却渐次目睹了日本人对待草原人民残忍的行径，巴尔斯的母亲和妹妹也不幸受战争牵连而死亡。由此，兄弟情在民族矛盾面前让位于民族情，巴尔斯在姚井泉的引导下振作起来，协助八路军一步步壮大势力。小说亦生动刻画了在情感道德和家族荣耀之间纠结的羽生平次。效忠天皇的“责任”使他最终拿起武器与巴尔斯对峙，他却不忍归还当初结为安达的信物，故事也在这颇具纠葛的对峙中结束，呈现出战争中描写人性的叙述深度。

小说家拖雷作品不多，但其笃定、执着，在小说创作的路上用力经营。《雪玛》发表于《鹿鸣》2023年第8期。小说记述了“我”在女友意外从骆驼上摔下成为植物人后，面对个人利益与道德信仰间的冲突，仍旧选择坚守人性善的故事。为了表现出“我”在面对小雪时的复杂情感，文中多次写到“我”的梦境和幻觉，通过对梦境中主人公两种意识的冲突对抗过程的描写，表现出人物内心的矛盾和精神的分裂。

著名作家郭雪波虽不属于70后、80后，但也是内蒙古小说界的重要力量。《追逐一只跳兔王》发表于《鄂尔多斯》2023年第2期。用“追跳兔”这一疲惫艰辛又充满未知的经历象征命运的不可捉摸，表达了在迷茫人生路上极力拼搏前行的美好愿望和对逝去时光的唏嘘慨叹。郭雪波的《寻找疯老师》发表于《鄂尔多斯》2023年第12期。小说发生在黄河岸边，一个名叫“沙坡头”的普通小村落。前来报道治沙经验的“我”与在此支教的“玖彩华”邂逅，从而牵扯出一段有关治沙英雄飒风的前尘往事。文中的治沙英雄飒风，也就是传说中的“疯老师”，因为下放来到沙坡头，积极投身于当地的治沙事业直到“失踪”。后来者的“我”与玖彩华在不间断地寻找消失的疯老师的旅途中，也寻回了那一颗献身生态事业、维护美好家园的赤子之心。

波·苏德那木策仁是一位默默耕耘的老作家。其新作《宁布先生》发表于《敕勒格尔塔拉》2023年第4期,宁布先生服兵役期间虽然没有过人的本领，但埋头苦干、积极向上，多次受到表彰和奖励。退役后又担任商贸行大库管理员一职，爱岗敬业、一丝不苟。退休后又不求回报，一直帮助邻里村民们的日常，令人动容。小说的主人翁是一个尽职尽责、可敬可爱的形象。

在北京生活写作的内蒙古80后作家刘汀近年受到文坛瞩目。刘汀《夜空》发表于《长江文艺》2023年第2期，讲述电影导演“我”回乡在广场上放映电影的过程,表现了离开故乡的“我”与故乡的精神隔膜以及精神沟通的可能。虽然放映《费加罗的婚礼》《肖申克的救赎》《活着》遭到村民拒绝，并且被求雨这一传统仪式挪用，但《费加罗的婚礼》作为背景音乐出现在村里小孩制作的视频中，可以发现精神的启蒙依然在故乡发挥了作用。同时，故乡的务实性也让“我”重新思考自己的艺术之路的凌空虚蹈性。刘汀的《野火烧不尽》发表于《北京文学》2023年第7期，通过《火：乌拉盖》《血：中国城》《肉：天通苑》《药：乌拉盖》四章节，写作小说主人公“我”离开草原后波澜起伏的一生。“我”的父亲是20世纪60年代被送往草原的上海孩子，和“我”的母亲从小相识并相伴一生。“我”经历了妻子车祸身亡、“大尾羊传统涮”的兴盛与覆灭、种植大麻等事件后，在监狱中想念乌拉盖草原，发觉乌拉盖草原以博大的胸襟包容着世间的复杂。

小说、报告文学、影视剧改编多面手肖睿在2023年出版了长篇小说《太阳雨》和《草原布鲁斯》，案件侦查与悬疑讲述使这两部小说具有可读性，房地产开发与经济发展引发的人心变化是两部小说共有的主题。作家塑造了一个名为“金市”的北方金融城市，其中寄寓着作家对经济与道德关系的思考。肖睿的《沙漠故事》发表于《草原》2023年第5期，文章通过三则寓言来表现共同的生态主题。小说中作者将沙漠、星星以及骆驼等自然物做了人化的处理，展示出自然生物本真的生命活力和它们向上的意志，而人类则是被作者放置在自然界的对立面，人性的丑陋和罪恶在这里展露无疑。作者通过物的人化与人的异化来表现人与自然关系的扭曲，暗含着作者的生态焦虑以及对人与自然关系的思考。肖睿的《库布齐诗篇》发表于《人民文学》2023年第7期。这篇小说采取穿插结构，单数章节写过去双胞胎姐妹治沙的艰辛故事，双数章节写“我”从离乡到归乡的精神历程，以“我”的视角目睹治沙后人们现代化的生活，单数、双数章节构成对比，形成审美张力。母亲和姨妈、“我”与姐姐图雅之间特异的共参功能，以及想要离开的母亲和“我”最终选择回归的精神对照，使小说具有一种宿命感。治沙种树比起外面繁华的世界显得单调，但精神深处的东西指引人回到自然。治沙成就、人的坚守、人与自然相依的宿命感在小说中融为一体，谱写出一曲治沙赞歌。

阿尼苏的《绿草白马》发表于《草原》2023年第2期，小说用“绿草白马”表达了对真挚友情的呼唤。草原和白马作为草原儿女心中最圣洁的所在，承载着纯真的情感。主人公阿吉和巴根那两个孤独个体相互依偎，却因诸多误会而分道扬镳，甚至阴阳两隔。对绿草白马的向往是孤独的巴根那寄托情感和栖息灵魂的方式，也是阿吉缅怀友人巴根那的方式。小说语言质朴，情感真切，传递着孤独个体对友情和温暖的渴望，以及对理想家园的向往。阿尼苏的《看那白色的马》发表于《芒种》2023 年第 5 期，小说讲述涉世未深的主人公“我”惨遭欺骗、失去了心爱的白马的经历。“我”失去了白马，但每当“我”想起白马时，总会升起积极向上的劲头。这篇小说中纯白的马象征纯真、美好，激励“我”保持内心的善良与美好。阿尼苏的《阿扎的江湖》发表于《草原》2023 年第 11 期，反映了敖特尔的弟弟在青春成长过程中的种种叛逆，与之相对，哥哥褪去年少意气的稳重、担当是小说的主线。小说以过来人的视角观照成长过程中的青年，开拓了青春成长题材小说的叙事模式。敖特尔清楚地知道现在的弟弟也是当年的自己，为让弟弟不走弯路，他以身作则、谆谆告诫，继而展现自己走过的青春之路。随着敖特尔成长的心迹日袒露，他得到了弟弟的理解与尊重。然而，成长不是一蹴而就的，弟弟最终因为替哥哥打抱不平付出了代价，小说结尾那寒冷的夜中明亮的星空和灯火昭示着弟弟越来越成熟的心灵。阿尼苏的《寻找黄骠马》发表于《广西文学》2023 年第 2 期，小说写主人公“我”的儿子被河水淹死，妻子因为悲伤过度去世，“我”因此受到巨大打击，为了寻找生活的意义而去寻找儿子养的“黄骠马”。在这个过程中，“我”在幻觉（或者梦境）中看到妻子和儿子生活得很好，“我”渐渐放下执念，在大自然中获得平静。阿尼苏的《等待朝克图》发表于《朔方》2023 年第 3 期，讲述了“我”、莎娜、朝克图之间的三角爱情关系，“我”喜欢莎娜，莎娜始终痴情地喜欢朝克图，朝克图不爱莎娜，一次次莫名地出走。在小说的结尾，朝克图没有再回来，莎娜等待着朝克图，“我”也一直等待着。从阿尼苏小说标题中的“寻找”“等待”等词汇能够看出一种寻觅、守望的姿态，这也是作者在小说中呈现的精神姿态。其小说呈现出青年的精神世界，干净、孤独、富有诗意。除此之外，阿尼苏的《再见，德巴占》发表于《莽原》2023 年第 6 期，从回忆开始，《白马，白马》发表于《延河》

2023年第10期，具有“元小说”特质。

专事小小说和动物小说的何君华创作丰硕。本年度，何君华的《东风渠上醉清风》发表于《小小说月刊》2023年第11期，讲述了“我”考上公务员，父亲用开渠和渠水的清白本色告诉“我”道理。何君华的《老那的旗》发表于《百花园》2023年第9期，讲述了校长老那为孩子们上学去买旗子、全心全意为他人着想的故事。这两篇小说以小见大，选取日常生活中的小事，寄予了深厚的精神追求。

达·巴图那松的《长角山羊》发表于《锡林郭勒》2023年第5期，小说中讲述“我”“父亲”以及长胡子老人之间发生的感人故事。作品中的老人见义勇为、无私无畏、解囊相助的精神，老人和“我”父亲之间的深情厚谊令人动容。《小小说二题》发表于《花的原野》2023年第2期，小说中的《锦鸡儿毛袋》歌颂了察哈莱憨厚待人、踏实做事的优良品德，同时讽刺阿敏索阴险狡诈、不顾情谊的丑恶嘴脸。《奈玛拉晋的白马》中歌颂了蒙古马的勇敢、智慧、具有灵性的一面。作品中生动的描写和明快、流畅的叙事节奏，令其极具感染力。

（二）想象与故事：90后小说家的叙事探索

以90后新生代作家为代表的青年创作日渐呈现出多元的思想底色、精神面貌和审美差异。他们为早已不再“先锋”的先锋小说注入新鲜血液，探索尝试着多元的叙事艺术手法，在反常规的先锋外壳下传递着对现世的观照和对现代化的隐忧。他们触碰现实的方式与前代作家不同，其小说往往会有更年轻的现代体验，与之相关的是叙事实验，现实是他们写作的一点因由，他们更多采用虚构的手法，用语言构造着一个个虚幻又真实的故事。

苏热的《星期一》发表于《草原》2023年第10期，叙述了城镇中的落魄小人物刘树业在星期一这一天的工作经历，依托于作者的学院教育背景，小说在词句、细节和文本架构处都颇见功力。星期一清晨，刘树业在显得颓败的盛杰公司应聘成功。工作结束前他探访了三个人，他们因为环环相扣的债务或义务关系羞于相见，但他们之间并没有什么深仇大恨，相反，有时还会念于债务背后的记挂。这份记挂不能由他们本人传达，需要刘树业这样的“互动器”，将各自不能还债的理由一讲再讲。小说立足小人物的感触，具有鲜明的解构主义思想。盛杰公司、刘树业都不像名字那般辉煌光明，计划通常被现实的变化挤得破碎一地，却还没有到绝境的地步，隐喻了这个时代许多人的生存状态。苏热的《寻猫记》发表于《草原》2023 年第 4 期。小说以怪诞幽默的黑色语言讲述了一只猫的丢失和一个人的解体。宠物多宝的丢失，令“我”感知到万物诸事的不可捉摸。“我”对多宝的实际状况一无所知，这代表着个体与世界间存在难以突破的深重隔膜。“我”的行为和外表逐渐变成宠物猫多宝的样子，此即个体逐步失掉自我、被外界吞噬的过程，也是孤独个体寻求认同和依靠的无力选择。苏热的《镜中的声音》发表于《鹿鸣》2023 年第 4 期，小说以镜子作为叙事基点，描写个体生存状态如镜中幻象般的虚无破碎。“我”寄居在疏离淡漠的表姐家，看着表姐在镜子外努力扮演正常人，而镜子内的表姐则表现出恐怖扭曲的真实面孔。而所谓的表姐夫只存在于“我”的视野和想象中，是病态表姐分化出的一部分。这意味着“我”也逐渐被同化，逐渐被分离和肢解，最终消散于黄镇的黄沙中。小说以暗黑吊诡的故事氛围呈现出“他人即地狱”的痛苦与虚无以及个体挣扎分裂的矛盾状态。苏热的《月黄》发表于《青春》2023 年第 2 期，小说在探讨词与物的问题，黄镇人“热衷于对事物联系的复魅阐释，在线性的时间中搭建出立体的空间样貌”，苏热搭建黄镇的语言王国之后，不满足于仅停留在想象世界，进而联系到现实生活中社交媒体上的情感故事，这些故事类似于使用黄镇的构词法，对“遗憾”“不公平”等词汇进行复魅解释。由此，虚构的小说具有了更多现实关怀。这篇小说采取元小说的叙述方式，“我”和阿塔尔对黄镇语言的探索构成小说的第一层嵌套。苏热的《黑晓》发表于《上海文学》2023 年第 12 期，探讨人的欲望与自然的关系，小说以黄镇发现石油为契机，主人公“我”将地下的自将管道幻视为黑蛇，将小镇人发现财富的浮躁与亢奋加以夸张、变形的描绘。在小说的结尾，由于成本过高，石油开采计划停止，黄镇陷入沉静，等待着下一次好消息的降临。在反思现代化与浮躁功利的社会以外，小说蕴含着对黄镇人随现实浮沉的同情与包容，这种关怀使小说蕴含了更广博的意义。苏热的《金骆驼》发表于《北京文学》2023年第3期，讲述了航沙人朝鲁对金骆驼传说的坚守。苏热注重语言的锤炼，其富有感受力的语言生动地表现出小说的思想与主题。

丰富想象力之后隐藏着宗教情怀和哲学思考，是渡澜本年度发表的小说的一个特征。渡澜的《如何理解海狸》发表于《天津文学》2023年第7期，小说在探讨疾病与健康，或者说疯狂与理智的问题。小说中患上癫痫病的“她”通过生病获得了平静、简单、轻松、快乐的生活，恢复对生活本真的体验。渡澜的小说尝试以文学的方式治愈现代人的焦虑、内耗、自我折磨的精神状态。渡澜的《我们的哲学与激情》发表于《长江文艺》2023年第1期，小说设计了激情姑娘、哲学姑娘和魔鬼三个人物，通过对话形成对哲学与激情的思考。这篇小说没有采用典型的小说书写方式，而是采取了近乎散文诗的写作方法。渡澜的《作为幻觉的中介》发表于《北京文学》2023年第7期，小说在一对夫妻关于是否搬家的争论中刻画了他们不同的经验与想法。渡澜以宗教般的胸怀观照人在生活中面对的病态事物，她的瑰丽想象背后有着深刻的现实意义，其小说抚慰、净化读者的心灵。

受到瞩目的诗人晓角的小说《淡绿色的马》发表于《草原》2023年第2期。小说以伤感空灵的笔调诉说着对生命与别离的感悟。淡绿色的马是主人公内在精神力量的象征。“我”因生理残疾而丧失行动能力，只能将驰骋远方和掌握命运的渴望寄托在想象中的淡绿色的马身上。淡绿色的马由悲怆嘶鸣到平和静默的过程，也是主人公心境从惨痛挣扎到安宁顿悟的过程。经历了数次生离死别的“我”只能独坐田间，与自我灵魂化身的淡绿色的马相依。故事通篇涤荡着细腻哀伤的沉痛之感。

叶褐的《当一颗玻璃球沉入湖底》发表于《草原》2023年第5期，小说对当代青年人在重复的生活中逐渐丧失生命激情和对未来憧憬的精神困境进行了揭露。在小说的结构上，作者打破了完整的时间板块，将一个个碎片打乱后重新织接，将不同时期的画面，用蒙太奇的手法互相穿插组合，产生一种陌生化的效果，体现出作者在叙事艺术上进行积极探索的自觉。

黄鹤鸣的《猫的告白》发表于《鹿鸣》2023年第6期，小说中两条故事线相互交织，第一条故事线是小说的主线，由一只猫讲述自己从被遗弃到被收养又被遗弃的经历。第二条故事线是作为暗线隐藏在文本中，主要讲述的是小猫第二个主人的生活经历，在遭遇了与恋人分手、失去工作、房东催租、朋友的疏离等一系列打击后，从终日的忧郁沮丧到最后消失于人间。作者以超乎寻常的想象力打通了真实与虚构的边界，以动物的视角展开叙事，构思精巧，为读者带来了新奇的阅读体验。

田逸凡的《珍爱的你们》发表于《草原》2023年第2期。小说采用第二人称的叙事方法全方位地讲述前世今生的传奇故事。小说分别以石狮、画家和狗的三重视角，讲述了双王城千年前与现今发生的两次洪水灾难，以及石狮救人、狗儿逃亡的传奇故事。小说换用了夸父追日的典故，用“夸犬追日”强化了故事的民间传奇色彩，前世今生的对照颇有沧海桑田的变迁感。画家面对日益淡漠浮躁的省城生活而频频怀念过往，遂与石狮和狗儿进行终极的灵魂交流，寻找着能与他达到同频的灵魂伴侣。小说在穿越千年的时空旅途中，完成了对仁善、文明、人情、人性的呼唤与确认。

李鹏鹏的《夜晚一种》发表于《鹿鸣》2023年第4期。小说化用余华的《现实一种》，以离奇荒诞的故事氛围讲述着个体生存的虚空无聊和个体与其所处世界之间失序混乱的关系。陌生女子阿娇无法在自己家中安然入睡，只能躲到“我”家里寻求安定和平静——这意味着个体私人的“家”已不具备庇护功能，也无法让人进入睡眠的安逸状态，个体无时不暴露在焦灼和不安之中。“我”和阿娇的一系列荒诞奇遇又揭示着世界的虚空、个体与自我隔绝的危机和暴力困境。小说在与日常生活保持一定距离的同时又深刻揭示着人类普遍的现实境遇。

（三）女作家群的涌现

娜仁高娃的中短篇小说集《驮着魂灵的马》本年度由百花文艺出版社出版，是作家代表性作品的集结。娜仁高娃的《门》发表于《小说月报》2023年第2期。小说中人物对‘门’的瞻望象征着他们对理想世界的希冀，也象征着游牧民族对草原大地的眷恋和深情。承包草场的政策让“我”和家人失去了乌鸦滩的美好家园，通往乌鸦滩小径尽头的门则通往我和家人心系的温暖归属地。小说以“我”的孩童视角，塑造了兼具神性和畸形心理的舅舅形象。舅舅以智障人的身份做出一系列匪夷所思的事，以丰富的想象和清澈的眼睛看自然万物。他收集成堆女鞋的行为，则是对少时情感缺陷的弥补，是孤寂的舅舅对情感与陪伴的追索。茫然孤独的舅舅失去情感寄托后选择出走，追寻情感的栖息地。舅舅离开后，“门”的大开预示着他对情感家园的奔赴。而父亲临终时对“门”和野地的牵挂，也昭示出草原民族与大地的深切联系。小说结尾处“门”的破败、家园的衰颓与舅舅的回归形成对照，昭示出小说的主题：即无论故乡如何变迁，流浪在外的草原儿女终会回归。回家的舅舅如同父亲那匹回归故乡的蒙古马，从门框下钻进来。此时，草原儿女追索的理想家园与故土合二为一。娜仁高娃的《戈壁》发表于《鄂尔多斯》2023年第9期，她的这部作品围绕阏布德牧民家族展开，以主人公之一的阏布德·胡德尔作为人物图谱的分界，文中介绍了阏布德·胡德尔父辈们过去的故事以及他与女儿现在的故事。通过故事线索的古今并行,从而掀起情节叙述的波澜。曾经祖父用来承载祖母的工具“阿如戈”,成为一道文身永远镌刻在阏布德·玛乌背脊上,古今并行的故事线在这一刻汇聚,血脉基因的传承就在此刻被昭示。阏布德·胡德尔年轻时自由自在，每一天都在冒险，这种自然滋养的野性也被他的女儿继承，他们都在寻找着那个可以把自己装到“阿如戈”里到处走的人，或者在寻找想装在“阿如戈”里的那个人，他们寻找的目标就是家园。此外，娜仁高娃的创作重视某些事件对生命造成的创伤，这种创伤在人物的日常生活中延续，小说中的人物在创伤体验中挣扎，试图寻找到解脱的方式。作家善于描述人在感情中冲撞的状态，将这种状态具象化，形成小说突兀而真实的面貌。娜仁高娃的《裸露的山体》发表于《民族文学》2023 年第 1 期，该小说入选中国当代文学研究会年榜（2023）· 中篇小说榜和中国小说学会 2023 年度中国好小说。小说讲述父亲“酒客”死后，萨拉和娜拉兄妹由此产生精神上的蜕变。萨拉和父亲处于一种扭曲的关系，娜拉因画家丈夫而沮丧、彷徨，最后，萨拉和娜拉在母宫洞中从精神的“囚禁”中获得重生。娜仁高娃的《地下瓶子》发表于《十月》2023 年第 7 期，小说描述主人公“男人”和女人偶然相识，被女人对猫咪的母性抚慰打动，“男人”在儿时被父亲强行拽去清理水井的心理创伤，也因这份与女人的感情而治愈，男人由此而获得成长。文中穿插男人的感觉、想象、梦境，营造着阴森、疯狂的氛围，形成男人心理上的真实，构成娜仁高娃这篇小说的特色。

陈萨日娜的《云中的呼唛》发表于《上海文学》2023 年第 10 期，讲述了阿尼娅与丈夫、苍灰马的故事。阿尼娅骑着苍灰马遇到了白毛风并摔倒在地，苍灰马找来了一个陌生男人救阿尼娅，这个人后来成为阿尼娅的丈夫，他还没来得及和阿尼娅成婚，就消失在白毛风里。苍灰马就成了阿尼娅的精神寄托。但苍灰马也不幸被环卫工程车撞死。最后，阿尼娅穿着红色的蒙古袍，消失在唱起呼唛的白毛风里。小说处处弥漫着忧伤的氛围，阿尼娅纯粹的感情使小说具有一种精神性。

邓文静的《太阳 星星 月亮》发表于《草原》2023 年第 3 期。小说讲述了草原游子对亲情和理想生活的找寻，传递出其成长之路上的痛楚和对故乡草原的深情依恋。主人公“我”出走草原，渴望触摸新鲜的世界，而外界的生活给予“我”的却只有孤独、忧愁和欺骗。最终“我”又选择回到沉静安宁的故乡草原，静候阿妈和敖敦格日勒大婶的归来。小说歌颂了草原人民善良纯真的品质，呼唤着亲情与良知的回归。邓文静的《白房子，黑屋顶》发表于《草原》2023 年第 7 期，小说关注牧民移居城镇后的现实生活与精神世界。不同于相当一部分城乡叙事作品将城市与乡村放置在完全的对立面，着重表现城市社会的阴暗面以及进城后农民或是牧民内心的焦虑与痛苦，而是展示城镇生活的光明面，讲述城乡居民间互帮互助的温情故事，表现城乡融合以及不同民族人民之间的交往交流交融。小说中处处透露着小城镇的美与和谐，自然美、动物美、人性美，体现出作者对这种人与人、人与自然和谐相处的社会环境的向往。

《希吉尔和他的朋友们》是胡斐在本年度由希望出版社出版的长篇小说，小说以孩子视角展现了“三千孤儿入内蒙”的历史佳话。胡斐的《鱼》发表于《草原》2023 年第 1 期。“鱼”象征着人性中的贪欲。小说描写了一系列因鱼而产生的暴力流血事件，将叙事重点置于无限制的疯狂场景。风镇的人因为抢鱼而导致了一系列的悲剧和死亡，从中映射出人性的卑劣和贪婪。故事采用零度写作的手法，以平静的叙事语调描述着人性的残忍。玉喜、刀子家孩子、墩子、老桑、花枝奶奶，作品中的人物无一例外地成为暴力和贪婪的牺牲品。在诸多惨剧和疯狂中，花枝奶奶的去世昭示着人性的陨落，被弃的白猫则如同冷漠的幽灵般见证着人世即将到来的惨剧。而主人公花枝作为人群中唯一的清醒个体也不免被疯狂和贪婪熏染。造成死亡的不是鱼，而是人本身。胡斐的《尘世的房子》发表于《草原》2023 年第 4 期。小说以房子作为亲情的象征，讲述主人公李杨与父亲和爷爷之间的诸多亲情牵绊纠葛。房子既是李杨一家三代亲情的见证，也是维系亲情的纽带。在孙子的梦想前，爷爷的房屋资产可以被毫不犹豫地卖掉；李杨为爷爷置办的墓地——爷爷骨灰安放的房屋又标志着祖孙三代间亲情的复归。房子的故事也是一个叛逆少年因亲情而逐渐成熟醒悟的故事。所谓“子欲养而亲不待”，小说以温情朴实的语言呼唤着人性和亲情的复苏。

达拉的《疼痛之后》发表于《草原》2023 年第 4 期。小说塑造了怪诞神秘、浪漫温馨的桃源世界。故事用“我”和母亲多拉、父亲荒古的三重视角讲述了感伤温暖的寻爱故事。接生婆渡渡怀着仁爱之心，迎接着一个又一个幼小的生命，挽救了孤苦无依的“我”。父亲荒古则以沉默无声的形象给予“我”宏大的爱。而“我”在遭遇了一段段荒诞离奇的经历后，懂得了生活与爱的真相，选择用温暖纯净的情感回馈大地。

敖·娜日格勒的《长翅膀的人》发表于《鸿嘎鲁》2023 年第 10 期，讲述了一位热衷幻想的女诗人梦中长出翅膀的故事。小说人物性格鲜明、语言生动自然，通过女诗人的梦境展现对自由的渴望和对美好的向往，以女诗人对花草的爱护体现其善良，借流浪汉和女诗人的现实困境揭示社会问题，以流浪汉的怪异行为和女诗人的奇特日记展示人性的复杂。《灵蛇寓言》发表于《鸿嘎鲁》2023 年第 11 期，讲述“我”在看到自家牛受伤后伤心难过，继而梦到蟒蛇舔舐治愈伤口并与“我”探讨人性之美的奇特经历。作品又插叙邻里与亲情之间的复杂关系，展现人性的善与恶，不无启示意义。

（四）草原日常生活书写

特·布和的中篇小说《保姆》发表于《西拉沐沦》2023 年第 1—2 期，以近似描述性调查报告的方式向读者呈现了特殊人群——“保姆”的生存状态。小说聚焦于德力格尔玛等女性“保姆”的遭遇，体现出对老年人的生存现状的关怀。时代带给老年人的“历史”性格、身体上的疾病、精神上的深层需求等都是常常被这个社会甚至老年人的子女和身边人忽略的。因此，作者提出应当正确认识老年人的需求，将“保姆”这个服务行业更加体系化、规范化、人性化。小说所关注的问题是我们当下社会正面临的不容忽视的问题，具有重要的现实意义。

莫·哈斯巴根的《森苦尔湾的生活》发表于《阿拉腾甘德尔》2023 年第 1 期，塑造了一位具有典型“讨好型”人格的朝格金形象。极端的“讨好型”性格给他带来的诸多困扰，使他不得不离开村子搬到城里去生活。作者在刻察和书写牧区生活以及牧民的时候，不是按照刻板印象平面化地去描写牧民的淳朴和善良，而是关注当下，深入细节处，抓住人物的“病症”。《有狼嚎声的下场地》发表于《阿拉腾甘德尔》2023 年第 4、6 期，聚焦农耕与游牧文明的关系、人与动物或人与自然的关系等主题。小说以贪图金钱利益捕杀狼、砍伐森林破坏自然为故事背景展开叙事。萨仁其木格和布和楚鲁两位青年以自然与生态护卫者的形象出现，他们不仅医治受伤的狼，与狼对话，还教授村民与狼和谐共处的妙招。小说体现了作者的生态关怀以及将蒙古族传统文化发扬光大的信念。《镶有翡翠的银戒指》发表于《花的原野》2023 年第 10 期，讲述了牧民呼日勒苏和和乌云珠拉将任教授遗忘在他们家的镶有翡翠的银戒指保存并守护 20 年，并最终完好无损地归还给任教授的故事。作品中一枚普通的戒指，折射出作品主人翁所拥有的执着和坚守，以及对方知恩图报的美德。《回家的好运》发表于《花的原野》2023 年第 12 期，讲述了一位大学生回乡创业的故事。小说将传统与现代生活紧密联系起来，让读者深切地感受到特有的地域文化，展示出人性的善恶、爱情的美好、亲情的温暖、师生的情谊等多彩的世界。

纳·吉日嘎拉的《和谐之美》发表于《呼伦贝尔》2023 年第 1 期，讲述了从南方移居到这片土地上的厨师道布顿的故事。他性格淳朴、待人以诚，常常成为人们开玩笑的对象。尽管如此，他从不生气，反而心怀感激，乐于助人。小说通过道布顿的形象，展现了一种淳朴乐观的生活态度。短篇小说《更夫》发表于《陶茹格萨茹娜》2023 年第 1 期，讲述一位更夫拿着每月千元的薪资，在单位做着职责之外力所能及的所有杂事，日复一日度过 15 年之久的故事。小说文风朴实，简约的情节发人深省。

博·阿拉坦苏和的《雪、雪人及眼睛》发表于《哲里木文艺》2023 年第 8 期，以一位孕妇在雪中艰难行走为开头，描写雪后小镇人们的日常。目光之所及无不是对孕妇内心的刻画。她憧憬孩童的纯真，却深知生命的无常，但只要内心充满爱，生活就会无比美好，充满希望。小说语言优美流畅，极具真情实感。《骏马的雄姿》发表于《花的原野》2023 年第 2 期，探讨人与马的关系，体现了对人与马和谐关系的真诚渴望。

浩尼沁·巴雅斯呼楞的《图丽都日高娃女孩》发表于《花的原野》2023 年第 3 期，是一篇具有传奇色彩的小说。讲述名叫图丽都日高娃的女孩大智若愚、骁勇善战，最终战胜了霸道无理的皇帝，为自己和父老乡亲谋来幸福安康的生活，传达了正义终将战胜邪恶的深刻意蕴。《锦鸡儿种子》发表于《民族文学》（蒙古文版）2023 年第 6 期，是一篇儿童小说。讲述宝木巴来小孩带回来的锦鸡儿种子被喜鹊叼走后又掉到土地上生长起来的故事。作者通过在锦鸡儿种子莫名丢失的情况下父母用“宝格达查干老人”保护孩子纯真的情节，体现了爱的教育理念和方法，塑造了一个独立、认真、有责任感的孩子形象。

杜尔伯特·额尔敦巴雅尔的《跟小黄狗的相遇》发表于《敕勒格尔塔拉》2023 年第 1 期，以动物为主角，将小黄狗人格化，情节一波三折，令读者为小狗的命运捏一把汗。作品能够引发读者对生死轮回和循环报应的思考。作者新奇的写作风格、独特的叙事方式，让人耳目一新，作品既充满童情童趣又蕴含着深刻的哲理。

纳·伊拉古森的《黑骏马》发表于《潮洛濛》2023 年第 4 期，是一篇荒诞小说。讲述班布泰老人与养女奥尔和岱平静的生活被“黑骏马”打乱的故事。“黑骏马”不是黑骏马，而是班布泰老人身上的虱子。“黑骏马”彻底改变了父女俩的生活。“黑骏马”是一种荒诞的存在，或者是一种对人类的威胁。作者在小说开头便交代“这是疫情之前发生的故事”。“黑骏马”也可能预示日后将至的疫情。在文本内部，“黑骏马”更多是充当人性的“测试剂”，测出谄媚、虚伪等人性之恶。《最后一封情书》发表于《花的原野》2023 年第 10 期，似乎又回到现实，又很浪漫。讲述青格乐高娃收到一封匿名情书的故事。这长的情书不仅没有让她觉得无趣，反而越读越让她爱不释手。“情书”内容丰富、语言优美，字里行间充满爱慕与不舍之情。作者的语言驾驭能力尽显其中。

二、2023 年内蒙古散文图景

草原风物的书写，既是内蒙古散文的创作主题，也影响着内蒙古散文的审美风格。长于从草原、河流、骏马中发现自然与生命的奥秘，分明的四季物候与多种文化交汇的生活，也让内蒙古散文家更易于捕捉人在时间与历史长河中的情感起伏。散文家对于自然的恒常性与时间的持久性的表现让内蒙古散文具有时空感与历史文化意味。同时，与全国散文一样，故乡之思与回忆书写也是内蒙古散文重要题材。内蒙古散文也具有明显的现实性，对时代主题的表现是重要表征。

（一）自然写作与草原风物

散文家艾平是内蒙古散文创作的领头雁。她的散文既有纵横开合的辽阔之感，又有细腻绵密的写实功力。历史与现实、回忆与当下，都能从呼伦贝尔草原的四季风景中铺展开来。艾平笔下的草原是流动的，是奔跑的。本年度，艾平的《驯鹿之语》发表于《人民文学》2023 年第 2 期，以驯鹿之口，第一人称视角，回顾了驯鹿与人类相处的漫长历史，细腻呈现了鄂温克老乡与驯鹿的生命联系。《樟子松随想》发表于《草原》2023 年第 3 期，文章由小见大，自小小的樟子松种子切入，追溯樟子松生长和演变的历史，在感慨其生命独特性的同时，作者展开了有关人与自然等生态问题的反思，发人深省，展现出作者成熟的思考和写作。作者一方面将广阔的自然视为人类的“教科书”，赞叹自然与艺术的完美契合；另一方面告诉读者，历史上人类狩猎、工业革命、战争对森林的破坏，森林火灾以及温室效应所导致的陆地森林的消逝，都不断警醒着人类重视经济发展与生态平衡的永恒课题，守护森林生态圈，在地球之北绘制出一幅幅壮丽的生态图画。《大鸟盛放如花》发表于 2023 年 10 月

22日的《文汇报》“笔会”副刊，文章描写了生态复苏草原上大鸨鸟归来盛放如花的盛况。本年度，艾平在《美文》连续发表《芦苇之舞》《在那百花盛开的草原上》《草原上的草》《哈拉海进城》《草不虚行》《野韭菜花是羊肉的魂儿》等散文，刻画出了芦苇的坚韧之美，去除了人们对于狼毒花的偏见，讲述了野菜哈拉海的前世今生、野韭菜花的妙用。艾平对于呼伦贝尔草原的一草一木，如数家珍，烂熟于心，绘制出一幅又一幅北方草原的美丽画卷。

特·官布扎布的《感谢草木》发表于《花的原野》2023年第1期，温厚细腻，以其朴实的笔调，表达了对世间一草一木的感激之情。它们不怕风吹日晒、不惧雨雪交加、生机勃勃，给万物带来活力。散文富有诗的韵味，展现出鲜明的散文诗色彩。

刘惠春的《盐道》发表于《草原》2023年第3期，以细腻的笔触书写了一条在戈壁沙漠间蜿蜒前行的盐道，从吉兰泰盐湖到老磴口黄河码头，阿拉善驮盐古道东线承载了行走在这片土地之上的悠悠岁月。作者介绍了阿拉善荒漠之上生命独特的生存方式，吉兰泰盐湖将人与荒野上的万物连接在一起，建构起了一个独属于阿拉善荒漠的整体性存在。文章行文缜密有致，以“生命”为线索，表达了对自然与生命的深切关怀，洁白的盐地哺育了生长在周围的一代又一代人，作者通过一条盐道贯穿了这片土地之上的生命往复，唱响了回归自然、自然与人类相互依存的主题，道路之中回荡着来自生命深处的共鸣。刘惠春《被凝视的花朵》发表于《草原》2023年第1期，以欧姬芙与创作《牵牛花》的彼此激发进入对创作之路的思考。刘惠春的《慕色》发表于《草原》2023年第10期，以三位传奇女性与自然界的深厚渊源入手，表达了对自然与生命的尊重态度，作者从艺术史角度寻觅自然写作资源的自觉清晰可见。

谢春卉的《草原折叠》发表于《草原》2023年第8期。散文以深情细腻的文笔，描绘了在八连河套草原、沼泽滩涂和额尔古纳河的所见所感，寄托着对自然的深切依恋。因疾病而丧失部分自由行动能力的“我”，在自然万物的抚慰和洗礼下，重拾生命的希望，获得身心的慰藉。作者由自然联系到人，由自然的纯净圣洁推想到个体生命的脆弱和世事的无常。而在感伤之余，作品更多潜藏的是生命的坚韧力量和对未来生活的向往。草原折叠，折叠起的是“我”内心的无助绝望，折叠出的是生命的鲜活和蓬勃的希望。谢春卉的《黑杠儿》发表于《草原》2023 年第 12 期，是对“我”爷爷的抗战记忆的回溯，通过一个村庄的苦难记忆透视整个抗战的历史，传达出作者对战争的厌恶与恐惧，同时也包含了对历史和战争的反思。文章的叙述角度独特，叙述者“我”并非事件的参与者，文中的人与事经过“我”记忆和想象的融合而具有了些许魔幻色彩，但相比小说文体大量虚构的嫌疑，散文或许更适合反映这段历史。此外，作品摆脱了一味贬损或夸赞的俗套，象征和超现实主义的手法极为真实地诉说了张祖庄这片土地的疼痛，亦赋予了文章记述与议论以广阔的自由空间。

昳岚的《野芳春蔌》发表于《草原》2023 年第 10 期的“自然写作”专栏。全文由四个部分构成，分别描写了在达斡尔族居住地常见的四种野蔌，莽格斯、昆米勒、蒲公英、车轱辘菜。作者以柔情的目光观察自然，将自然物人格化，万物在作者笔下都被赋予了生命，字里行间无不透露着作者对大自然的喜爱。作者也不只是停留在对自然风物的描摹，其中还蕴藏着对生态文明、历史文化的深沉思考。昳岚有着浓厚的民族情节，一直致力于在其作品中展现达斡尔族丰富的物质与精神文化。作者在文中引用大量的故事传说、古籍史料、古诗名句追踪野簌的历史，同时也是对达斡尔族历史文化的追寻。

安宁的《五月》发表于《草原》2023 年第 5 期，记录了北疆春末夏初这一段日子的日常所见所感所想，散文日记体的形式契合了散文中隐含着的“时间”主题，除了明确的日期的变化，作者还通过穿插对温度和天气变化的描写暗示了从春末到夏初的过渡，以其独特的跳跃化书写，叙述着流水般的岁月里发生的种种。安宁凭借流畅自然、自由不受拘束的语言犀利准确地表达出了她对日常生活的真切感受，平静细腻地记录着在岁月中沉淀下来的成熟、豁达的心境和独属于她自己的感性瞬间。

鲜然的《土豆之花》发表于《鄂尔多斯》2023 年第 12 期，写土豆花写得全面细致。除去基本的外观形状描摹，作者在欣赏土豆花的“我”与土豆花之间寻找相似之处。看似处处写人，实则处处写花，看似处处写花，实则处处写人，达到了情景交融、收放自如的境地。文章还对丰收时“烧山野”的做法进行了记录，什么时候烧、如何烧、怎么吃、为什么好吃等话题被娓娓道来。值得一提的是，作者虽写土豆花，文章前半部分却“絮叨半天土豆吃食”，先介绍了“我”与土豆的“前缘”，由此，后文对土豆花独具个人体验的认知便有了铺垫。这样“由果而花”的叙述使对“花”的描摹、作者由“花”生发的情感变得容易被接受，赋予读者以新的阅读体验。鲜然的《准格尔草木》发表于《草原》2023 年第 12 期，是作者满怀着对准格尔的热爱为这片土地上的草木所作的一部“草木志”。文章不仅生动介绍了“我”记忆中各类草木的名称和特性，还将草木与“我”的情感联系在一起，不同的草木对应着与不同人之间那些稀松平常却温暖亲切的往事。时光流转，准格尔的草木也目睹着这片土地的变化与悲欢，包含着“我”对生态退化、习俗变迁的隐忧。

卡夫不卡的《穹庐缀墨》发表于《草原》2023 年第 12 期，以游记的形式对阴山群峰中的两座——金銮殿山和春坤山的瑰奇进行了记录。阴山之巅的非传统民宿、林间雾气中澄澈的黎明、春坤山安逸闲适的午后，共同打造了理想中的世外桃源；旧窝铺、山里的狼、野花和山中的牧羊人，统统勾起了“我”的儿时记忆与生命感悟。“我”的两次出行都赞美了大自然对人类身心的治愈能力，因而在叙述层面，城市与山野的对立模式被延续。“我”感悟出人类喜爱、亲近自然的原因，也留下了为何人类会群居城市又向往荒野的疑问。

田鑫的《杂草丛生》发表于《草原》2023 年第 2 期。作者俯下身去看那些不起眼的事物，也给了人们新的启示。他在城市中寻找杂草，蓟在工业区，荨麻在停车场，狗尾草在废弃工厂……它们不仅不会被重视，甚至有可能会被连根拔起，但是在如此恶劣的环境下，它们还是选择了忽视恶劣条件顽强生存。人们对杂草的偏见始终存在，可是作者注意到，它们默默无闻等待着新机会生长，以此来展示自己不屈的生命力。作者借用杂草来向人们说明自然界的生命，不管是引人注目的还是无人问津的，都要保持敬畏。

尚贵荣的《中国古代诗歌中的自然写作》发表于《草原》2023 年第 12 期，学者气息浓厚，论证有力，条理清晰，以自然写作这一视角切入，打开了解读古代诗歌的新角度。作者介绍并梳理了中国古代诗歌中的自然写作情况：从《诗经》到《左传》，到汉魏六朝诗歌，再到历代优秀诗人的诗作，自然写作贯穿了中国文学的书写脉络，逐渐成为中国古代诗歌重要的书写传统。文章最后，作者对《草原》的“自然写作”栏目的特征进行总结和评价，并对今后这一栏目的可持续发展提出了恳切的建议。

（二）故土情深与回忆书写

秀英奶奶的散文是近年来内蒙古散文创作值得大书特书的部分。自 2015 年出版《胡麻的天空》，2022 年出版《世上的果子，世上的人》以来，只上过一年半小学的秀英奶奶，在儿子儿媳的帮助下，在自己十多年的坚持中，不断地写出她记忆中的河套故事，可以看作当下“素人写作”的重要代表。秀英奶奶《我梦见大舅的名字》发表于《草原》2023 年第 8 期，是一篇回忆性散文。文章用朴素的方言土语回忆勤劳朴实、无私良善的大舅，充满了对亲人的深切怀念，表达了对往事和亲情的抒怀与追思。

峰·斯琴巴特尔是一位多产的散文作家。《黑马纹身》发表于《民族文学》（蒙古文版）2023 年第 3 期，记录“我”与德力格尔、刚伽玛夫妇相互结识的故事。作品中刚伽玛身上的黑马文身与德力格尔成长过程中与众多“黑马”之间发生的故事形成了一定的互文性，揭示了蒙古人与马之间的特殊情感链接。《春梦》讲述“我”经常梦到自己去世的母亲，并通过梦与母亲对话，表达了儿子对母亲无限的怀念之情。《牛粪》发表于《花的原野》2023 年第 1 期，回忆童年时期跟妨妹一起捡牛粪的故事，表达了对故乡的思念，并对牛粪的现代技术转化利用感到无比喜悦，体现了游牧文化的古朴与淳厚。《祖母的月亮》发表于《花的原野》2023 年第 7 期，以回忆式的笔法追忆和思念祖母，成功塑造了祖母慈爱和善以及信仰月亮的形象。另一篇《靴子》发表于《锡林郭勒》2023 年第 5 期，寓意独特。文中不禁感叹随着城市化的发展，穿靴子的人越来越少。衣着穿戴也是民族传统文化的一部分，作者寄希望于新时代的人们在创新的同时也能够传承优秀的民族传统文化。

李亚强的《若隐若现》发表于《草原》2023 年第 3 期，是一篇回忆性的散文。文章通过“雾”这一核心意象将叙述从现在转入了对年少时期和故乡的回忆之中，故乡帽帽顶上缭绕的云雾、笼罩在村庄上方的浓雾、毕业季的雨雾、儿子做雾化时化学药水凝成的雾以及祭奠亡人时由纸火冥币燃烧升腾而起的青灰色的烟雾，不同人生阶段由此连接起来，使人不禁慨叹岁月的流逝，引发了作者对于人生和生命的哲学思考。李亚强的《苹果，苹果》发表于《草原》2023 年第 11 期，是一篇主题为年少青涩往事的回忆性散文，记叙了“我”与干姐从相识相知到分离的过程。“苹果”的意象寄托了干姐带给“我”的关心和温暖，每每勾起“我”对那段独特的“姐弟情”的回忆。诚如作者本人所讲到的“时间是酝酿情绪和感知的最好的催化剂”，作者通过虚构“我”的内心感知与外在的环境，在保证真实性的基础之上，实现了散文叙事的完整性。

邢永晟的《朱毛草那片天空下》发表于《草原》2023 年第 4 期，讲述了一个桃花源式的存在——朱毛草村，村子“对面青山照，门前福水流”，由村庄的自然环境联系到人，经年来朴素的生存经验孕育了当地纯朴的人们，作者毫不吝啬地表达着对朱毛草村纯真的人们的赞美，情感真挚，但与此同时，对当今社会中人与人之间的功利关系进行了反思。杨子的《琐忆包头之美》发表于《鹿鸣》2023 年第 11 期，记述了作者作为 2023 年“鹿鸣文学季”组织的“包头籍作家回包采风团”的一员，多年后重回故乡感受这座“草原钢城”日新月异的变化，回忆起在包头工作的经历和涌现于包头的一代代文学家，感叹包头文学事业的活力发展。周涛的《那些曾经的歌谣》发表于《鹿鸣》2023 年第 5 期，选用了对乡村歌谣的描述来怀念曾经的风土人情。听山曲的人眼前一亮，唱山曲的人大胆开放，朗朗上口的山曲包含的不仅是乡村小社会的融洽幸福，还有一方水土的民族传统习俗。借此怀念曾经的人和物，把不同地域的日常生活描摹出来，为读者展示了一幅和谐的山水人情画。云使微的《黄河从草原流过》发表于《鹿鸣》2023 年第 8 期。作者怀着对故乡包头的深切热爱描述了包头的地方建设和发展历史，及其所取得的建设成就；描绘了包头地方美食给予“我”的心灵抚慰。在回望包头辉煌历史的同时寄托着对包头城市未来发展的热烈期望和坚定信心。冰峰的《乡愁的足迹》发表于《鹿鸣》2023 年第 11 期，着意突显生命主体在流迁中的乡愁，从语言、情感、文学三方面进行了叙写。冰峰有二十多年离开家乡的工作生活经历，“脚踏过几十个国家的领土”，总会在安静时刻想起家乡包头。借由 2023“鹿鸣文学季”的采风活动契机，作者得以带着乡愁回归，采撷历史和情感的碎片，有关乡愁足迹的种种在故乡与作者生命体验重新碰撞后从笔下流出。

张鹤宁的《她依然生活在远方》发表于《草原》2023 年第 5 期，是一篇充满温情的回忆性散文。生活中细小的记忆碎片总在不经意间牵动着“我”对已经过世的姥姥的回忆，作者以时间为线索，选取了记忆中姥姥在“我”不同成长阶段的形象，并以此形成了散文的基本结构。文章语言流畅，字里行间都流露出对现今身处另一个远方的姥姥的深切思念，温情之余萦绕着感伤的气息。刘茂云的《无可奈何花落去》发表于《草原》2023 年第 6 期，因无意间得知家乡“二楞滩”真实的名字——额仁塔拉，钩沉起了“我”对故乡的过去的追溯。作者将过去对故乡的记忆联结在三位女性的命运之上：白引弟、钱二娘娘、四娘娘，通过讲述这三位女性的故事，痛惜地表现了一代又一代小脚女人们芬芳却又夹杂着苦涩的人生，从她们的作物般的命运中追溯这片土地上的生命的本源。

瑛宁的《待业青年》发表于《草原》2023 年第 7 期，是一篇回忆性的散文。文章用细腻真诚的文笔讲述了“我”在厂里当木工和石棉瓦工的生涯。

初到工厂，孤独沉闷的氛围令“我”压抑，“我”也没有可以共同交流的朋友，偶尔还要遭遇年长同事的羞辱和恶意对待。而随着年龄的增长和岁月的流逝，“我”逐渐变得成熟淡然，有了更多的勇气和信心去面对生活。文章讲述了作为一个普通人的“我”一生酸甜苦辣交织的经历和别样的人生感悟。回望往事，所有的因缘际会都在谈笑间得以释怀。散文氤氲着浓郁的生活气息，字里行间浸润着幸福、满足、浪漫和淡淡的忧伤。

越慧贞的《夕阳西去水东流》发表于《鹿鸣》2023 年第 5 期，只讲述了最简单的故事，在父亲去世后作者想起了种种过往。虽然父亲总是很严厉的形象，记忆里也多是自己被责怪的样子，但是真的失去了他，她又感受到了无尽的悲伤。结尾的蝴蝶，也仿佛父亲认同了亲情的深厚。深沉的爱通过朴实的文字和浓厚的感情组成，也许读者不会认同父亲的某些做法，但是毋庸置疑，亲情是无论在哪都流通的同一条血脉，连接着每个人内心柔软的地方。赵佳昌的《星孩子》发表于《草原》2023 年第 10 期，关注自闭症儿童这个特殊群体。文章的两个部分分别以智力测评室和康复室为叙事空间，从“我”的视角观察处于不同病症阶段的孩子周围的人与事。作家朴素而温暖的笔触，展示出普通人之间温情关怀的一面。

欧娜的《我和爸爸的高原》发表于《鄂尔多斯》2023 年第 5 期，笔触柔软，深情感人，书写出刚毅的身影下最真挚的爱。作者曾经不理解爸爸去高原的行为，这份不解让她从来没有喊过他一声爸爸，但是直到父亲去世，她才明白作为一个军人肩负着怎样的责任。那一声欠下的“爸爸”，也许需要在心里搁置一生才能释怀，悔恨尽在不言间。

布和朝鲁的《母亲的歌声》发表于《鄂尔多斯》2023 年第 8 期，文章满溢着温暖亲情，寄托了对母亲的深厚情感，回忆着有母亲歌声相伴的童年生活。文中母亲的歌声有三重意蕴：象征着母亲和父亲乐观积极的生活态度，代表蒙古族尊敬长者、友爱互助的文化传统和文化礼节，饱含着母亲对祖国、对亲人热烈的爱。母亲歌声传递出的美好振奋的精神品质深切地感染着“我”，给予“我”无穷的精神滋养。布和朝鲁的《记忆草原》发表于《草原》2023年第12期，由“童年草原”和“风雪草原”两部分组成，结构了草原的两种面相。“童年草原”叙述了“我”小时候在巴音呼都格和浩依尔呼都格两个草原上的记忆，两个草原带给“我”无限快乐，也让“我”难忘想念。与之相对，“风雪草原”昭示了牧民们经常要面对的自然现象，人们必须在自然的考验中积累生存的经验。作品的感情基调明朗乐观，但也由于作者过于热爱这片土地，对草原生态变化和人们生存心理的反思力度在一定程度上被削弱。

晋铭的《一片情深在林海》发表于《鄂尔多斯》2023年第8期，散文回忆了父亲一代的大兴安岭林业工作者，赞美了其无私辛劳、甘于奉献的崇高精神。大兴安岭林海是“我”的故乡，更是“我”的精神原乡。蔓延起伏的绿浪牵动着远方游子的心。离开故乡，是为了更好地回到故乡。即便看过了南国辽阔的大海，大兴安岭林海给予“我”的柔软宁静仍难以忘怀。它不仅是一片林海，更是童年记忆的坐标，是生命故事的见证，让“我”不论身在何处，都能感受到一份来自家乡的温暖和力量。

问彩琴和阿斯日拉图聚焦于现今城市的日常生活。问彩琴的《在温暖中绽放》发表于《鄂尔多斯》2023年第11期，作者以己为例，抒发了有二十多年居住历史的“我”对鄂尔多斯东胜区这片热土的感受。城区建设、社会服务、政策帮扶等因素令鄂尔多斯这座“暖城”在人们心中的温度再度提升。作品通过具体的人与事照见城市的变化，却欠缺继续深入的力气，作品的细节描写和文学性仍是需要着力的地方。阿斯日拉图的《鄂尔多斯：暖意融融的城市》同样发表于《鄂尔多斯》2023年第11期，是对鄂尔多斯全景式的印象书写。身为城市居民的自豪感贯穿其中，蕴含着对城市发展的无限期待，但也因为印象书写的特性失之于笼统、抽象。

评论家策·杰尔嘎拉（刘成）也是一位有成就的散文家。其《逝去的艺术之星》发表于《花的原野》2023年第4期，以真挚的情感追忆蒙古族著名歌唱家拉苏荣的艺术生涯，赞颂其德艺双馨的优良品格。作者使用朴实的语言抒发了真挚的情感，表达了对歌唱家的追忆和思念。刘成的《你宛如雄鹰》发表于《草原》2023 年第 6 期，作者是扎拉嘎胡的学生，文章怀着沉痛的悼念之情回忆了与良师益友扎拉嘎胡的相识，感念先生对“我”的帮助和对内蒙古文艺事业的重视。

诗人萨仁其其格的散文《我的母亲》发表于《锡林郭勒》2023 年第 3 期，通过记念对人和蔼又懂生活之道的母亲赞颂了母爱的伟大。而《叶雕秋思》发表于《敕勒格尔塔拉》2023 年第 4 期，触景生情，落笔成章。秋风瑟瑟，使“我”心情沉重越发伤感。散文描写秋日的蓝天、白云、阳光、晨雾等自然风光，映射自己的一生，感叹时光阑珊而过，回首往事如梦似幻。

保尔夫的《草原雾中的父亲》发表于《草原》2023 年第 6 期，作者是著名作家扎拉嘎胡的长子，从家人的视角回忆了父亲的创作经历，其中包含了许多先生生前的日常生活细节，同时还通过保尔夫之笔传达了扎拉嘎胡先生对于生死哲学的辩证思考。拖雷的《择师记》发表于《草原》2023 年第 9 期，作者以细腻的笔触回忆了在写作道路上曾给予他无私帮助的三位师长，路远、冉平、冯苓植。正如作者在开头所引用的“越过他的肩膀，我看见了北方广袤的城乡”，三位老师对“我”在不同时期的写作与生活都产生了深刻的影响。作者朴素的语言中流露出对老师们真挚朴实的感恩之情。

小说家博·照日格图的《文学树》发表于《哲里木文艺》2023 年第 5 期，叙述了坐落于科尔沁左翼中旗的一棵三百多年的老树，被后人命名为文学树，成为文人墨客的聚集地，以“树”会友，别有趣味。而纳·吉日嘎拉的《儿时的回忆》发表于《哲里木文艺》2023 年第 4 期，是一篇回忆少年生活的美文。讲述了作者在读小学四年级时表演戏剧的事，这在他懵懂的年纪留下了美好的记忆，还有小时候看到父亲出差带回来的鲁迅杂文以及他的藏书，启蒙了作者对读书和写作的憧憬。而《向下扎根 向上开花》发表于《鸿嘎鲁》2023 年第 4 期，生动记录作家额尔敦巴图不凡的一生。在作者笔下，他不仅是一位勤奋与勇敢的探索者，对文学的热爱更是贯穿其一生。通过这篇散文，读们得以窥见其如何以文学的力量，为家乡乃至整个民族的文化发展作出了不可磨灭的贡献。

巴雅斯呼楞的《阿尔巴斯白公羊》发表于《花的原野》2023 年第 10 期，讲述了某一天，“我”跟牛仔巴图巴雅尔聊天，不禁想起 8 岁那年为大队放羊的过去。那年队长把一群公羊交给“我”家，据说是阿尔巴斯的公羊。这些公羊一放出去就往西跑,“我”总是从后面把它们赶回来。“我”好奇地问妈妈，知道了西边有它们的故乡——阿尔巴斯。无论相隔多遥远，思念故乡是永不停歇，且只会越来越浓。散文虽短但不显单调，情感丰富而真实。另一篇《富手女孩》发表于《锡林郭勒》2023 年第 2 期，讲述了假期“我”被父亲送到牧区的爷爷奶奶家里，跟着他们体验牧区生活的故事。散文充满对爷爷奶奶丰富的生活经验的好奇和赞美之情。还有一篇《我的大舅》发表于《鸿嘎鲁》2023 年第 2 期，可谓构思奇特。从身边的亲人写起，通过描绘一系列琐事呈现出“我”的大舅随着年龄的增长越发吝啬、斤斤计较的性格变化。而即使变得如此，“我”的母亲依旧为他着想。作者通过对大舅的行为和生活细节的描写，展现了“我”对“大舅”的复杂情感。

敖·那日格勒有一篇以小说著称的《隐形的世界》发表于《花的原野》2023 年第 10 期，其具有独特韵味。作者从家乡扎鲁特的胡仁·乌力格尔写起，以充满温情的笔调怀人忆事，追忆童年时期听胡仁·乌力格尔的美好时刻，记述曾经欣赏胡仁·乌力格尔的父亲以及前辈们，表达对他们的思念之情。散文以生动有趣的语言，将记忆中的胡仁·乌力格尔娓娓道来，读来心驰神往。

诗人策·孟和苏荣的散文《恩师的荣誉》发表于《呼伦贝尔》2023 年第 2 期，讲述了他在海拉尔第一中学遇到的恩师策波尔道尔吉的故事。作品通过一系列生动的事例，展现了一位老教育工作者的崇高品德和人格魅力。作品通过时间的跳跃串联起恩师的过去和现在，形成了一幅完整的人生画卷。

（三）文化散文与时代精神

肖亦农的《河套畅想》发表于《鄂尔多斯》2023 年第 7 期。散文兼具科学性与想象性，以萨拉乌苏河流域古人类的一颗牙齿作为叙事基点，讲述河套地区悠久的远古文明，以及其在整个人类文化史上享誉的崇高地位。萨拉乌苏河的河套文明作为全人类的文化遗产，对研究人类起源有着重大意义，叩响了古老东方远古人类世界之门，奏响一曲雄浑的文明之歌。

李彦军的《无定河的情歌》发表于《鄂尔多斯》2023 年第 7 期。文章以深情的笔触书写着无定河给予“我”的温馨抚慰。无定河衍生出农耕文明，哺育了世世代代的陕北农民。作者怀念无定河，更是怀念儿时温暖愉快的单纯生活。无定河宽厚无私、饱满蓬勃的生命品质完美地诠释了中华文化包容仁爱的文化品格，深刻地影响着沿岸子民，是“我”的精神原乡。作者回望故土，书写着精神的返乡，在对无定河的深情表白中，完成了对人类的溯源与确认。在无定河畔，生命躁动的灵魂得以安宁，遥远的故乡家园也得以复原。齐永平的《走进毛乌素》发表于《鄂尔多斯》2023 年第 7 期。文章结合历史知识，阐述了毛乌素沙地的产生、演变以及柳湾林之于毛乌素沙地的意义；记述了黑格榄、沙打旺、沙地柏等生长于毛乌素沙地的重要植物；赞扬了吴健雄夫妇、殷玉珍夫妇等投身于植树造林事业的知识分子和劳动楷模；描绘出新时代人与自然和谐共生的美好图景和新时代牧民们富足美满的小康生活，展现出新时代生态文明建设的瞩目成就。刘生梅的《期我厚土，福祉绵存》发表于《鄂尔多斯》2023 年第 7 期。文章阐述了萨拉乌苏河畔的河套遗址的发掘过程和研究成果，表达了对古老河套文明的景仰和热爱。张倩的《吹向未来的风》发表于《鄂尔多斯》2023 年第 7 期。文笔清丽细腻，用如诗般的轻灵语言书写着萨拉乌苏的文明之歌和历史记忆，以丰富的想象力和柔情的笔墨穿越千万年的浩瀚烟尘，追寻时光的脉搏，触碰着萨拉乌苏河流域史前文明的源远流长。陈佳宏的《满目绿色》发表于《鄂尔多斯》2023 年第

7 期，文章以丰富的人文知识、自然地理知识和真挚的情感描摹着无定河的绮丽风光和深厚的历史文化底蕴，字里行间洋溢着对故土的热爱和依恋。王世芳的《抵达心灵故乡的河》发表于《鄂尔多斯》2023 年第 7 期，再现了萨拉乌苏河赋予“我”的美好童年生活。萨拉乌苏河畔绮丽的自然景象、宜人的生态气候和丰富的物产资源养育着土地上世世代代的子民，萨拉乌苏河以流淌的姿态浸润着厚重的时间，沉淀着大地的历史厚度。赵琳的《达布察克镇》发表于《草原》2023 年第 1 期，以游记的形式感受了大自然的呼唤。作者边走边看，在毛乌素草原吃肉喝酒，在萨拉乌苏河畔看查干苏力德祭祀，于赛马节感受一场赛马之恋，去草原看草，去高地看沉洲，等等，一路上感官与头脑相连，把视觉与心情结合在一起，就好像所有的快乐都是相通的，到了那个地方，就自动变成了那里的人，与本地人一起热爱、一起狂欢，在热情中表达了对小镇和草原的强烈的爱。

杨吉道尔的《萨拉乌苏河》发表于《鄂尔多斯》2023 年第 3 期，通过了解河流的历史去研究地层，考察其地理因素，用史学的思维去看待萨拉乌苏河的地层划分。作者此行目的是来工作，所以看河流时更多聚焦于学术方面的内容，不可置否的是他的科普和想法都很有意义，换一种视角来看待这条河，会比普通人生出更丰富的想法和情感。其实在此之前，杨吉道尔的《萨拉乌苏河》发表于《鄂尔多斯》2023 年第 1 期，不过他在这篇文章里大多是对景物的欣赏。去描写大雁南飞、萨拉乌苏的红日，将心情与湖间的赤麻鸭联系在一起，以纯粹自然的爱去接近自然，对每一个事物都保持初见的热情，在这一刻，生命与其同在，灵魂住在了天地间，让他可以与迁徙鸟并肩，与河水缓步向前。两次不同的感悟反而证明了自然的魅力，让学者与诗人身份都能住在自己的理想国，感应天地对其的呼唤。

诗人哈·巴图吉日嘎拉的《石头的温暖》发表于《花的原野》2023 年第 7 期，思路开阔，语言凝练，诠释了石头既是石头，而人们认为坚硬的钢铁也是从石头产生的这一理念。用“石头的温暖”一词夸赞表面刻画了各式各样的画像，内里又包括深刻含义的石头。作品文思细腻，蕴含朴素而深刻的哲理。

王向军的《人在画中游》发表于《鄂尔多斯》2023 年第 7 期。文章以真切的情感记述了其在乌苏里河大峡谷大沟湾旅程中的所见所感，于描绘自然景象中穿插人文历史知识，赞美了乌苏里河大峡谷悠然旖旎的自然美景。任俊祥的《萨拉乌苏休闲记》发表于《鄂尔多斯》2023 年第 8 期。作者一路随景而感，在萨拉乌苏峡谷的雄浑壮阔前顿觉自身之渺小，感悟着人类文明的发展史；在萨拉乌苏河畔沉浸在宁静悠然、返璞归真的氛围中；在纳林河畔感受着田园农家生活的惬意满足。所谓“久在樊笼里，复得返自然”，作者远离了城市的喧嚣，在自然和田园中放慢脚步，真实地感受生命的意义和价值，唤起内心深处的平静和喜悦。

季华的《草原雪》发表于《鹿鸣》2023 年第 3 期。他描写了在草原中下雪后自己的欣喜与悲观，欣喜是因为雪给草原增添了几分美丽，同时雪水珍贵如油，可以让戈壁在来年有几片绿色平添春意，而悲观是因为缺少牲畜的食物让动物们容易挨饿，产生生存危机。这种悲喜交加的心绪让人们对草原下雪的场景有了更深的感悟。大自然的合作总是令人意外，美丽的事物下暗藏着的是自然规律的绝对话语权，所以让人又爱又恨，但由此也让人对雪和草原的结合有了具体可感的画面，仿佛置身在草原中感受到了凌冽的寒风，看到牛羊抱团取暖。

李青松的《鄂尔多斯笔记》发表于《鄂尔多斯》2023 年第 12 期，开篇探源“鄂尔多斯”的含义与地理位置，抛出鄂尔多斯与黄河生态系统的关系，于中国鄂尔多斯的存在两个问题，随着作者的观察和梳理，答案逐渐被揭晓。作者一面叙述鄂尔多斯如今令人惊叹的高速发展，一面赞美生活在这里的人们对生态环保观念的持守，相关文化、习俗知识穿插其间，着意突出开头两个问题的现实答案背后的“人的身影”。长期从事生态文学的研究和创作的经历让作者敏锐地捕捉到这座城的生态、生活变化，并及时、恰当地对这一现象进行了反馈。

米彦青的《欧游杂记之西葡纪行》发表于《草原》2023 年第 3 期，是一篇欧洲纪行散文，作者从西葡颇具匠心的建筑感受独特的艺术美感和城市变迁，欣赏当地的特色文化和自然风景。作者文笔细腻，十分注重细节描写，描绘建筑特色以及弗拉明戈舞舞姿的文字，给读者以近在眼前之感。同时，散文还真切地还原了“我”在面对异乡独特文化时的奇异感受，其中包含了作者对于城市、文化、艺术、记忆与生命的思考。

白爱琴的《护边额吉》发表于《草原》2023 年第 7 期。文章描写了驻边战士尼玛的英雄事迹，赞美了她坚韧诚恳、不畏艰苦的伟大品格。尼玛在戈壁荒滩坚守了几十年，尼玛的儿子哈达布和又从母亲肩上接过了这份光荣而沉重的使命。他们用生命捍卫守候着祖国边防，用无畏与赤诚谱写着爱国篇章。

崔荣的《梁越：守护生命通道》发表于《草原》2023 年第 7 期。文章赞颂了坚守初心、矢志不渝的杰出医生梁越，记录了他诸多杰出事迹。他在岗位上严谨认真，以精湛的医术拂去病人的痛楚。在医学之路上，他求知若渴，勉励进取，引领着内蒙古医疗事业的发展，以至精至诚守护着人民健康。

田福的《素履以往 且歌且行——记马鞍山奋斗足迹》发表于《草原》2023 年第 8 期。文章记述了马鞍山村驻村干部们带领村民脱贫致富的艰辛过程，记录了马鞍山林场守山人的坚守和付出，赞美了他们无私无我、牺牲奉献的实干精神。村民们在驻村干部的带领下，用勤劳和汗水致富，走出了生态美、产业兴、百姓富的可持续发展之路。

哈斯其木格的《-40℃——记摄影艺术家阿音及他的〈-40℃〉》发表于《草原》2023 年第 11 期，作者详细地记录了摄影师阿音拍摄蒙古马的初心和经历，完成了对一个坚毅勇敢、心怀理想的人物形象的刻画，阿音以其独特的摄影理念和技巧，用拟人化的手法拍摄蒙古马的肖像和生活，尽管过程中经历了恶劣环境带来的种种挑战，但阿音却始终怀揣着最真诚的态度、坚持用画面和文字来表现蒙古马的意志和秉性。作者以“蒙古马精神”为主题构建了文章的双重结构：正如阿音震撼人心的摄影作品《-40℃》中所展现的蒙古马的坚韧，其本人对理想目标的执着追求也正契合了“找回初心”“吃苦耐劳，一往无前”的蒙古马精神。

阿拉坦格日乐的《小号手朗图》发表于《阿拉腾甘德尔》2023年第6期哈日排长追忆年轻时的部队生活以及小号手朗图经过四十天的训练之后第一次吹号的故事。时间已经过去四十余年，但曾在部队经历过的“激情燃烧的岁月”一直伴随着哈日排长成为一生中最珍贵的财富。尤其是象征着小号手朗图身上那种积极向上、对祖国和人民恪尽职守、充满使命感的奋斗精神的清晨准时吹响的号声永远响彻在作为战友的哈日排长心中以及祖国广袤的大地上。

布和德力格尔的《杰出的教育工作者》发表于《哲里木文艺》2023年第4期，小说悼念了挚友那木日。作者回首与其相识相知的同窗过往，讲述其为教育事业辛勤耕耘的日子。他们从青涩的少年时期到白发苍苍的老年，友谊就像绵延不绝的山峦，串联起他们的人生。作者以朴素直白的语言呈现了对逝去好友的不舍与牵挂，使读者为之动容。

邓文静的《枣树开花》发表于《鄂尔多斯》2023年第7期。散文讲述了无定河畔善良正直的金枣和阿爸以及邻居刘勇共同守护无定河家园的故事。在金枣善良无私品质的感染下，阿爸和刘勇冰释前嫌，用劳动和智慧谱写着新时代农民致富的美好篇章。文章歌颂了护河员金枣无私正直、包容善良的美好精神品质，传递了对新时代未来发展的美好期望。

三、2023年内蒙古新诗图景

如何对草原抒情，怎样才可称得上草原抒情，这是内蒙古诗人始终关心的写作命题。歌颂新生的草原与草原新变，始终是内蒙古诗歌创作的主潮。同时，从个人化的角度书写草原的具象化与人的精神互动性也是重要的写作脉络。这在20世纪50年代出生的诗人与70年代出生的诗人的写作中，有明显的艺术分野。更年轻一代的诗人，则继承了当下诗歌中对物的叙事的偏好，对日常生活的关注，对精神的驳杂性的聚焦，以及对浪漫主义抒情的警惕。多元的诗歌创作流向共存于内蒙古诗坛。

（一）关于“草原”的诗歌写作

温古《石老虎山之巅》发表于《辽河》2023年第1期。《沿着纸页的阶梯走入蜀河镇》发表于《辽河》2023年第5期。《山洼村纪事》发表于《特区文学》2023年第10期。这些诗继续在山川风物与故乡风土中感怀。

作为内蒙古诗歌创作中坚力量的广子于本年度出版诗集《蒙地诗篇》，这是诗人“蒙地诗篇”的集结。诗人青睐用具有力量感的事物赋予内蒙古自然风景以生命气息，也擅长用饱含人生沧桑的情感关系赋予内蒙古历史景观以主体力量。这是诗人改变传统静态的草原抒情的努力，在这些诗作的背后可以分明看到一个男性抒情主人公的身影。广子、西凉、李建军以荒野诗派的名义，把三人的诗集中发表于《草原》2023年第8期。他们的诗有一种粗犷感的特征，少加修辞，其语言指向的是探索回到古典诗歌的方式，虽然这条路充满迷茫也很艰难，但是三位诗人都“心之所向，素履以往”。如广子在《荒野之路》中呈现的那样，“荒野没有路，但沙子可以通过 / 除非风也被关进山谷”。“荒野诗派”的三人虽有一致的美学追求，但其内部诗风却各有不同，广子不断在思考人与物的关系，把精神世界和自然世界进行对应。西凉的诗以通俗的诗风体会外物，反求诸己，李建军善于思考事物到来的方式和归去的路。禾页的《在喀什》（组诗）发表于《鹿鸣》2023年第4期。其诗歌似乎承袭了第三代诗人的脉络，有一种民间性。如“牵马，跌落大地 / 我回头看马，看见 / 吱呀的辕木老去”，打破加诸在事物上的所指，回到事物本身，走向无指。

海日寒的组诗《高处》发表于《花的原野》2023年第1期，以内容的形式化与形式的内容化的独特表达，书写个人体验和感悟。组诗《炊烟升起》

发表于《花的原野》2023 年第 6 期，运用视觉与听觉交错的手法，使作品更加生动。组诗《深渊》发表于《花的原野》2023 年第 12 期，几乎真切地复刻内蒙古东部地区的农牧生活，表达作者对故乡深沉的思念之情。《趣说往事》发表于《哲里木文艺》2023 年第 1 期，中沙丘、乡间小路、乡村电影无疑承载过往的种种，随着时代的变迁已销声匿迹，使人愁怅缅怀。组诗《魔术师的帽子》发表于《阿拉腾甘德尔》2023 年第 2 期，表现现代人的一种危机意识和些许的绝望。诗中出现众多“从远处压过来的，黑压压的大西洋的云”“火在跑、彗星受到惊吓”等压抑的场景和意象。组诗《永恒的瞬间》发表于《锡林郭勒》2023 年第 4 期，包括《过年》《春》《草莓》等多首短诗。《草莓》中由草莓联想到革命，构思和语言独特又凝练。

莫·策登巴拉的组诗《心之诉说》发表于《花的原野》2023 年第 4 期，由《诗的回忆》《被遗弃的心脏》《生命的符号》等 5 首诗组成。作者用通俗易懂的诗句回忆自己的诗歌生涯，患病住院以及住院治病的经历，感慨生命的渺小与脆弱。都达启·恩克哈达的组诗《花喜鹊》发表于《花的原野》2023 年第 2 期，相比于作者的《苍天的驼羔》《额吉井》等早期作品，《花喜鹊》内容题材更加丰富，结构自由、思想深远，显得更加“自由”“现代化”，融汇了蒙古族传统诗歌理念和现代主义诗歌创作手法。

燕南飞的《蒙古马传奇》（长诗节选）发表于《草原》2023 年第 7 期，在历史遥想与时代精神中呈现了蒙古马昂扬奔腾的精神形象。《月亮这一眼深井》发表于《星星（诗刊）》2023 年第 34 期。诗人一改古典诗歌中月亮作为思乡之情的寄托意象传统，而是把月亮看作月亮的“元凶”。李成的《草原印象》（组诗）发表于《草原》2023 年第 2 期。诗人选取蒙古长调、马头琴等事物以诗意的笔再现了诗人的感觉和印象。杨梓林的《阿斯哈图石林》发表于《草原》2023 年第 2 期。诗人虽然只写了事物本身，但是读者却能很容易地感受到丰盈的诗意蕴藏其中。沐昫的《抱着琴来草原的人》发表于《草原》2023 年第 11 期。诗人以浓厚的抒情笔调传达了情绪感受，读来容易获得情绪共鸣。

耿静波的《白云鄂博，包克图背部的美学》（组诗）发表于《鹿鸣》2023 年第 12 期。“你我总是来去匆匆 / 从未找到一个歇脚的驿站”，直面当下生活困境，而诗歌给人以安慰。赵晓梦的《旧年的琴声》（组诗）发表于《鄂尔多斯》2023 年第 11 期。蒙古马、那达慕点燃了诗人的创作激情，游牧文化在诗人笔下活灵活现，如“草原再大，也不过是马蹄的一阵风”。曾凡华的《鄂尔多斯草原》（组诗）发表于《鄂尔多斯》2023 年第 12 期。马儿的品性和作家的奔放性格融合，共同构成了作品的豪迈风格。

阿·赛的《额济纳》（组诗）发表于《鄂尔多斯》2023 年第 12 期。其中的《额济纳的夜晚》和《怪树林》表现了作家对胡杨的生命力细腻的体察，潜藏着作家的生命意识。《居延海》中，诗人把此地比作“戈壁的瞳孔”“骆驼的瞳孔”，如同“死海是地球的眼睛”一样，诗人在诗中一次次地缩小居延海的范围，化大为小，从而获得诗歌的张力。另外，作者礼赞居延海，从它的起源、经历和作用说起，用生动形象的比喻，将戈壁滩的“瞳孔”赋予沧桑感，将骆驼的“瞳孔”赋予历史感。正是居延海的涌动，才有芦苇、鸟儿、月光的交响曲。诗人建构了强烈的画面感，运用意象构图法，将居延海的风物地理和篝火人情自然和谐地统一起来。

生命的长河中回忆如同粼粼波光在意识中乍现，记忆是诗歌创作的一座宝藏。诗人柳苏说：“记忆成为一眼最细的筛子。”（《一撮有体温的泥土》（组诗）发表于《草原》2023 年第 3 期）回忆是把握自我的一种方式，而细节是顽固的，也是诗人们创作的重要源泉之一。有时这种回忆并不一定就是对以前感知的回忆，而是对回忆有着内部的再造。王桂萍的《芦苇开花》（组诗）发表于《草原》2023 年第 6 期。诗人在《芦苇开花》（组诗）中这样吟咏“记忆会在河里蜷缩成一条 / 孤独的鱼。”面对记忆的消亡，诗人对记忆作了具象化的处理，形象地把握了独特的回忆的感受，并赋予其显性的再造的意义。梁梁写给达茂旗的组诗《从梦中回去的总是故乡》发表于《鹿鸣》2023 年第 11 期。诗人通过叙写一些记忆颇深的情绪，以细节传达了诗人离开时或者归来时的感触，情感真挚，细腻动人。如在《风雪夜，归途》中，诗人写回乡中的存在："四面八方的声音在规划着无声。"在特定的情绪下，外在的喧嚣都变成了无声。"无声"传达了诗人沉浸情绪之中的独特感受。苏和的《消亡与重生》(组诗)发表于《鄂尔多斯》2023 年第 5 期。诗人在诗歌中咀嚼回忆，用现代的情愫写出了记忆中的草原原乡。

安然的《草叶间》(组诗)发表于《草原》2023 年第 6 期。"从一首诗中走来，麦芒穿过我的掌心"很好地诠释了创作过程中心境的抵达。禾页的《夜过昆都仑》(组诗)发表于《草原》2023 年第 8 期。其诗歌有一种遍地燃烧的狂野感，指向了能指本身，并融入了生命真谛，使得诗歌诗意盎然。措玛尔罕的《某些词》发表于《鹿鸣》2023 年第 2 期。诗人把自身的视角从作者的身份置换到了读者，以读者的角度展开想象，角度新颖。文博的《惊蛰》发表于《鄂尔多斯》2023 年第 5 期。诗人精准地选用意象群，用通感的手法营造出春日的勃勃生机。巴音博罗的《沿着行星的道路》(组诗)发表于《鄂尔多斯》2023 年第 8 期。巴音博罗的诗歌充满戏剧性，如"我在路过空荡荡的人造广场时有意 / 放慢脚步，我向广阔的人群公布信息 / 一尊被抚摸过的人会不会在纯洁的辉光中腐烂？"诗人把自己放置在广场之中，如同在舞台之上，并且激情四射地发出堂吉诃德式的语言。

深入生命意识的诗歌蕴含着存在之思。田湘的《流水有顺从之美》发表于《鄂尔多斯》2023 年第 3 期。生命的"轻"与"重"是田湘在诗歌中的重要命题。如"落叶纷纷如不可承受的生命之轻 / 可落叶并不悲伤"。诗人用落叶传达了自己面对生活时的情绪，落叶的轻柔和生活的"轻"具有对应性，而生活的"重"和落叶的"轻"却构成了矛盾，进而由于"落叶"的情绪是诗人构建的，最终返回到人本身，可见诗人在诗歌中要表现的是生命的"轻"和"重"，这一探讨"存在"的重要命题。

袁佳运的《在思考的季节里》(组诗)发表于《鹿鸣》2023 年第 6 期。生物、历史、哲学、绘画等皆可入诗，诗人以新异的想象让知识不再冰冷。康伟的《黑暗和诅咒也不能将这火的种子吹灭》（组诗）发表于《鹿鸣》2023 年第 11 期，诗人凭吊包头博物馆的文物，用诗的语言挖掘古物的本质功能，读者容易在诗歌中感受到诗人描述古物并将其功能发挥到极致的用意。冰洁的《陶凤杯以及其他》（组诗）发表于《草原》2023 年第 6 期。在冰洁的诗歌中我们发现一件器物也可以承载厚重的力量，从远古走来，与现代对话，并在古物中发现历史，超越自我。车夫的《山岗上》发表于《鹿鸣》2023 年第 12 期。一个鲜明的诗人形象跃然纸上，他时刻对生活保持惊奇，看得出诗歌也温暖了他的生活。在诗意之神的触摸下，他认为“此刻 我把自己平铺在山坡上 / 仿佛自己是山的一个部分”“整整一夜我听到了自己浑身的血液 / 在低吟浅唱”。这是诗人通过诗歌获得的对自身的奇妙体验，也是一种独特的把握自己的方式。

（二）青年诗人的写作

《阿拉腾甘德尔》2023 年第 5 期的“野马派”专栏刊载了年青一代诗人具有先锋性质的现代诗。伊·吉仁巴雅尔的组诗《尹湛纳希的傍晚》，包括《尹湛纳希的傍晚》《乌兰镇》《语言文字》三首。《乌兰镇》中诗人以写诗的方式对抗某种扭曲和异化的现实。“乌兰镇”伸出“痉挛的手”，以邀请函、公文等方式试图干扰诗人的创作，但仍有新的“公式”和“广告”诞生，而“灰蓝色的路上”也总有思想们“自由地躺着”。乌纳嘎的《树木世界》创造了一种以“树木”为核心的、关于世界和生命的整体象征。“世界上所有的树木 / 从梵高的墨水中生长出来 / 根在他的 / 割下来的耳朵上蔓生。”诗中的“树木”拥有超强的生命力，掌控生命的规律与世间万物的运转。克列特·哈斯巴雅尔的《紫檀的灵魂》是一首具有浓厚的宗教色彩的诗歌。诗中出现了“紫檀木”“99 个天”“甘珠尔”“佛祖”“罪孽”“蝴蝶”“蜘蛛”等神秘的意象群。诗人却没有致力于创造一种宗教的完满的世界，而是更多去展现信仰体系的崩塌与破碎。宝·青克勒图的组诗《梦幻宇宙》由《深……梦》《藏在你的梦里》《七只黑羊》等 4 首诗组成。诗人用自己的诗句记录了梦的体验。“光明是墨黑色的”“将自己 / 焚烧 / 真理的天 / 看不见”等诗句可谓是一种梦境中的神奇体验。特·哈斯其劳的《新黄历》由《怀念》《恋爱》《干旱》《迷失》等 12 首短诗组成，在诗句中杂糅了对历史与现实的感受与思考的碎片。如果说“惊吓的马群的眼睛里 / 黎明探出了头”等诗句透露出作者对于民族历史的思考，那么“脚向前进 / 身体向左倾斜 / 思绪靠向右边”则是一种矛盾的、不顺畅的、无法前进的泥潭般的现实。格·阿拉腾布拉格的《短诗》由数字编号的 12 首短诗组成，诗人擅长使用两行到三行凝练的语言捕捉一种诗歌的真实或真理。“在无形中 / 有形地生活 / 虚假的娱乐”等诗句提供了一种观察世界的独特视角。额·特润的组诗《深夜的萤火虫传颂着〈月光奏鸣曲〉》由《我生长在眼睑里》《我不是诗人》《萤火虫》等 5 首诗组成。诗中体现了某种显而易见的矛盾心理。“蒙古艾里”“萤火虫”等抒情对象的存在可谓诗人心中的“乌托邦”，但“吞没现在和未来的莽古斯”仍在张开血盆大口，带来威胁和恐惧。阿拉腾楚鲁的《马群》在“如胸前的纽扣般 / 距离心脏很近的马蹄声”等诗句中表现了蒙古人内心深处对马的天然感应。胡斯乐的组诗《语言之翼》试图用诗歌的语言去捕捉那些能够言说和无法言说的隐秘的情感。

诗人景绍德的组诗《人间辞》发表于《草原》2023 年第 1 期。一首首小诗中，大有“语不惊人死不休”的姿态。月光可以“一滴，一滴，飘下来”，风可以“一茬一茬死掉”，光阴可以清洌，回忆可以甘爽，无形生出有形，有形变换为无形。

敬笃的组诗《崇敬的雪》发表于《草原》2023 年第 4 期。诗人以雪下的世界为主题，完成了本组诗歌创作。“无边无际的白 / 遮蔽了眼前的世界 / 有人为你穷尽一生 / 想要到达终点 / 然而终点却在起点处”，充满哲思，含蓄隽永。《崇敬的雪》组诗中的《夜晚的倒影》含蓄深切地展现了现代都市人的情绪以及他们对于自然的眷恋。敬笃的诗中充满了思想的声音，是完整的诗歌的情绪之作。渔夫的《风的孩子》（组诗）发表于《草原》2023 年第 6 期。其诗歌短小凝练，充满哲思，写风写候鸟，也是写自己。自然的《低处的固守》（组诗）

发表于《草原》2023 年第 7 期。《火烧云》中云、故乡和双亲发生了紧密的联系，情感真挚，浓郁饱满。

许承的《湛蓝色呼吸》（组诗）发表于《草原》2023 年第 9 期。诗人把自己的身影投射到诗歌画面中，别出心裁，直击现场，诗人以“他看见……”的视角展开诗歌的画面，读者自由地与诗人共同经历了一场精神漫游，在短暂的阅读时间里获得精神上的享受。如同许承所说：他要“竭尽全力打开每一颗毛孔，让它们和我一样，在蓝色下尽情呼吸”。

曹雪健的《施工在机钩的碎语里》（外一首）发表于《草原》2023 年第 1 期。诗人对声音有着独特的感知，甚至把歌声当作视觉能感知到的内容，五官感受，互相贯通，如“他在布景里看到的，不止歌声”。种种意象在诗人笔下仿佛获得新意，既是实写也是虚写，虚虚实实，亦幻亦真，诗歌意境已经在朦胧性之中徐徐产生。曹雪健的《大地上的劳动者》（组诗）发表于《草原》2023 年第 10 期。诗人把目光投射到了风雨雷电，这些自然现象在诗人的笔下十分奇妙，异彩纷呈，这也是工人力量的象征。

张泽英的《在气流中起舞》（组诗）发表于《草原》2023 年第 10 期。她的诗歌中处处彰显着年轻的气息，并有着生活的诗意和奇妙的想象，空灵曼妙，出自天成。张泽英的诗歌中没有华丽的辞藻，真情在朴素中流出浓浓的诗意，语言是笔直的，可诗意却是弯曲的。如“银杏憋不住 / 牙根的酸涩，啪啦啦 / 掉落。嫩红的颜色 / 像母亲乳着她的孩子”。想落天外，别出心裁。在《草原》第 5 期“青年说”专栏中，我们看到了一些青年作家走上文学之路的过程的多样性，同时青年人也直面了当下的网络文学、Chat GPT、文字垃圾等时代问题，起到正面的作用。

晓角的《藏在一滴雨里看天空》（组诗）发表于《草原》2023 年第 12 期。晓角的诗歌里潜藏着先锋特质，风格独特，晓角可以说是内蒙古文学冉冉升起的新星。在她那里“鞋很悲伤”“土豆，会变涩”“书籍，活过纸张”，看似无理却也有理。赵卡把晓角的文学创作视为一种现象，认为“晓角既重又钝的下笔是在寻求一种基于自身权利的心灵吁求，也就是说，她写的是自己犹如感怀和咏物，但太绝望”。晓角的诗歌是个人经历的诗意表达，是真实情感的自由创作，她把个人情绪嫁接到事物本身。生活的困苦和伤痛也是造成其诗风的重要原因。

富亦灵的《诗的片段》（组诗）发表于《草原》2023 年第 1 期。诗人用诗心感受生活，“笼天地于形内，挫万物于笔端”，万事万物在诗人笔下都是作诗的材料，警句迭出。如《声之形》“声音并不会随着 / 相貌一起变老 / 而有的人的声音 / 比他们的经历 / 还沧桑”，既揭示了声音和样貌的悖论性，又富含哲理。

生活之思、批判现实主义的风格、生活的底蕴交相辉映，趣味思想、古今追昔相映成趣。戈三同的《倾听星空》（组诗）发表于《草原》2023 年第 2 期。诗人取远譬，并且恰当地选用对应物，使得诗意在戈三同的笔下得到精彩的呈现。如“他只用一个默契眼神，就将一缕倒下的炊烟 / 重新扶了起来”（《牧民兄弟》），十分具象化，并且饱含深意。“有时，他像一脉横卧的罕乌拉山 / 突然躺下来 / 替八百亩辽阔，长舒一口气。”（《求婚的巴特尔》）读罢诗歌，豪迈感顿生，这包含着内蒙古草原辽阔的自然风貌所培育的内蒙古诗人的特色。沐晌的《欲念啊，像十三尾鲤鱼》发表于《草原》2023 年第 11 期。诗人幻想置身鱼的体内，咀嚼人生，情绪饱满。“我的乡愁就系在鱼尾上，直巫山的烟雨 / 漂流”把抽象的乡愁具象化，意象选取，别具一格。文博的《阳台上独坐》（组诗）发表于《草原》2023 年第 11 期。诗人思绪翻飞，新意迭出。如“我像清空信息的手机 / 被下载腾空，成为时间里唯一的内容 / 细细咀嚼老草游荡的暗香”。诗人以敏感的诗心，化虚为实，化实为虚，出入自然和现代都市之间，在独处中诗意地栖居。西阔的《夜曲》发表于《鹿鸣》2023 年第 12 期。诗人在诗歌中发问，简单的词句却有着深沉的情感。

爱是永远的诗歌主题。其木格的《雨夜书》（组诗）发表于《草原》2023 年第 3 期。诗歌中表达了对于爱的满心欢喜和期待，如“你的信还没来得及

打开 / 我猜里面可能有你的眼睛，呼吸……”，在网络如此便捷的今天，一封来自远方的信件所传递的情感在诗歌中再次迸发。曾烟的《会发光的老房子》（组诗）发表于《草原》2023 年第 11 期。诗人以细腻的情感、清新的笔调，延续着“自然写作”。她结合个人生命体验创作出一首首散发着幸福的诗歌，《会发光的老房子》（组诗）和《那些开在一个女子肘尖上的羊角花》《山楂生活》《小黑河》一样，诗人在其中品味带着烟火气息的生活、回忆生活带给她的幸福和忧伤，并以诗歌抚慰苦涩的人生。其诗作形成自己独特且成熟的美学风格。据同期内蒙古大学文研班的同学发现，曾烟每天都要给花草、猫狗拍照并配上不同的名字。人生不如意十之八九，生活自有其甘苦，如人饮水，冷暖自知，但她选择笑着面对，在坚硬的土地上向阳而生。于学涛的《青鱼夜行》发表于《鹿鸣》2023 年第 12 期。诗人辽阔的语言风格寄托着细腻的情思。董进奎的《春风抽出了熬夜的针眼》（组诗）发表于《鄂尔多斯》2023 年第 2 期。董进奎擅长从细微处着笔，从一针一线引向广阔的诗歌画卷。杜·策励恒的组诗《与鸟共舞的诗人故乡》发表于《鄂尔多斯》2023 年第 5 期。诗人把没有说完的话与心上人的名字连在一起，“你将我……乌吉斯古楞”，诗人心中万千思绪找不到言说的方式，这种断断续续的言说方式是爱到极致的缘故，诗人通过符号将爱的思绪传达出来。

（三）关于故乡、童年、自然的抒情

哈·巴图吉尔嘎拉的组诗《诗的信仰》发表于《花的原野》2023 年第 3 期，作者指称创作灵感来源于身边景物和生活体验，并且用诗歌来表达心灵的感悟。《马头琴》发表于《花的原野》2023 年第 10 期，在描绘马头琴精致的外形和悠扬的琴声的同时，表达了对随着时代的进步而退化的马头琴文化的担忧。《世界的真相》发表于《哲里木文艺》2023 年第 9 期，由 5 首短诗组成。诗歌意境深远，体现了诗人对人生的深沉思考和感悟。组诗《心灵归处》发表于《阿拉腾甘德尔》2023 年第 2 期，由《心灵归处》《破晓》《裤子》等

4 首诗组成。诗人不仅记录自己的想象与梦境，诗行又饱含对现实的思考。《破晓》是黎明前的一场梦。梦中有窗户、有围墙，而远处的火车汽笛声牵引着我绕过围墙……《裤子》中作者通过人与动物之间“穿裤子与否”的区别，探讨了文明与野蛮的关系。《内部循环》发表于《锡林郭勒》2023 年第 6 期，表现使他感到舒适自在的草原上的风和气味。诗人擅长书写瞬间感受，诗歌具有纯诗的韵味，追求一种纯粹的美。

那・呼和诗贵的组诗《稀疏的森林》发表于《花的原野》2023 年第 6 期使用象征性意象，将诗意和自然巧妙地结合起来。组诗《故乡长辈》发表于《花的原野》2023 年第 12 期，以“童年故乡”“长调”“泪”“预知”等几组词为题目，以朴实的笔调回忆了故乡土地，表达了对亲人与家园的怀念。《一切都会好起来的》发表于《花的原野》2023 年第 3 期，字句精练，排列优美，展现出积极乐观、展望美好的期许。组诗《江边拾到的诗歌》发表于《潮洛濛》2023 年第 2 期，由《讴歌杭州》《南湖》《云雾缭绕的镇》等 5 首诗组成。诗词通俗易懂，简洁明了，清新自然，赞叹江南美景及其历史文化底蕴。组诗《悦耳动听的诗篇》发表于《阿拉腾甘德尔》2023 年第 3 期，由《对你说的话》《知晓》《偶尔的梦》等 9 首诗组成，并多为哲理诗。《知晓》中“一片黄叶 / 知晓秋天的颜色 / 一滴眼泪 / 知晓生活的味道”等诗句具有超然的哲理意蕴。组诗《飘着乳香的诗》发表于《鸿嘎鲁》2023 年第 2 期，由《诗韵扎鲁特》《世间美好的扎鲁特》《我们的乌兰牧骑》等 4 首诗组成。作者以饱满的热情和细腻的笔触，描绘了被誉为“民族版画之乡”和“民族曲艺之乡”的扎鲁特地区。组诗《英金河的白桦树》发表于《鸿嘎鲁》2023 年第 4 期，由《难忘的爱情》《或许》2 首诗组成。《难忘的爱情》以直白的笔触描绘了诗人对爱情的深切怀念。《或许》中诗人反复使用“或许”一词，对爱情的本质进行了深入思考与探求。《循环人生》发表于《锡林郭勒》2023 年第 3 期，通过书写蒙古族随着四季更替在草原上游牧生活的方式，赞颂了蒙古族热爱自然、保护自然、敬重生命的价值观。组诗《爱情的一千零一夜》发表于《陶茹格萨茹娜》2023 年第 2 期，由10首短诗组成。诗人用简洁而生动的语言传递出对爱情复杂又纯粹的情感，启发了读者对爱情的思考。

那·乌力吉德力格尔的《万字符》发表于《花的原野》2023年第1期，其中的万字符具有长久、无尽的意义，代表幸福和繁荣。诗人歌颂爱人、父母、故乡，陷入无尽的思念之中。诗歌强烈的节奏感带给人一种回环往复的音乐之美。组诗《从水晶杯喝水》发表于《花的原野》2023年第7期，细致而生动地描绘了女子和场景，让人感受到诗人的情感投入和真挚感情。

苏尤格的组诗《永恒的东方曙光》发表于《阿拉腾甘德尔》2023年第4期，由《黄昏》《曙光》《天涯》《地界》4首诗组成。诗人从黄昏到曙光的时间维度与天涯到地界的空间维度上丈量了整个民族的生存境况与未来发展。《黄昏》中诗人提出了“明天要下雨 / 牛群要小心洪水！”的现实危机与“要想发展沙漠故乡 / 尊崇机器化现代化！”的出路。《曙光》中则出现了希望的力量——“提着弯道的先锋英雄，砍断了莽古斯的头颅”。诗人召唤一种“崇高的理想”作为向未来出发的力量。

尧·额尔登陶格陶的组诗《秋风胜似黄骠马》发表于《花的原野》2023年第2期，包括《秋季细雨》《秋季轻雾》《秋风胜似黄骠马》3首。该诗是对秋天景物的清新书写，表达对秋天的眷恋和不舍之情。《如意之眼》发表于《锡林郭勒》2023年第6期，描写清明时节草原上的光景。诗人以“嫩芽”“万马”“暴雨”“鹤”等意象展现故乡景色的同时，使用通感手法表现了从感到口渴到看见远方的炊烟再到闻到奶茶飘香的体验。《有眼睛的如意宝》发表于《敦勒格尔塔拉》2023年第1期，是以月亮为题的多个俳句连成的诗作，每三行里都出现主题词“月亮”。

道日那腾格里的《独行诗》发表于《花的原野》2023年第10期，由20首独行诗组成。每个小标题都相互呼应，诗意盎然，运用简练而有力的文字展示了无尽的情感和深思。组诗《芳香的时光》发表于《哲里木文艺》2023年第11期，由《芳香的时光》《清明》《看不见的敌人》3首组成。《芳香的时光》充满了对生命的思考和过往的追忆，传递出淡淡的忧伤。诗人巧用隐喻，让诗句更加富有层次和想象力。《清明》充满了深情的笔触，思念故土、故人、回不去的时光……让人沉浸在情感的海洋中不能自已。《看不见的敌人》用精练的语言呈现了疫情的来势汹汹。

达·额日敦毕力格的《雨》发表于《花的原野》2023 年第 5 期，歌颂着雨滋润大地，孕育万物，使大自然生机勃勃，枝繁叶茂。诗歌犹如一幅油画，生动而细腻，作者巧妙运用比喻，诗句富有层次感。《母亲》发表于《鸿嘎鲁》2023 年第 12 期，是一首朗朗上口的抒情诗。作者凭借丰富的意象，刻画出一位伟大母亲的形象，以此表达对母亲的赞美与思念。《和谐之歌》发表于《阿拉腾甘德尔》2023 年第 4 期，是一首具有包容性的、铿锵有力的抒情诗。诗中不仅包含了世间万物和谐共存的壮丽景象，更是弹奏出由和谐走向欣欣向荣的美好未来的时代强音。

巴·布仁吉日嘎拉的组诗《故乡的记忆》发表于《花的原野》2023 年第 5 期，描绘“白音花”“甘齐毛都”“川井”等故乡美景。《山的那边》歌颂了家乡的海流图河、天鹅以及乌拉特草原。诗歌具有叙事性和散文化的特点。作者笔底生花，一气呵成，展现了豪情逸致的情怀。

策·苏都毕力格的组诗《沉思的绿叶》发表于《锡林郭勒》2023 年第 4 期，由《丹草》《孤鹤》《敖包》《蒙古俳句四季》等 7 首诗组成。《丹草》中作者以春天最早破寒，秋天最晚霜冻，用根抱住地球，永不言败的丹草，比喻了持之以恒、坚忍不拔的高尚品格。《雨》中作者通过描述雨天的情景表达了自己无措和不安的心情。《敖包》中充满对大自然的敬畏之心。“日月风雨像守护之神一样每天都守护着敖包。”《蒙古俳句四季》将“幻影”“风”“雪”等与弹奏五线钢琴进行联想，借景抒发了情感。

都仁吉日嘎拉的《空》发表于《呼伦贝尔》2023 年第 2 期，表达了对离别、孤独、迷茫以及对诗艺本体的思考。当青春的乐趣消逝，只剩下无尽的空虚时，哀愁和烦恼随之而来。诗人多次使用隐喻，读起来丰富有趣。而乌·宝音乌吉的组诗《关于故乡的四首诗》发表于《西拉沐沦》2023 年第 2 期，尽情抒发对于故乡的山水、历史、风俗以及人的情感。“有山有水 / 又有平原的故乡啊 // 有着远古人 / 史诗般生活的故乡啊”等诗行饱含着诗人对故乡的深厚情感。

宝伦查干的《抒情碎片》发表于《西拉沐沦》2023 年第 2 期，包括《乡间的小路》《故乡》《山坡上的月亮》等短诗。其中大部分诗歌以故乡为主题，在古今对照中审视故乡，或在成长与远走他乡的过程中思念与缅怀故乡。

时代性，是内蒙古小说、散文、诗歌文体都具有的鲜明特点。具体表现为对时代主题的呼应与书写，对时代楷模的塑造，对时代精神的发扬。文学与时代的关系书写特别考验作家的题材处理能力与艺术创造能力。就近年来的内蒙古小说而言，革命历史题材受到了作家的青睐。革命历史题材保证了思想性的获得，但近年来内蒙古自治区革命历史题材小说在故事模式设置、人物形象塑造上存在着艺术陈旧与程式化的不足。整体而言，内蒙古中短篇小说的叙述能力与艺术成绩高于长篇小说。现实主义，是内蒙古文学普遍采用的创作手法，小说对典型人物形象的追求，时代性对散文、诗歌主题的影响，都表现出现实主义特征。年青一代的作家在追求艺术的多样性方面有较为自觉的努力。抒情性，是内蒙古文学的总体艺术效果。小说对自然风景描写的坚持，散文对草原风物的关注，诗歌中的主体性情感抒发，都汇聚为艺术语言与美学风格上的抒情特征。

主持人：

李　旺　内蒙古大学文学与新闻传播学院副教授

乌日斯嘎拉　内蒙古大学蒙古学学院教授

参与撰写：

特日格乐 内蒙古大学中国语言文学专业博士研究生

马小亮 内蒙古大学中国语言文学专业博士研究生

张若男 内蒙古大学中国现当代文学专业硕士研究生

蔚 静 内蒙古大学中国现当代文学专业硕士研究生

刘景琦 内蒙古大学中国现当代文学专业硕士研究生

赵路双 内蒙古大学中国现当代文学专业硕士研究生

朱映雪 内蒙古大学中国现当代文学专业硕士研究生

池 越 内蒙古大学中国现当代文学专业硕士研究生

乌日力嘎 内蒙古大学中国少数民族语言文学专业硕士研究生

布门琪琪格 内蒙古大学中国少数民族语言文学专业硕士研究生

美 丽 内蒙古大学中国少数民族语言文学专业硕士研究生

张泽英 四川大学中国现当代文学专业硕士研究生

钱 欣 暨南大学中国现当代文学专业硕士研究生

艺术（总论）

2023年，在党和国家大力推进中国特色社会主义文化建设的进程中意义重大，在内蒙古推进文艺事业从“高原”走向“高峰”的新繁荣新发展进程中意义重大。这一年，习近平总书记第三次来到内蒙古，高站位、全视角地对内蒙古的高质量发展提出了“奋力书写中国式现代化内蒙古新篇章”的目标要求。在习近平总书记的亲切关怀和直接指导下，在习近平文化思想的明确引领下，内蒙古自治区党委凝聚共识，在文化领域全面实施“北疆文化”品牌战略，大力推进内蒙古文化强区建设，开启中国式现代化文化建设的内蒙古实践新篇章。这一年，内蒙古新时代文艺工作取得了多元化、立体式、开拓性的发展，开创了内蒙古文艺繁荣发展的新格局。

一、年度扫描

2023年，在党的二十大精神的引领下，内蒙古广大文艺工作者深入学习贯彻习近平文化思想核心要义，以铸牢中华民族共同体意识为工作主线，努力担负新时代中国式现代化发展的文艺使命。对于内蒙古艺术发展而言，主题性艺术创作数量众多，彰显出内蒙古盛世向上的和谐之音与团结奋进的拼搏气象；“内蒙古印象”摄影展等众多艺术活动，展现了这片热土优美的自然风光与独特的人文风采；艺术产业与演艺市场在经历三年疫情的低谷之后开始全面复苏；文艺惠民、艺术城建与艺术乡建极大地丰富了文艺的社会职能；数字技术、全媒体业态的积极介入，在推动内蒙古艺术本体多元发展的同时，充分利用线上与线下双渠道，开启了对内与对外双向展示自身独特魅力的新窗口。

（一）深入贯彻党的二十大精神，深刻把握习近平文化思想精髓，立足铸牢中华民族共同体意识工作主线和打造“北疆文化”品牌战略，全面推进新时代内蒙古艺术的新繁荣与新发展

习近平总书记于 2014 年 10 月 15 日《在文艺工作座谈会上的讲话》中指出：“文艺是时代前进的号角，最能代表一个时代的风貌，最能引领一个时代的风气。”[1] 党的十八大以来，以习近平同志为核心的党中央高度重视我国文艺事业的发展。在相关系列讲话中，习近平总书记深度剖析了关乎中国特色社会主义文艺事业发展的方向性、根本性与战略性重大问题，深刻阐释了新时代文艺工作面临的新实践与新要求，深入指出了中国共产党带领全国人民共同担负的新时代新的文化使命。2023 年，习近平文化思想正式提出，以此为标志，形成了习近平中国特色社会主义理论的文化篇。作为党和国家大力推进中国特色社会主义文艺事业的根本遵循，习近平文化思想为我国文化艺术事业的全新发展奠定了坚实厚重的理论基础。

2023 年，为贯彻落实习近平文化思想和习近平总书记对内蒙古的重要指示精神，内蒙古自治区党委提出打造“北疆文化”品牌战略。作为铸牢中华民族共同体意识、建设中华民族共有精神家园的重要路径体现，“北疆文化”品牌的打造，也同时成为助力内蒙古文化事业和文化产业高质量发展的重要抓手。

2023 年，内蒙古广大文艺工作者深入学习贯彻习近平新时代中国特色社会主义思想和党的二十大精神。内蒙古文联举办了“学习贯彻习近平文化思想”培训班、学习“习近平总书记在文化传承发展座谈会上的重要讲话精神”座谈会等系列重要教育培训活动。同时，立足自治区党委关于全方位建设“模

1　习近平：《在文艺工作座谈会上的讲话》，《人民日报》2015 年 10 月 15 日，第 2 版。

艺自治区”的要求，完成“铸牢中华民族共同体意识”文艺家协会会员轮训，实现了自治区级文艺家协会骨干会员培训的全覆盖。内蒙古文艺界思想引领“培根铸魂”工程的全面实施，提升了文艺创作、文艺理论、文艺评论行业人员的理论思维层次与艺术认知水平，拓宽了新时代文艺工作高质量发展的新理念与新思路，推动内蒙古文艺开启了新时代文艺繁荣发展的新局面。

（二）内蒙古影视艺术：在多元融合中创新发展

影视艺术含电影艺术和电视艺术。两者均以视听语言为媒介，是借助镜头与摄像技术表现思想情感与文化价值的时空综合性艺术样式，有着与生俱来的鲜明的科技性和商业性。

2023 年，内蒙古影视艺术注重创新发展，紧紧围绕铸牢中华民族共同体意识主线，坚持以人民为中心的创作导向，不断探索内容与形式的全面创新。创作与译制了蕴含深厚中华民族优秀传统文化底蕴、反映现代社会生活和时代精神的艺术作品，覆盖了历史、现实、都市、草原等多种题材，进一步拓展深化了内蒙古影视艺术的表现范围。同时，依托 CGI、VR/AR 等现代技术和新媒体平台，不断尝试叙事结构、视觉风格等艺术表现手法的创新探索，为影视观众带来了全新的视听体验，为影视艺术形式的创新发展提供了新的可能性。

2023 年，内蒙古影视艺术在坚持创新发展的同时，也在不断寻求不同元素和更多领域之间的多元融合。在技术与媒体的融合方面，结合数字技术，尝试采用最新的影视制作技术，在艺术表现形式层面提升作品的视听效果；整合传统播放媒体和数字平台及移动设备等新兴媒体，扩展作品的传播空间，提升了内蒙古影视艺术的当代影响力。在商业与文化的融合方面，将影视、综艺及相关文化活动与内蒙古旅游业、文化产业联动，既重视作品的艺术品质，也注重商业价值的开发，满足大众文化审美需求的同时，重在挖掘内蒙古地区优秀传统文化的现代价值，在创作中融入多元文化元素，展现了内蒙古影视艺术的多样性和包容性，实现了文化价值和商业价值的双重价值体现目标。在社会与教育的融合方面，影视作品既关注社会问题、反映社会现实，也重视教育意义，将作品的现实性与功能性相结合，寓教于乐，实现了影视艺术审美价值和实用价值的共同发展。在国际与本土的融合方面，不论国际会议还是国内会议，不论商业活动还是学术活动，均能多元展示地域文化特征，不断加强行业内外的合作交流，促进资源共享与协作，从而提升内蒙古影视艺术的整体影响力。

就电影艺术的发展而言，2023 年，内蒙古电影行业锐意进取，营商环境持续优化，电影市场呈现出明显的复苏与回暖态势，票房收入和观影人数均实现显著增长，内蒙古电影产业的实力逐步增强。内蒙古自治区电影局着力推广精品力作，多措并举不断提升电影品质；内蒙古电影制片厂有限责任公司积极拓展业务渠道，多方合作，布局细分影视类型，从《片警宝音》《守望相思树》到《白塔之光》，推出多部好评作品；内蒙古民族语电影译制中心完成了《白蛇 2：青蛇劫起》《悬崖之上》《我和我的家乡》等热门影片的大量译制任务，译制领域成果斐然。随着国内外交流合作的不断深化，电影从业者的创作与制作水平不断提高，多部影片荣获国内大奖，展现了内蒙古电影艺术的创作活力，彰显了北疆文化特色与文化自信，内蒙古电影的品牌影响力不断扩大，传播力和影响力持续提升。在艺术本体不断发展、品牌效应逐步扩大的同时，内蒙古电影的社会公共文化服务职能也在不断强化，农牧区电影放映监管平台智能升级，通过公益放映和文化服务活动等创新实践，承担电影在社会公共文化服务领域的责任，取得了文化惠民与文化传播的新进展。此外，随着内蒙古电影研究从作品评介、导演风格、电影题材、内蒙古形象传播及文化意义等多角度、多层次的展开，内蒙古电影的丰富内涵和重要价值得以深度挖掘，多样化推动了内蒙古电影的进一步发展。

就电视艺术的发展而言，2023 年，紧跟数字技术的发展和进步，内蒙古电视艺术在文化传播、审美欣赏、价值引导、科技融合、产业联动等方面取得了显著成就，生产制作出一批既符合大众审美又引领价值观念的优秀作品。内蒙古电视剧坚持艺术创新与技术应用的双重提升，在艺术表现、文化传播、社会价值及情感共鸣等方面得以深度发展。电视剧《父亲的草原母亲的河》重现远去年代交织融合的边疆记忆，《大盛魁》表现内蒙古地区的风土人情，《父辈的荣耀》吟咏父辈对林业改革的历史贡献，这些作品深入挖掘内蒙古丰富的历史文化资源，真实呈现不同时代的现实生活，传达出真挚且正向的社会情感和社会价值，具有鲜明的地域特色和时代精神。2023 年，译制电视剧涵盖多种主题，《香山叶正红》《父亲的草原母亲的河》《火红年华》《大盛魁》《老酒馆》等突出历史革命主题，《山海情》《小敏家》《小欢喜》《县委大院》《理想之城》等聚焦现实问题，在选择高评价作品、坚持观众导向、重视娱乐性的同时，同样强调作品呈现的历史文化价值和社会意义，致力于借助作品搭建文化互鉴、民族团结的桥梁纽带，促进文化交流与理解。2023 年内蒙古纪录片注重本土文化的挖掘与传播，致力于打造本土文化符号，彰显内蒙古地域文化特色。乌海广播电视台出品的《百态流凌话安澜》、呼伦贝尔广播电视台出品的《呼伦湖畔》等纪录片，根植地域文化传统，积极融合现代技术，关注社会现实，强调人文价值，并且积极探索国际合作与媒体融合，寻求纪录片艺术性、社会性、时代性的协同发展，增强大众对中华民族共同体的认同感。2023 年，内蒙古电视综艺节目坚持观众导向，积极适应新时代观众需求，同时也重视文化、社会及审美价值，提升节目的文化深度和教育意义，创作出技术创新、内容多元的《黄河魂》《北疆文化·青城文脉》《长城长》《铸魂》《把答卷写在北疆大地上》等节目。电视综艺节目融合前沿视频技术，利用新媒体平台，丰富视听语言的表达形式、提升传播效果，打造具有一定影响力的综艺节目品牌。2023 年，内蒙古动画片重视作品的原创性与多元化，同时也强调其社会性和艺术性。作品《国家的孩子》讲述了内蒙古自治区作为“模范自治区”的担当作为，展现了对传统文化的重视、技术创新的应用、艺术教育价值的凸显以及社会价值观的传递，更是彰显了整个民族的团结和凝聚力，推动了内蒙古动画产业综合发展，承担了价值引领的社会性责任。

总之，2023 年内蒙古影视艺术取得了诸多实绩。一方面，电视艺术与电影艺术在内容创作、技术应用、市场拓展等方面展现出不同特点和各自优势电视艺术在文化普及、信息传播方面发挥了重要作用，而电影艺术则在艺术表达、文化传承方面展现了独特魅力，另一方面，两者又相辅相成，共同推动了内蒙古影视产业的复苏回春和行业的规范发展，建构起正气充盈的影视艺术发展环境。

（三）内蒙古造型艺术：在主题聚焦中彰显特色

造型艺术属于空间艺术，是通过视觉接受进行欣赏的艺术形式，包括绘画、雕塑、书法、摄影、建筑等。造型艺术的静态性与直观性，形成了其便于展示和保存、易于传播与接受的优势，成为大众日常较为普遍的审美对象。

2023 年，内蒙古造型艺术坚持以“铸牢中华民族共同体意识”为主线“各民族交往交流交融”作为“北疆文化”包含的基本内容之一，成为内蒙古造型艺术表现的重要主题。以展现内蒙古各民族多姿面貌、各民族团结进步、各民族美美与共为价值导向，创作出了大量的绘画、雕塑、摄影、书法等作品。这些艺术创作，密切关注时代所需，及时呼应时代变化，真诚表现时代风貌为时代画像，展时代华章，集中凸显了内蒙古造型艺术创作实践的社会责任与使命担当。

2023 年，内蒙古造型艺术持续深挖独特的地域资源，围绕内蒙古具有代表性的地域景观开展艺术创作，油画《黄昏的守望者》《草原上的“微”生活》水彩画《搏克手之十三》，中国画《吉祥草原》，版画《霞照草原》，雕塑《那山·那河》，摄影《布里亚特人》《原上草》等作品入围国家级重要展览，并有部分作品获得国家级奖项。在第十三届内蒙古自治区文学艺术“萨日纳”奖评选中，多件具有浓郁地域特色的造型艺术作品获奖，体现出了内蒙古造型艺术在视角关注、主题选择方面的地域性特点和优势。同时，以草原文化黄河文化、长城文化等为主要类型的“北疆文化”及其所蕴含的蒙古马精神、乌兰牧骑精神、“三北”精神等内容在内蒙古造型艺术中得以持续体现并发扬光大，充分展示了内蒙古造型艺术价值追求、审美立场、精神品质等场域文化的突出内涵。

2023 年，内蒙古造型艺术在创作题材和表现内容方面呈现出突出的时代性与人民性特点。艺术创作紧紧围绕时代发展、社会变化、人民生活、真实情感等方面进行选题、创作、策划、研讨，生动展现出伟大时代中的真人真事、真情实感。艺术家们走近人民、聚焦人民、扎根人民，以普通人的视角、生活和情感为题材切入，用绘画、摄影、书法等大众喜闻乐见的造型方式，围绕牧民、农民、工人等普通人，耕种、放牧、那达慕、娱乐等日常事，喜悦、崇拜、反思、批判等真情感，提炼主题、巧妙构思，创作出了展现人民风貌、表达人民心声、满足人民审美的优秀作品，表现了真实、生动、细腻的百姓生活与大众形象，展现了全面鲜活的现实生活与精神世界，真正做到了“接地气”，观照现实生活的同时又提供了高品质的审美价值。同时，内蒙古造型艺术各领域均开展了大量的融入生活、深入基层的采风写生、田野考察、艺术普及等活动，举办了多场以人民大众为对象的绘画、书法培训班，开展了丰富多彩的送艺术下基层、群众性艺术作品征集评比等活动，极大地调动了大众参与艺术、享受艺术的积极性，产生了良好的社会影响，在践行“艺术为人民服务”宗旨方面体现出了鲜明的深入人民、依靠人民、服务人民的创作理念与价值取向。

2023 年，内蒙古造型艺术围绕艺术作品开展的展览、评奖等一系列活动，成为本年度内蒙古造型艺术成果体现的重要方式。“北疆文化”主题展、新人新作展、作品系列巡展、区内外联合展等不同层面、不同范围、不同类型的展览以及相关画册的出版印刷，充分展现了内蒙古造型艺术创作成果的数量与质量。这些展览不仅是造型艺术创作实践的集中展示，也是对提升全民审美、丰富大众生活的美育资源的极大补充，对传承与弘扬民族地域文化、营造浓郁美好的艺术氛围、推动社会和谐发展发挥了重要作用。除了上述传统的作品展现方式之外，本年度还出现了造型艺术的其他呈现媒介与表现方式，形式更为多元，效果更加突出。

需要特别提及的是，2023 年，呼和浩特雕塑艺术馆、鄂尔多斯美术馆等艺术场馆的建成，有效推进了内蒙古建筑艺术的特色发展。而这两所艺术场馆作为专业展馆的投入使用，更有效地拓宽了造型艺术展示、传播与交流的渠道，更加丰富了造型艺术成果的展示媒介与创研平台。将造型艺术的创作实践、展示推广与地方文旅产业发展有机融合，形成了对内蒙古造型艺术立体式、全方位、多元性的宣传，产生了一批结合文化创意、产品开发、品牌推介等领域的具有新样态与新面貌的创作成果，有效促进了造型艺术的多方面发展。

2023 年，内蒙古造型艺术在科学研究领域，也产出了丰硕的成果。学术论文发表、科研课题立项、理论著作出版、学术交流研讨等不同方式、不同类型的研究成果，为内蒙古造型艺术的发展提供了坚实的理论基础，也在一定程度上对创作作品进行了宣传推广。特别是围绕现实主义题材创作、当下文艺发展问题、艺术的当代价值等选题进行的课题申报、学术研讨、理论探索为造型艺术的现实发展提供了理论支撑与学术支持。此外，结合新媒体、人工智能、计算机等高新技术手段，造型艺术在创作实践、作品展示、社会推广方面均有所获，内蒙古造型艺术成果产出的多元性进一步得到彰显。

（四）内蒙古舞台艺术：在传承发展中实现转化

舞台艺术泛指以舞台演出形式呈现的各种艺术样式，包括音乐、舞蹈、戏剧戏曲、曲艺等。随着舞台艺术理念和现代科技的不断拓展，实景演出、沉浸式演出等新兴表演形式的出现，使舞台艺术从传统的固定演出区域走出，甚至由戏台、剧院、演艺厅等特定实体演艺空间逐步进行外向延伸，走向更为自由的演艺空间，演出形式更加灵活新颖。而数字技术的全面介入，云演艺等全新演出样态的出现，更不断推进舞台艺术内容与形式的创新发展，从呈现方式、观演方式、舞台空间等视角给广大受众带去了更加多维的观演视听体验。

2023年，内蒙古舞台艺术在创演中注重融入时代精神，立足基层人民生活，扎根北疆文化艺术传统，汲取艺术营养、获取创作灵感，不断推出精彩纷呈的艺术精品，努力打造“北疆文化”品牌，以文艺之光铸牢团结奋斗精神，以充满正能量的文艺精品展示内蒙古文艺新气象。儿童剧《童年马克思》、歌舞剧《守护》《乌兰牧骑走边关——望远镜》《昭君出塞》、歌舞剧《我的家乡》、歌剧《江格尔》、话剧《马走日》、交响诗画《我愿以身许国》、原创舞蹈诗剧《山高水长》、群舞《马铃儿摇响幸福歌》、古典舞《红山玉龙谣》、好来宝《美丽乡村》《党的光辉》、乌力格尔《出征》、呱嘴《礼赞二十大，欢乐中国行》等一批舞台艺术精品，深植北疆历史文化与传统之中，贴近人民群众生活与情感，体现新时代新风貌，以鲜明独特的区域文化符号，塑造“北疆文化”品牌的精神内涵和文化象征，生动地呈现出北疆文化的价值理念和地域特色。

2023年，内蒙古舞台艺术工作者在非遗传承、人才培养和艺术创新中不断深化和推进对中华优秀传统文化的创造性转化与创新性发展，共同努力创造属于我们这个时代的新文化实践。内蒙古戏剧家协会开展当代戏曲名家收徒传艺工程“青年艺术表演人才培养”项目，内蒙古艺术剧院民族曲艺团举办传统曲艺潮尔史诗（陶力）、叙事民歌、乌力格尔说唱和台词、舞台表演等内容的业务培训系列活动。音乐与舞蹈艺术领域在传统艺术表演形式、艺术题材的挖掘和传承人培养方面，既重视传统文化的传承，也要求新时代的文化持有者能够赋予传统文化以新的时代内容，不断推出高品质的创新作品。由内蒙古文联主办，内蒙古戏剧家协会、呼和浩特市文联共同承办的第六届中国（黄河流域）戏剧红梅大赛闭幕式暨中华戏曲名家名段演唱会，聚焦灿烂的黄河文明，借京剧、秦腔、二人台、河北梆子等传统戏曲艺术形式讲中国故事，赋予传统价值内涵和表现形式以新的时代内涵和文化价值意义。内蒙古呼和浩特市文化旅游投资集团歌剧舞剧院创排的舞蹈剧场《如见》，在表现形式上进行大胆创新，采用电影蒙太奇等时尚舞美元素和诗意的现代舞蹈语汇进行肢体呈现，打破了所有受众对内蒙古舞蹈的固有印象。在第七届“香山杯”全国曲艺新人新作展演上，内蒙古选送的作品《Welcome to 内蒙古》以群口相声的形式，从文化历史到市井风俗、从精神品格到方言习惯，风趣幽默地全面介绍内蒙古的整体风貌。这些富有新意和时代活力的舞台艺术实践，正是在扎根北疆优秀传统文化内涵的基础上探索出的舞台艺术创新发展之路。

在当今内蒙古文化艺术领域的多元格局中，专业与民间、传统与现代等不同领域日益形成互动发展、有机融合的庞大体系，促动着舞台艺术的创演实践活动进一步开掘更加丰富多样的文化功能。2023 年，舞台表演艺术领域推出一大批优秀原创文艺精品，通过各类主题演出、音乐节、重大赛事等文艺活动，深入梳理北疆文化文脉，拓展北疆文化的内涵外延，构筑中华民族共有的精神家园，夯实爱国守边的思想根基。在文化服务方面，全年累计开展文化演出活动 5.35 万余场；各地基层乌兰牧骑推出“演出万村行”活动，边关行程 1.8 万公里，深入基层牧区、军营、厂矿演出；曲艺杂技也推出了“5·23中国文艺志愿者服务日”“曲艺送欢笑”“曲艺进军营”“送福进万家”等一系列深入人心的文艺志愿服务活动，赢得基层人民群众、广大子弟兵的真诚赞誉。在以文塑旅、以旅彰文的互动关系中，内蒙古文艺界通过打造文艺精品、举办文艺演出活动，将文艺创演与旅游产业深度融合，提升文化产业市场的发展能级，为内蒙古文化旅游产业赋能。尤其是作为当代蒙古族“新民族音乐”组合领头羊的安达组合，通过综艺类节目《乐队的夏天》（第三季）不仅让内蒙古的传统音乐成功出圈，也通过独具地域风格和流行文化特色的创新演绎，成功助力内蒙古的旅游文化宣传。此外，内蒙古各盟市积极举办草原音乐节、那达慕等文化旅游活动，传递草原文化，展现自然美景，大力带动了旅游、消费及周边产业的繁荣。可以说，这些舞台艺术活动日益成为文化产业、旅游产业中最核心的经济动力。

（五）内蒙古民间文艺：在活态传承中延续根脉

作为中华传统文化的重要组成，我国民间文艺形式多样、蕴含丰富，涵盖了人民群众在长期的生产生活实践中创造、积累和发展起来的多种类型的艺术形式，是大众情感的表达和民间智慧的结晶。随着国家相关政策的有效推进，各地政府为民间艺术传承人搭建的"线上—线下"传承与传播平台不断成熟，民间文艺进一步创造性转化与创新性发展的"资源+""活动+""生产+"等多维度创新传承路径逐步明晰，多元化多样态的活态传承成为民间文艺得以有效保护和不断延续的关键。

2023年，内蒙古文联、各地政府充分发挥各级民间文艺家协会的积极作用，立足铸牢中华民族共同体意识主线，一方面，为培育民间文艺人才，针对民间文艺骨干、非遗传承人及新文艺群体代表积极开展思想教育主题讲座、举办民间文艺重点业务培训，大力提升民间文艺工作队伍的整体素质；另一方面，立足不同视角、运用多种方式，持续推动民间文艺创作、开展民间文艺活动、不断创新民间文艺品牌，进而提升民间文艺的整体水平和影响力，推动内蒙古民间文艺事业向上向好发展。2023年，内蒙古民间文艺在资源挖掘中丰富内容，在表达创新中拓展形式，在多元多样态活动中扩大影响，在研发文创产品、推进产业化发展的生产性保护中推进传播与传承。

2023年，内蒙古民间艺术家充分挖掘在地文化资源新元素，在突显地区特色的基础上，结合时代要求创新艺术表达方式，在剪纸、刺绣、毡艺、皮艺、工艺画等不同艺术创作领域推出一批民间文艺佳作。在此基础上，各地政府连续举办各类代表当地文化特色的民间文艺活动，为保护、传承和进一步发展民间艺术，在文创开发与文旅融合领域做新文章。其中，依托氛围浓厚的传统节日开展的民俗、非遗等各类系列主题活动显得尤为突出。2023年春节期间，内蒙古自治区展览馆以"启航新征程 幸福中国年"为主题，推出游九曲、赏花灯、逛展览、看电影、做手工等系列文化艺术活动。而锡林郭勒盟的非遗年货展、包头市昆都仑区图书馆的“精彩非遗闹元宵”、赤峰市的庆元宵皮影戏展演、呼和浩特市的“塞上老街非遗庙会”和“非遗过大年”以及其他各盟市各地区举办的各类剪纸展、皮雕展、风筝节、婚俗演艺等民间文艺活动均源于生活、贴近百姓，盘活了民间非遗的文化资源，激发了在地文化的内生动力，使民俗及非遗文化成为弘扬中华优秀传统文化、推动乡村振兴、丰富城乡文化艺术生活的特色路径。

2023 年，内蒙古在民间文艺传承平台建设方面，依托各盟市的非遗活动，设置或临时或长期的展览、展示与展销区域。通过“非遗产品展销区”“非遗展示中心”“非遗生活馆”“非遗传承基地”等平台基地的建设，以对非遗技艺及部分文创周边的集中展示方式呈现了相关民间文艺形态。而“非遗旅游村寨”“文化旅游重点乡村”等平台的打造，则在推动各地文化旅游资源开发和相关产品建设中，在积极探索非遗保护传承体制与具体模式中，充分利用非遗资源，培育和打造非遗品牌，让非遗技艺融入生活、回归生活，推动非遗活态保护与传承，也推动非遗民间文艺在更宽范围、更大空间和更高平台持续发展。

2023 年，内蒙古各盟市各地区的口头性民间艺术，则运用潮尔、四胡、图布秀尔等民族民间传统乐器，以群众喜闻乐见的说唱形式开展各类活动。在“建功新时代·民歌颂北疆”2023 内蒙古民歌大会及其涵盖的民歌展演、民歌艺术研讨及民歌文艺志愿活动中，民间文艺工作者根据不同场合和观众需求进行形式灵活的即兴创作和改编，推动民间文艺得以更广泛地传播。此外，各类民间文艺非遗项目的申报、非遗传承人抢救性记录工作的开展、非遗传承补助扶持经费的设置，还有民间文艺创作的获奖以及民间文艺学术研究、资源整理、学科建设等工作的起步，均为挖掘民间文化资源、打造民间文艺品牌、推动非遗活态保护与传承等起到了极大的引领作用与导向作用，为推动中华优秀传统文化创造性转化、创新性发展注入了民间文艺的旺盛生命力。

（六）内蒙古网络文艺：在探索起步中快速发展

网络文艺是随着互联网的普及与数字技术的发展而兴起并迅速发展壮大的新兴艺术形式，涵盖了网络文学、网络影视、网络综艺、网络动漫、网络音乐等多种艺术门类。

2023年，内蒙古网络文艺界认真贯彻习近平总书记关于网络文艺的重要论述，加强网络文艺队伍自身建设，在推进网络文艺工作的发展实践中全面践行习近平文化思想。内蒙古网络文艺家协会会同内蒙古网络文艺传播中心编写了关于内蒙古网络文艺工作的学习资料，加深从业者对网络文艺的全面认识与理解；内蒙古自治区广播电视局举办全区网络视听节目创新创优培训班，提升网络视听领域人才队伍的专业素养，推动网络视听节目的精品化、主流化与精细化发展。

2023年，内蒙古网络文艺工作者立足铸牢中华民族共同体意识主线，坚持引领时代主流、突显中国品格、蕴含中国精神的创作原则，以创作兼具时代精神与民族特色的优质网络文艺精品为首要任务，在网络音乐（《最美最美的中国》等）、网络微动画（《国家的孩子》等）、网络微短剧（《一只锡林郭勒羊的诞生》等）、网络电影（内蒙古首部网络警匪电影《卧狼行动》）等领域均有不俗的表现。以“铸牢中华民族共同体意识，唱响民族团结，抒写生态文明”为主题的兴安盟第三届蒙古语网络文学那达慕，以“2023，看我内蒙古”为主题的内蒙古网络春晚以及以“奔腾吧，内蒙古！”为主题的内蒙古第二届短视频大赛等活动的举办，也从不同视角推进了内蒙古网络文艺的发展。在网络文艺题材拓展方面，入围第73届柏林国际电影节剧集单元的网络剧《平原上的摩西》、20集当代都市题材网络微短剧《烟火里的奋斗》、进入国家广电总局“重点网络影视剧信息备案系统”的网络原创视听节目《草原上的繁花》、鄂尔多斯的《一枚土豆话暖城》等暖城形象系列短视频、赤峰广播电视台推出的《我们赤峰40年·蝶变》《我们赤峰40年·见证》系列短视频等，均是对内蒙古网络文艺城市人文题材领域的尝试与探索。而短视频《功勋犬“黑豹”来啦》、网络音频节目广播剧《风展红旗如画》分别在国家广播电视总局 2023 年第一季度、第四季度优秀网络视听作品推选活动中的获奖，则标志着内蒙古网络文艺精品高质量发展的新成绩与新高度。

2023 年，内蒙古网络文艺以专项资金扶持、传播矩阵和融媒体矩阵建设、虚拟现实与人工智能等科技手段的进一步介入等多项举措，大力推进网络文艺事业稳步健康发展。在专项资金扶持方面，如扩大内蒙古第二届短视频创新创意大赛规模、增加扶持作品数量和奖励金额，在 2023 年“弘扬社会主义核心价值观·共筑中国梦”主题原创网络视听节目征集推选和展播活动中对优秀作品的奖励扶持等，均在不断扩大推优扶持力度。在内蒙古网络文艺传播方面，着力对内蒙古网络文艺传播矩阵和“内蒙古新视听”融媒体矩阵进行多元化、多覆盖建设，构建与主流媒体、行业单位全面互动的“多元一体”格局，2023 年内蒙古曲艺春节晚会在电视端、广播端、人民网、新华网、奔腾融媒、新浪内蒙古微博矩阵、内蒙古文艺等众多网络媒体的陆续播出，2023 年内蒙古网络春晚在人民日报客户端、央视频、中国文艺网、中国网草原频道、草原全媒、奔腾融媒、内蒙古文艺、内蒙古音乐、腾讯、新浪、今日头条、抖音、哔哩哔哩等二十余家媒体和网络平台的联合首播等，均形成了“高站位、多声道、众平台”的内蒙古网络文艺发展新态势。此外，内蒙古网络文艺的发展，同样注重虚拟现实及人工智能等科技手段的进一步介入，2023 年，内蒙古网络春晚运用虚拟现实拍摄技术和 XR 技术，呈现了云合唱、云特效等的创新表演和摄制形式，通过科技赋能，有效促进了内蒙古网络文艺创作与传播向全新样态发展。

（七）内蒙古艺术理论与评论：在热点捕捉中发挥实效

近年来，内蒙古文艺理论界以习近平新时代中国特色社会主义思想为指导，通过座谈研讨、学术论坛、创作分享等系列艺术理论与评论交流活动，聚焦内蒙古文艺发展，捕捉内蒙古文艺热点，推出了一批地域特色较为鲜明的艺术理论与评论成果，为促进内蒙古艺术创作的繁荣发展，发挥价值引导、精神引领与审美启迪的重要作用，担负起了新时代内蒙古文艺全新发展的新使命。

2023 年，内蒙古文联、内蒙古文艺评论家协会深入学习贯彻习近平文化思想，围绕铸牢中华民族共同体意识主线“培根铸魂”，以传播弘扬“北疆文化”核心精神与时代价值为着力点，面向各类艺术人才组织开展不同类型的专业培训。其中，组织培训艺术评论与研究工作者千余人，并选拔推荐百余人参加中宣部、中国文联、中国作协举办的各类高层次人才培训，深化理论武装，加快人才队伍建设。

2023 年，内蒙古文联以“项目 +”为抓手实施新时代文艺评论推进工程，率先在内蒙古文艺创作基金项目中设置“文艺评论专项课题”。同时，进一步扩大项目范围，把“文艺评论专项课题”模式纳入内蒙古自治区哲学社会科学规划项目（新时代文艺评论专项）、内蒙古自治区社会科学基金项目（文艺专项）体系中，逐步引导含高校和科研院所在内的相关科研工作者正视与重视文艺评论工作。上述项目的设置，与内蒙古自治区艺术“萨日纳”奖中艺术理论评论奖的设置遥相呼应，从不同视角共同推进了艺术理论研究和文艺评论的高层次发展。

2023 年，内蒙古文艺理论界在内蒙古文联的大力倡导下，在各级文联、各级评协的有序组织下，在艺术理论研究与评论队伍的积极推动下，围绕区内外各类艺术创作及热点现象，召开不同层次、不同类型的学术研讨会。“北疆文艺论坛”是由中国文联理论研究室指导、内蒙古文联主办、内蒙古文艺评论家协会承办的每年一度的常规性论坛，参会人员众多，嘉宾阵容强大，在内蒙古文艺界影响巨大。此外，在 2023 年召开的电视剧《大盛魁》研讨会、内蒙古察哈尔文化研究会第二届会员代表大会暨学术研讨会、“大力弘扬‘北疆文化’探索非遗系统性保护”研讨会等，规模适宜，主题聚焦，目标

指向更为鲜明。而各盟市则紧密结合当地艺术创作与相关工作实际，围绕
蒙古舞蹈、流行音乐、戏剧戏曲发展、美术与书法主题展、摄影展等相关
点及不同艺术现象，依托多种形式，开展一系列艺术评论活动，充分发挥
艺术评论对艺术创作及艺术接受主体的指导与引领作用。

2023 年，内蒙古文艺理论界凝聚合力，推出一批艺术理论与评论成果
“北疆文艺论坛”提交的优秀理论研究及文艺评论文章经过审核，已经由内
古文艺评论家协会正式结集出版。而兴安盟文艺评论家协会主编的《文心
韧——兴安盟文艺评论集》的正式出版，则标志着盟市评协在推进文艺评
发展中的工作理念与成果形态。需要提及的是，在内蒙古文艺网站、内蒙
文艺评论公众号及奔腾融媒等自治区各大媒体平台上，大量发时代主流之音
绘艺术发展之貌的艺术理论与评论成果得以有效传播。

二、艺象聚焦

2023 年，内蒙古文艺界在增量提质的过程中始终坚持“以人民为中心
的创作原则与创作导向，高度重视各级各类文艺人才队伍建设，通过形式多样
类型多元、主题聚焦的培训与交流，不断提升文艺队伍的整体水平与服务
量。在此基础上，深入学习贯彻中国文联《关于加强新时代文艺志愿服务
意见》重要精神，深度思考新时代文艺志愿服务的新要求、新方法与新模式
加强内蒙古文艺志愿服务的组织领导和体系建设。充分发挥内蒙古文艺志
者协会的组织优势与专业优势，大力发扬乌兰牧骑服务基层的优良传统，
续提升内蒙古文艺志愿服务的水平，为更广大的基层人民群众送文化、送艺术
送新时代新的精神文明食粮，让人民大众真正共享国家和地区文化建设的
成果。与此同时，内蒙古文艺聚焦价值导向，立足铸牢根基，肩负时代使命
凝聚精神力量，在推进本体发展、打造北疆文化、实施美育浸润、促进文旅融合

赋能乡村振兴等方面作出了积极探索，持续推动内蒙古在文化强区领域的建设步伐。

（一）梳理内蒙古文艺发展历史，把握内蒙古文艺发展方向，彰显内蒙古推进文化强区建设的文艺自觉与文化自信

2023 年，内蒙古文联对内蒙古文艺发展进行了全面梳理，以通志和年度报告两类形态呈现工作成果。一是内蒙古第一部文学艺术通志《内蒙古自治区志 · 文学艺术志》的组织编纂与正式出版，是内蒙古文联深入贯彻落实习近平文化思想，推动“北疆文化”建设的有力实践。通志对内蒙古文学艺术领域 1954—2020 年的发展脉络进行了全面梳理，涵盖了各门类艺术及文艺理论评论等领域的发展概况，是承上启下、继往开来、服务当代、有益后世的重要文化成果。二是作为“内蒙古自治区文艺创作发展基金”项目“2022 内蒙古艺术发展年度报告”成果的《内蒙古文学艺术发展年度报告 2022》的按时出版。“内蒙古文学艺术发展年度报告”工作在 2020 年正式启动，每年出版一部，至今已连续出版了三年。《内蒙古文学艺术发展年度报告 2022》对内蒙古 2022 年文学艺术发展概况及其热点亮点进行及时总结与适时反思，为内蒙古文艺的发展留存了具有史料价值和理论价值的历史记忆。

不论是《内蒙古自治区志 · 文学艺术志》的编纂出版，还是《内蒙古文学艺术发展年度报告 2022》的撰写出版，都是对内蒙古文学艺术的发展历史进行的适时梳理，虽为基础性工作，却又是内蒙古文艺事业发展中极为重要的工作。从史料性与权威性视角来看，二者均围绕“铸牢中华民族共同体意识”主线，以习近平新时代中国特色社会主义思想为指导，坚持文艺发展正确导向、把握文艺发展时代主题，见证内蒙古文艺发展轨迹，突显内蒙古文艺地方特色，彰显了内蒙古文化强区建设的文艺自觉与文化自信，为内蒙古自治区文艺事业的繁荣发展夯实了重要根基。

（二）文艺创作与文艺活动聚焦“北疆文化”品牌，各门类艺术主题性创作成果斐然

习近平文化思想的提出，从文化层面回答了中国式现代化的历史、当下与未来，更以高屋建瓴的视野对文化工作的发展现状与时代使命进行了高度的概括与总结。2023 年，在习近平文化思想的指引下，内蒙古自治区党委立足“铸牢中华民族共同体意识”工作主线，全面梳理内蒙古文化发展脉络，深入研究内蒙古文化类型特点，深度总结内蒙古文化时代价值，深刻挖掘内蒙古文化精神内涵，明确提出打造“北疆文化”品牌战略，推动了内蒙古文艺主题性创作的高潮。

2023 年，内蒙古文艺围绕铸牢根基，聚焦“北疆文化”，在各级文联、各级协会、各艺术院团的组织与推动下，关注当下百姓生活，引领大众审美需求，积极推进文艺创作，推出了一大批主题性艺术创作成果。影视艺术方面，稳步推进《生生不息》《野马部落》《草原之子》《誓死追踪》《我们的太空》等一批聚焦治沙、关注乡村振兴、描绘英模人物、展示航天逐梦的重点电影项目；集中播映《父亲的草原母亲的河》《父辈的荣耀》《大盛魁》等反映时代变迁的冲击与反思的电视剧；重点宣传《国家的孩子》等讲述民族故事的动画片；连续推出《黄河魂》、《北疆文化·青城文脉》、《把答卷写在北疆大地上》、《长城长》（第二季）以及《铸魂》（共七集）等大型文化综艺节目或大型融媒体节目。表演艺术方面，举办中华戏曲名家名段演唱会、“艺苑撷英”折子戏作品汇演，内蒙古民歌大会、中国琵琶艺术展演、舞动北疆——2023 内蒙古舞蹈家协会环境舞蹈展演、第六届中国黄河流域戏剧红梅大赛以及第四届华北五省区市优秀杂技（魔术）展演等活动，形成推动内蒙古文艺事业和文联工作高质量发展的强大合力。造型艺术方面，内蒙古印象摄影展，蒙古马精神——内蒙古美术摄影作品展，亮丽北疆——内蒙古形象主题美术作品展全国巡展、“四个 100 中华优秀传统文化符号”系列作品展等主题活动的举办以及“‘石

籽’绘本丛书·美丽中国”系列的编辑出版等，以独特多元的艺术语言和丰富多样的艺术形式构筑起中华民族共有精神家园，诠释着“北疆文化”独特的精神内涵与时代价值。在开展各类文艺活动方面，北疆文艺论坛，“北疆文化”主题音乐创作座谈会、民歌艺术研讨会，“文字中的亮丽北疆”内蒙古生态文学作品展、“向未来”弘扬蒙古马精神文学作品展，“携手同心”内蒙古民族团结主题作品展，“艺韵北疆”内蒙古美术、雕塑、书法、摄影跨年大展，以及其他文学论坛、作家交流、采风创作等系列主题文艺活动，均以丰富的文艺活动实践推动“北疆文化”更加有形有感有效地彰显凝聚人心、提振干劲的品牌力量。

（三）特色坚守与艺术创新实现双维互动，助力内蒙古文艺在新时代强势“出圈”

2023 年，内蒙古文艺在坚守艺术风格独特性的同时，努力尝试艺术表达的多元创新，不断寻求对外交流的路径突破，也不断进行对外传播的模式探索。在此基础上，内蒙古文艺借助传统媒介与数字媒介、线上渠道与线下渠道进行双向交互与多维联动，实现了对外传播交流的突破，提升了内蒙古文艺品牌的影响力，助推内蒙古艺术得以真正从草原“走向”城市，从内蒙古“走向”全国，从全国“走向”世界。

2023 年，在中国美术馆举办的“内蒙古印象”摄影展，展现了内蒙古大地的和美形象、展示了内蒙古人民的善美风貌、呈现了内蒙古发展建设的壮美画卷，让“内蒙古印象”一度成为网上热词。这次展览，不论是“最·风光”“亮·印记”和“韵·北疆”三个板块的策划设计，还是对展出摄影作品的选择，都鲜明地体现了摄影艺术、策展审美与内蒙古北疆特色交相叠映的艺术印记，达到了内蒙古品牌宣传与文化传播的新高度。与此同时，内蒙古电影制片厂有限责任公司在 2023 年取得了电影《脐带》的海外发行权。影片受蒙古国 GOLDEN GER 国际电影节的邀请，作为电影节开幕影片在乌兰巴托市腾吉斯影院举办首场放映活动，获得外媒极高的关注度。内蒙古电影在海外的这种发行经验，打开了这一年内蒙古文艺对外传播的一种模式，也推动发行权方对海外发行新路径的深度探索，推动更多人对国产电影如何以鲜明的中国特色、中国风格、中国气派展现于世界电影之林的积极思考。在爱奇艺热点综艺节目《乐队的夏天》（第三季）中，由内蒙古艺术学院教师博·那日苏、其其格玛、毕力格巴特尔、乌日根、乌尼、青格乐、赛汗尼亚、阿·乌日根、青格乐图等人结成的民族音乐组合，以一首改编的歌曲《孤勇者》“出圈”。他们用原生态的演奏与演唱方法把具有鲜明蒙古族特色的内蒙古音乐唱响中华大地，让世界知道了“安达组合”，也让世界知道了内蒙古音乐艺术的独特魅力。

为了进一步扩大影响，内蒙古文艺在立足艺术本体不断寻求创新突破的同时，也在不断探索和拓宽传统宣传媒介、传统呈现方式之外的新媒介传播途径与传播模式。在借助实体艺术场馆空间进行展览、展演、展示等传统文艺呈现方式建构线下文艺传播矩阵之外，更统筹利用文艺受众接受度高的各大视频平台，全面打造“内蒙古新视听”融媒体矩阵，打通线上传播平台，为内蒙古文艺界及文艺工作者提供了更多艺术创作与传播的平台，进一步推动内蒙古文艺整体知名度与社会影响力的提升。

（四）文化旅游深度融合推动艺术形态多元发展，艺术城建与艺术乡建助力城市更新与乡村振兴

文化旅游深度融合是文化和旅游业发展的必然趋势和内在要求。文化旅游的核心在于深挖历史、民俗、艺术等在地文化的内涵与特色，将之进行易于被接受的多样态转化与表达，以更为自由、灵活的方式巧妙自然地融入旅游产品中，在广大受众的多元旅游体验中潜移默化地实现对当地文化的传承与展示，提升当地文化旅游的品质，提高当地文化旅游的吸引力。由于文化的多样态转化与表达往往以更易为大众接受的多元艺术形态进行呈现，因此，

文化旅游的深度融合同时成为推动艺术形态多元发展的强大动力，最终实现旅游与文化双向互动的良性发展。2023 年，内蒙古在推动文化旅游深度融合与高质量发展的进程中，立足“北疆文化”的特点与内涵，对自身丰富厚重的文化资源进行有效挖掘与开发利用，结合当代艺术发展特点与当下大众审美需求，以更为多样的艺术表现形式进行中华优秀传统文化的创造性转化，进而推动中华优秀传统文化的创新性发展。兴安盟阿尔山市举办的 2023 中国（阿尔山）旅游大会——阿尔山森林音乐节，尝试把交响乐演奏从音乐厅搬到大自然，让经典曲目与流行音乐同台呈现，以“艺术 + 文旅”“经典 + 流行”“自然 + 人文”的多元方式，感性直观地实现了以艺术推进文旅深度融合的愿景，也通过文旅融合进一步丰富了艺术的表现形态、拓展了艺术的社会功能。从这一维度出发，艺术赋能城市更新与乡村振兴，同样是 2023 年内蒙古文艺发挥社会作用、推动高质量发展的具体表现。

城市更新以“让群众生活更美好”为目标，乡村振兴以“让村庄变得更美丽”为指向，二者是一件大事（新时代国家的高质量发展）的两个衡量维度与衡量指标（城市与乡村的双向联动），关乎新时代国家与地区的高质量发展水平与高质量发展程度，需同时关注更需同步推进。2023 年，内蒙古在推进文化旅游深度融合中充分发挥艺术社会功能，借助各种艺术形式，多维度赋能城市更新与乡村振兴，艺术城建与艺术乡建取得了令人瞩目的成绩。特别值得关注的是，“2023 周杰伦呼和浩特演唱会”一共进行了四场，吸引了 18.4 万名观众到场（80% 来自外地）。从经济效益而言，周杰伦演唱会期间，呼和浩特接待游客 126.17 万人次，直接带来旅游收入 28.80 亿元，推动呼和浩特文旅消费达到新高峰。从社会效益而言，“演唱会 +”的文旅艺术发展模式，实现了呼和浩特市原有的“乳都”定型化发展的新转型，提升了呼和浩特市作为内蒙古首府的城市新形象，大力推动呼和浩特市进一步挖掘城市文化底蕴、发掘首府文化中心功能、打造新型历史文化名城的发展进程。

在“艺术 + 乡村振兴”实践中，内蒙古文联启动“村歌嘹亮”活动进行有益、有趣、有力和有效的尝试，率先推出了“村歌嘹亮·村歌大擂台”，用白彻北疆的歌声，积极响应党中央“强基工程”，把“文艺助力基层精神文明建设”的号召落到了实处。此外，内蒙古各盟市也借助文化和旅游部、国家发展改革委“建立全国乡村旅游重点村名录”工作，立足不同地区不同村镇文化特质与资源禀赋特点，全力推进艺术赋能乡村建设工作。以位于内蒙古包头市青山区兴胜镇的东达沟村为例。在美丽乡村的建设实践中，作为第四批全国乡村旅游重点村，东达沟村规划建立了东达山艺术区，建成了当代美术馆、民间美术馆、艺术大讲堂、艺术家工作室、艺术体验中心、鹿文化艺术馆、鹿文化研究院七个主题活动场馆，引进多位艺术家入驻，形成了东达山艺术家创作基地。在此基础上，打造了东达山艺术节，相继举办了内蒙古非物质文化遗产传承人交流活动、“青山记忆”读书分享会、面塑展示、晋剧惠民演出、民俗项目体验等 60 多项主题活动。2023 年，东达沟村举办了“以艺为马 粽情东达”——第七届东达山艺术节，结合端午节民俗，再次探索节庆文化、民俗文化、非遗文化与旅游相融合的文旅产业新模式。类似东达沟村融入艺术介入理念进行美丽乡村建设的内蒙古乡村众多，在推进内蒙古乡村振兴的实践中，它们积极探索尝试“艺术+”模式，在推动“一村一韵”愿景早日实现的进程中，也同步推进着内蒙古城市更新与乡村振兴的联动发展与高质量发展。

三、发展前瞻

2024 年，适逢习近平总书记在文艺工作座谈会上的重要讲话发表 10 周年之际，我们迎来了中华人民共和国成立 75 周年、内蒙古文联成立 70 周年的重要时刻。于内蒙古艺术而言，这不仅仅是时序中新的一年，更是新时代内蒙古艺术肩负新的文化使命的新起点。内蒙古广大文艺工作者将继续聚焦建疆大地“今日”新风貌、内蒙古前进发展“今天”新成就，以丰富人民精神生活、提升大众审美高度为目标，潜心艺术创作，推出艺术精品，服务人民大众，在打响“北疆文化”品牌、奋力书写中国式现代化的内蒙古文艺实践之路上继续前行。

（一）在文艺工作的培根铸魂上持续着力，深入学习贯彻习近平文化思想，汇聚推进中国式现代化内蒙古实践的文艺力量

新的一年，内蒙古文艺界以习近平新时代中国特色社会主义思想为指导，全面贯彻落实党的二十大精神，进一步加强文艺活动的组织化程度，持续开展并进一步深化思想引领“培根铸魂”工程。内蒙古文联及各级文艺组织认真组织开展学习贯彻培训班、纪念习近平总书记在文艺工作座谈会上重要讲话十周年研讨会及文联系统“大学习”“大练兵”等活动。在文艺工作实践中，深度把握“两个结合”尤其是“第二个结合”对内蒙古文艺实践的指导意义，深入领会习近平文化思想重大创新观点和战略部署要求。充分发挥文艺引领时代风尚、教育广大人民、服务当今社会、推动社会发展的作用，立足铸牢中华民族共同体意识工作主线，汇聚内蒙古文艺力量，以高质量的文艺实践满足内蒙古北疆大地上广大人民的精神文化需求。

（二）在文艺创作高质量发展上着力，推出更多有精神高度、具文化内涵、富艺术价值又深受欢迎的艺术精品

新的一年，内蒙古文艺应把艺术的内容创作与艺术的质量提升紧密结合，在艺术精品创作领域下大力气出新成果。为此，文艺创作要从创作理念与创作实践双重层面筑牢精品意识，注重“扎根本土”，用独特的中国话语讲述内蒙古故事；注重“深植时代”，用优质的艺术语言塑造“北疆文化”品牌多元艺术形象。文艺评论要及时在场，立足人民性，强化时代性、针对性和前瞻性，更好地发挥文艺评论提高审美、引领风尚、推出精品、引导创作的作用。同时，

内蒙古文联与各级文艺组织要充分发挥管理、组织与引领作用，加强顶层设计，注重项目扶持、强化激励机制，多措并举，加大对内蒙古文艺精品创作的支持与推进力度，不断扩大内蒙古文艺自身的影响力和传播力，促进《内蒙古文联关于推进文艺精品创作的十条激励机制》更好地落实与落地。

（三）在艺术与科技的深度融合上着力，推动艺术数字化发展的同时助推网络文艺的健康发展

新的一年，内蒙古文艺需顺应数字化发展大趋势，不断推进艺术数字化发展进程。既要立足科技功能的拓展，大幅度提高科技应用水平，让人工智能、虚拟现实（VR）、增强现实（AR）充分发挥介入艺术、改变艺术的智能作用，全面提升内蒙古文艺的多元化表现力和多样态体验感，更要立足艺术本体的发展，从创作理念到创作手法，从创作起点到完成终端不断探索更为新兴的表达方式，从艺术的具体呈现到艺术的接受过程持续思考更为多样的受众互动体验方式，大力推动艺术与数字技术的全面对接与深度融合。在此基础上，推动内蒙古网络文艺不断实现与影视、音乐等传统艺术形式及文化旅游等其他相关行业的多向跨界融合，扩大内蒙古网络文艺的影响力和市场空间；不断深化网、端、微、屏矩阵建设，形成内蒙古网络文艺大宣传格局，全面提升内蒙古文艺的整体传播力；把牢内蒙古网络文艺的方向之舵，大力推动内蒙古网络文艺工作的正确发展与健康发展。

（四）在艺术社会服务功能的拓展上着力，充分发扬乌兰牧骑精神，进一步开展广泛的文艺惠民与志愿服务活动

新的一年，内蒙古文艺会进一步践行社会主义核心价值观，弘扬乌兰牧骑精神，接续乌兰牧骑传统，不断拓展艺术的社会服务功能，常态开展主题鲜明、内容丰富、形式多样的文艺惠民与文艺志愿服务活动，满足基层群众最基本的以及更多样的文化与审美需求。在推进工作的具体实践中，要深刻把握“深入基层、服务基层”的乌兰牧骑精神核心，深度践行“文艺进万家、健康你我他”的新时代文明实践文艺志愿服务精神核心，对文化需求差异化接受主体做明确的类型划分，对各类型接受主体做充分的差异化需求调研，全面提升文艺惠民与文艺志愿服务的针对性与精准性。在此基础上，依托文艺院团、文化馆、图书馆、综合性文化服务中心等主体，广泛开展文艺演出、文艺培训、文艺支教工作。在深化乌兰牧骑“学·创·演”活动的过程中，也进一步拓展多类型活动形式，不断做强“村歌嘹亮”等受当地百姓欢迎和喜爱的文艺志愿服务品牌，在引导和满足人民群众对美好生活的向往需求中，体现文艺工作者的责任和担当，更为丰富基层群众文化生活、增强人民精神力量作出重要贡献。

（五）在文艺传播力的提升上着力，深化内蒙古文艺区内与区外、国内与国际的多重影响力

一直以来，受文艺创作及文化传播理念的影响，内蒙古文艺在文化传播领域，更多偏重单一元素与传统元素的输出，对文化艺术的多样性与流行艺术的时代性缺乏深度认知与把握。近年来，连续三年的疫情及其他各种因素的多重影响，使内蒙古文艺对内对外的文化交流与传播面临了更多新理念的冲击与新形式的挑战。新的一年，内蒙古文艺需立足 2023 年文艺传播的突破性优势，在整体传播能力的提升上下大功夫。要高度重视“北疆文化”品牌培育，充分挖掘内蒙古北疆文化资源，创造出具有辨识度、感染力和亲切感的内蒙古艺术形象，讲好新时代的内蒙古故事。要深入思考全球化文化语境中，数字经济带来的视觉传播优势，抓好文化资源的数字化转化与开发工作，拓展多元视听媒介，创新北疆文化传承传播的多元路径。要进一步在已有的成熟艺术品牌的影响力扩大上着力，内蒙古印象摄影展的成功破圈、安达组合的流行性影响、明星演唱会的传播模式、获政府大奖的知名舞剧等均可作为成功经验进行模式凝练加以借鉴推广，充分展现内蒙古的北疆特色与北

疆风格。

（六）在文艺人才队伍建设与艺术学学科建设上着力，加强各类艺术人才培养与储备

毋庸置疑，人才是先进生产力和先进文化的重要创造者和传播者。对于内蒙古文艺发展来说，艺术人才的重要性不言而喻。新的一年，内蒙古文艺人才队伍建设需加强各类艺术人才的培养与储备工作。立足人才工作的宏观层面，要继续做好“培根铸魂”工作，通过学习与培训，把理想信念教育与提高创作水平相结合，紧扣“做人的工作”这一任务和“创作优秀作品”这一中心环节，引导广大文艺工作者继续深入学习贯彻习近平文化思想深刻内涵，以文化自信激发创造活力，推动各门类艺术创作繁荣发展、人才队伍不断壮大。立足人才工作的微观层面，艺术人才类型多样，从具体工作视角看，艺术编创、艺术表演、艺术理论、艺术评论、艺术管理等，均与艺术有着极其密切的关系，但是彼此之间的差异是巨大的，对相应岗位人员的素质与能力要求是不同的；从艺术门类视角看，美术、音乐、舞蹈、戏剧戏曲、影视等，艺术门类不同，对各门类艺术从业者的素质与能力的要求也是不同的。因此，需要本着“人才高度决定艺术高度”的理念，遵循不同类型艺术人才的特质，进行有针对性的“德才兼备”的培养。

新的一年，也是教育部2022新版学科目录全面实施的第一年。对于后备艺术人才培养来说，高等艺术教育的作用极其重要。新版目录对于“艺术学”学科大类进行的整合一级学科、扩展专业学位的调整，对内蒙古高等艺术教育在艺术学学科建设与人才培养方面已经产生了持久且重要的影响。由此引发的关于内蒙古地区后备艺术人才培养一系列问题，均需在人才培养实践中持续探索、不断思考、寻求创新。

2023年，是全党全国人民全面贯彻党的二十大精神的开局之年，也是实

入学习贯彻习近平新时代中国特色社会主义思想的重要一年。面对新时代新征程，内蒙古文艺如何聚焦主线、聚焦民生、聚焦热点，以多元表达方式生动呈现丰富多彩的当代内蒙古人民新生活，是内蒙古广大文艺工作者在这一年持续思考、不断努力、想要解答的时代之问，也是未来一定会有满意答卷的时代之问。展望未来，内蒙古文艺将继续以“北疆文化”品牌打造为己任，立足内蒙古丰厚的文化艺术资源底蕴，用文字、用歌声、用舞姿、用画笔，记录、描绘、展示新时代内蒙古蓬勃发展的壮丽篇章。

主持人：

葛丽英　内蒙古艺术学院北疆艺术研究院执行院长，教授

参与撰写：

石可晗　内蒙古艺术学院文化艺术管理学院讲师

李　杰　内蒙古艺术学院美术学院副教授、博士

侯　燕　内蒙古艺术学院音乐学院副教授、博士

于　航　内蒙古艺术学院艺术学理论硕士研究生

美术

一、年度概述

2023 年，内蒙古美术界深入学习贯彻党的二十大精神，以美术的视角聚焦习近平总书记交给内蒙古的“五大任务”和全方位建设“模范自治区”两件大事，围绕时代主题在重大时间节点策划举办各类美术展览。通过主题展、邀请展、合作交流展、联展、个展等形式，多角度、全方位地展现可信、可爱、可敬的中国形象，以美术行动助力“北疆文化”品牌打造。将美术资源与地方文化品牌打造有机结合，进一步推动艺术与文旅深度融合，在守正创新中不断推进美术融入日常生活；组织精品展览“走出去”与“请进来”，通过展览活动与全国美术界同人交流分享经验，扩大内蒙古美术影响力；积极参加各类国家级美术展览，举办注重青年人才培养的“新人新作展”；开展写生采风活动，鼓励和引导广大美术工作者立足时代、聚焦人民，以优秀美术作品展示时代气息，构筑中华民族共有精神家园；发挥公益性美术服务社会的作用，充分利用优质艺术资源，打造特色美育课堂；扎实推进志愿服务下基层、进校园，以文艺惠民丰富百姓的精神文化生活；努力提升艺术评论与美术理论研究水平，通过举办学术性展览、召开研讨会、报刊增设专栏等方式，构建新时代美术话语体系。用有形、有感、有效的方式，贯彻落实习近平总书记给中国美术馆老专家、老艺术家的回信精神。

岁序更新，步履不停。以此文回顾 2023，展望 2024。

图 1　内蒙古美术馆“馆长开讲了”活动现场

图 2　2023 内蒙古红色主题美术创作学术研讨会

图 3　呼和浩特市雕塑馆场馆图

图 4　赤峰美术馆赴乌兰布统画家村开展油画公益培训

二、焦点与热点

文章为时而著，笔墨当随时代。2023 年内蒙古美术家以繁荣自治区美术事业为己任，主动聚焦文艺发展焦点与热点。同年，内蒙古美术馆、呼和浩特市美术馆（书画院）被命名为呼和浩特市第二批铸牢中华民族共同体意识教育实践基地。2023 年，内蒙古美术界响应时代之需，在打造北疆文化、实施美育浸润、促进文旅融合、赋能乡村振兴等方面作出了积极探索。呼和浩特雕塑艺术馆和鄂尔多斯美术馆的建成，彰显出内蒙古自治区文化“软实力”的提升，也彰显出文化建设以人民为中心的价值旨归。

（一）打造“北疆文化”品牌，树立内蒙古形象

“北疆文化”作为中华文化叙事体系的重要组成部分，是一种具有强大价值引导力、文化凝聚力、精神推动力的生态观、秩序观、文明观。2023 年，内蒙古美术界认真贯彻落实内蒙古自治区党委关于打造“北疆文化”品牌的指示精神，通过展览、讲座、论坛、写生采风、开通专栏等方式，深入挖掘“北疆文化”的丰富内涵，将其转化为看得见、摸得着的实践活动。通过美术作品呈现出北疆大地丰厚的历史文化资源，有形、有感、有效地彰显出“美术”在推动自治区高质量发展中“润物细无声”的积极作用。打造“北疆文化”品牌是从空间、文化、经济、社会、心理等方面全方位嵌入中华民族共同体意识的新实践新突破。2023 年，内蒙古美术界举办各类围绕“北疆文化”的主题活动，构建完整系统的视觉表达体系，强化中华民族整体史观构建的文艺阐释。

（二）蓄势待发，积极备战全国美展

五年一届的全国美术作品展览是我国目前最为重要的国家级综合性美展活动，历来受到美术家群体的高度重视。2023年，随着第十四届全国美展展期临近，为确保内蒙古报送作品的整体创作水平和作品入选率，内蒙古美协分批分次组织动员大会，从倡议动员、组织筹备、主题导向、构思创作、指导提升、选拔报送、成果展示七个阶段详细介绍了展览的备战计划、时间节点、实施推进等具体情况和工作安排。各艺委会与盟市美协以展览为契机，结合专业特点与地域特色举办创作推进会，邀请权威美术专家进行看稿、巡讲、指导，专家们根据国展评选标准，结合自身参展实践，从多个方面进行了讲解和示范，有效地激发了自治区各盟市美术家的参与热情和创作动力。期待内蒙古美术家群体在2024年的全国美展中再创佳绩，推出更多反映时代风貌、增强人民精神力量的经典美术作品。

（三）挖掘地方特色资源，打造地方美术品牌

内蒙古历史文化悠久，文化艺术遗存丰厚，为广大美术创作者提供了广阔的素材和无尽的创作灵感，使“美术”成为了解内蒙古文化底蕴和自然风光的独特路径。2023年，内蒙古各地区坚持创造性转化、创新性发展，为助力文化和旅游深度融合，提升城市文化艺术品位，增强人民群众文化参与感、获得感、幸福感，积极打造地域性文化名片。如呼伦贝尔市着重打造的“油画小镇”成为2023年美术与地方文旅融合的典范。当地通过成立油画发展中心、合理利用闲置文化空间、签订校企合作协议、设立写生基地等方式整合优势资源，搭建“国字头”油画艺术展示新平台，打造“研学—创作—展示—交流—交易—休闲”为一体的文化产业新链条。11月22日“油画之城”遇见“冬韵之城”第十四届全国冬季运动会主题油画作品展在呼伦贝尔市美术馆拉开序幕，展览以冬季体育运动、民间体育运动、风景风情等主题性油画作品，

响应国家“让更多人参与到冰雪运动中来”的号召，助力第十四届全国冬运会宣传；2023年巴彦淖尔市以打造“河套文化”为核心，在美术活动中聚焦长城、岩画、黄河、向日葵等体现地域特色的文化符号，举办了“长城·岩画·黄河”巴彦淖尔市“两个打造”美术作品展、“天赋河套·最美葵乡”内蒙古巴彦淖尔第四届全国向日葵摄影展、“塞外明珠·乌梁素海”第三届美术名家作品邀请展、“生态巴彦淖尔——诗化海淀”美术作品展、第八届“那山·那水·那云”美术作品巴彦淖尔邀请展；赤峰市作为红山文化重要的发祥地，举办了“日出红山·和美北疆”——红山文化主题美术作品展，为建构中华文明多元一体格局贡献文艺力量；阿拉善文旅局主办的“美在阿拉善——岩画与居延汉简艺术展”先后走进陕西宝鸡青铜器博物院和上海市松江区博物馆，“亘古天书——阿拉善岩画拓片艺术展”分别在内蒙古师范大学、呼和浩特市美术馆、包头师范学院展出，引导观众近距离感受居延汉简承载的历史文化内涵和阿拉善岩画的古老艺术气息；通辽市以西辽河文化和奈曼版画为抓手，举办西辽河文化节“两个打造”·构筑共有精神家园——通辽市美术作品展，奈曼旗美术馆为推广版画参与“中国旅游日”、“第七届内蒙古自治区文化产业博览交易会”、2023通辽·大连“万人互游”、通辽·济南“万人互游”等文化产业推介活动；鄂尔多斯市在“河套人”发现100周年国际论坛中借势举办了纪念“河套人”发现100周年书画作品展；包头美术馆举办“买得起的艺术品”小幅绘画作品艺展会，拉近美术与大众的距离，倡导艺术融入生活；锡林郭勒乌兰哈拉嘎苏木与内蒙古美术家协会水彩画艺委会合作成立采风创作写生基地，为西乌珠穆沁旗文化旅游艺术的发展提供了宣传展示的良好契机……

文化消费新现象折射出人民群众日益多样化、个性化的精神文化需求。2023年，各盟市努力挖掘地方特色美术资源，扩大优质文化产品和服务供给，助力文旅融合，为打造具有广泛影响力的地域文艺品牌、建设文化强区作出贡献。

（四）坚持人民至上，繁荣新时代美术事业

以人民为中心，是历史的回响，更是时代的命题。2023 年在中国美术馆建馆开放 60 周年之际，习近平总书记给中国美术馆老艺术家的回信，体现了国家层面对全国美术馆事业的高度重视。回信在内蒙古美术界、美术馆界引发热烈反响。各级美术馆、美协、美术院校迅速掀起学习热潮。内蒙古美术界以“回信”精神为方向，担使命、增本领、强实干，立志于共筑中华民族共有精神家园、促进自治区美术事业高质量发展、铸就社会主义文化新辉煌。2023 年年初“建成鄂尔多斯美术馆”写入鄂尔多斯市政府工作报告，年末场馆面向公众正式开放，体现出政府对美术馆事业发展的高度重视。鄂尔多斯美术馆的落成，填补了该市公共文化服务体系的一项空白，对内蒙古西部地区美术事业发展具有重要意义。内蒙古美术事业历经几代人的不懈努力，始终以“人民需要艺术，艺术需要人民”为宗旨，承接传统积淀，寻求自身特色。2023 年妥木斯油画工作室作品展开幕，体现出老一辈艺术家发挥余热，继承和发扬“传帮带”精神，为促进内蒙古美术创作水平提升作出的无私奉献。

（五）聚焦雕塑艺术，构建城市发展多样性空间

2023 年“雕塑”成为内蒙古年度艺术发展的关键词。10 月 14 日，呼和浩特雕塑艺术馆正式对公众开放，米开朗琪罗、罗丹等雕塑大师作品的到访，使“首届呼和浩特国际雕塑艺术展”的关注度持续升温。央视《晚间新闻》以《园林景观与雕塑融合·提升城市艺术气息》为题进行了报道。“雕塑”作为公共艺术的重要组成部分，在反映宏大叙事中具有天然的传播展示优势。8 月 12 日，在内蒙古美术馆举办的“首届内蒙古城市雕塑暨百件中华优秀文化符号主题雕塑作品展览”充分展现了艺术家对新时代城市雕塑和“中华文化符号和中华民族形象”的艺术化理解，是对内蒙古自治区近年雕塑成果的一次集中展示。12 月 7 日“艺韵北疆——内蒙古自治区美术、雕塑、书法、摄

影跨年大展”中展出优秀雕塑作品百余件。通过几次重要的雕塑展览，可以发现创作者已自觉地将个人体悟与内蒙古各族人民建设伟大祖国、守卫祖国边疆、创造美好生活的伟大历史进程相融合，用极具北疆特色的雕塑言语勾勒和讲述内蒙古大地上多彩纷呈的文化形态和崭新气象。相信日后雕塑将在构建城市发展多样性空间，树立内蒙古形象中发挥越来越重要的作用。

（六）以黄河为纽带同研共创，建构中国艺术共同体

黄河是中华民族的母亲河，承载了最为经典的中华文化符号和中华民族形象。2023 年 6 月 5 日，习近平总书记在内蒙古巴彦淖尔考察，作出保护黄河生态、弘扬黄河文化的重要指示。同年，美术界以黄河为纽带联合举办多场美术展览与写生活动。黄河给予美术家无尽的创作源泉。画家们一次次溯源而上，顺流而下，行千里黄河，写万里山川，描绘和表现自然的黄河、历史的黄河、人文的黄河、生态的黄河。2023 年，内蒙古美术工作者坚守中华文化立场，积极参加区内外“黄河”主题美术创作。如“大河奔流”黄河文化主题美术作品展、“天下黄河——中国百名油画家主题作品展”全国巡展、笔墨抒怀·情聚黄河——黄河流域生态保护和高质量发展书画联展、“相约黄河至北 同书翰墨华章”沿黄九省区书画家联谊会第八届“黄河颂”[1]书画展、大河奔腾——第三届中国沿黄九省城市专业画院联盟优秀美术作品展、“大河上下·美美与共”黄河流域西部文化旅游创意艺术设计展、黄河之滨也很美——沿黄九省省会城市画院美术作品联展等。参展作品从不同视角生动展现了内蒙古美术家视野中的黄河气象。

1 2015 年“沿黄九省（区）书画家联谊会”在巴彦淖尔市成立，每年由会员单位承办一届以“黄河颂”为主题的书画展，助力黄河流域生态保护和高质量发展。

三、新作、创新、突破

2023 年，内蒙古美术界坚持理论与实践相结合的发展路径，在美术创作与美术研究中寻找新视角、发掘新内容、创造新成果，不断加强和拓展自治区美术创作与美术理论阵地建设。在参与各级美术展览、申报资助与科研项目、发表研究与评论文章等方面取得丰硕成果：2023 年在央视大型文化节目《中国书法大会》中内蒙古自治区书法工作者雷平、孙瑞芝、王松松、牛耀艇、刘媛亮亲临现场，展示内蒙古书法艺术底蕴，同年内蒙古自治区周荣生、吴匡良、董从民当选书画频道中国书画艺术研究院绘画研究员，拓宽了内蒙古文艺的新媒体传播途径；年末中国美术家协会在官网公布了 2022 年度中国美术家协会会员纳新名单，其中内蒙古 16 人，分别为美术创作类戴培诚、王大伟、李保静、张怀臣、樊医、张衡、刘月娟、王俊才、刘昕泉、耐日、邰六春、包永胜、车立光、王丽丽，理论研究类苏万循，专业教育类王红川。

（一）突破：美术创作再撷硕果

2023 年，内蒙古自治区美术家积极参加国家主题美术创作，国家级美展、省级美展的评选，取得了丰硕的成果。胡日查的油画作品《黄昏的守望者》获中国美术家协会主办时代颂歌——2022 · 中国百家金陵画展最高奖典藏作品奖。张可扬的作品《草原上的“微”生活》入选中国美协主办的“丝绸之路杰出艺术作品展”，在巴黎联合国教科文组织总部展出，为扩大内蒙古美术在全国的影响力作出贡献。在第十三届内蒙古自治区艺术“萨日纳”奖评选中，胡元芳水彩画作品《远方》、巴图的综合材料作品《远古之声》、王亚囡的中国画作品《我们都是追梦人》、张可扬的油画作品《我的乌兰牧骑》、胡日查的版画《听见草原——聚焦》、罗中伟的版画作品《煦阳》、长海的水彩画作品《与马共舞》、赵志宏的壁画作品《圆明又圆》荣获美术奖（创作奖）。在“第八届全国画院美术作品展览”“2022·美丽湾区——中国画、油画、动漫作品展览”“研究与超越——第三届中国小幅油画展”“全国青年油画家2023迎春新作线上展”“大路西行——第三届中国油画展”“中国道路全国美术作品展（后更名为新时代新征程美术作品展览）”“第五届中国民族美术双年展”“第二届‘时代中国’全国美术作品展”“万年浦江——2023·全国中国画作品展览”“抱石风骨——第二届中国画双年展”“逸韵和光——2023·中国画作品展”“第五届全国中国画展览”“泾上丹青——2023·中国写意画作品展”等全国重要展览中，内蒙古均有作品入选，展现出自治区美术创作欣欣向荣的风貌。就内蒙古本土展览而言，旨在大力扶持艺界新人，鼓励青年美术家深入生活、扎根人民，通过艺术语言和形式的探索，不断推出优秀美术作品的“新时代·新生活——第二届内蒙古美术新人新作展”备受业界关注，是对近年来内蒙古青年美术人才和创作成果的集中展示。

图5　胡日查《黄昏的守望者》油画

图6　付作栋《那山·那河》雕塑

图 7　胡日查《听见草原——聚焦》版画

图 8　王亚囡《我们都是追梦人》中国画

图 9　柳迪《山长水阔》水彩画

图 10　田存波《草原微光》油画

表 1　2023 年国家级展览参展情况表

展览名称	作品名称	作者
第十三届全国水彩·粉画作品展览	野稚与烛台	奥迪（邀请）
	搏克手之十三	颉元芳（邀请）
	遇见	长海（邀请）
	新丝路	凯军
	对话	郭静
	月色随风	吕学军
	博克沁	张巴达日胡
盛世印迹——2023·中国百家金陵画展（版画）	吉祥草原	郭建伟
	盛世晨曦	白永丽
	龙娃子	胡佳宁
	备冬	李少勇
	国富民强	刘鑫
大美边疆——第五届中国民族美术双年展	茫原氤氲（油画）	乌吉斯古楞
	爸爸的马群（油画）	张可扬
	风（油画）	淡昊
	搏克手（油画）	冯敬
	故乡的风（油画）	柯西格巴图
	吉祥的巴尔虎草原（油画）	其布日
	收获—赓飏（油画）	苏斯泰汉
	西乌珠穆沁冬日（油画）	张海龙
	录取通知书（中国画）	查苏娜
第三届深圳国际水彩画双年展	山长水阔	柳迪
	暖冬	乌妮
	岁月	苗瑞
	一隅之一	南丁
	国家的孩子	唐家庆
	相依之二十二	长海

续 表

展览名称	作品名称	作者
研究与超越——第三届中国小幅油画展	黄河边	易晶
	祈福	张可扬
	牧野系列三	乌吉斯古楞
	天地间—随风	哈斯乌拉
	时代赞歌·蒙古马精神 15	都日斯木吉
	春到帕米尔高原之三	洪瀛涛
	悠梦里	璐汗
	永恒的眷恋	图布心
	岁月留声·1	王淑慧
	归途	张海龙
新时代新征程——美术作品展览	幸福在路上	张可扬
轩辕情 中国梦——全国中国画作品展	绘梦	李保静
万年浦江——2023·全国中国画作品展览	乌兰牧骑	额尔敦吐
	杨帆畅想	郭建伟
	山间小路	彭子豪
第二届“时代中国”全国美术作品展	快乐周末（油画）	文胜
时代群像——中国水彩人物画展览	观	朝宝
	春社·九	何媛媛
	青年——听风	金光
	节日	李刚
	亘古·二	云宇峰
	那达慕之一	颉元芳
	牧歌	长海
首届延安木刻版画双年展	诗意北疆·2	崔尚华 王姣姣
	刀锋战士	金宝军
	霞照草原	罗中伟
	火红萨日朗	吕红梅

续 表

展览名称	作品名称	作者
首届延安木刻版画双年展	沙海驼铃	秦岭
	质变	王秀春
	一木一浮生	张霞
	回声	赵志伟
	状态	郭楠杰
第三届“湖南·中国画双年展”	盛世家园	白丽琼
	幽壑清秋	樊医
	湘之美	李保静
	今日多云转晴	王羽
第五届全国中国画展览	雾渺云高层林叠翠	解丽娟
	秋风碧波间	刘月娟
	和谐草原沐春风	张怀臣
八荒通神——第六届哈尔滨美术双年展	碧山幽茂	樊医
乡风墨韵——全国中国画作品展	吉祥草原	额尔敦吐
	大河一蕴	陈丽红
时代含章——2023·深圳国际水墨双年展	雏鹰	郭剑利
第八届全国画院美术作品展览	青城玄音（中国画进京）	郭剑利
	筑幸福之路（中国画）	姬文华
	高娃丽格（中国画）	祁庆龄
	惠农政策好（中国画）	王羽
	辉腾锡勒·候场（中国画）	赵国辉
	山峰（油画）	胡日查
	八月的陈巴尔虎草原（油画）	李波
	草原情歌（油画）	李旭东
	冬季里的牧人（油画）	田存波
	古力脑包的秋（油画）	王瑞红
	梦的斜坡（油画）	乌吉斯古楞
	吉祥草原（油画）	张衡

续 表

展览名称	作品名称	作者
第八届全国画院美术作品展览	永恒的祝福（油画）	张项军
	北疆之诗 组画（版画进京）	崔尚华
	夏日情歌（版画）	博彦图
	那山·那河（雕塑进京）	付作栋
	那达慕—射手（雕塑）	赵沛吉
	左琴芝草联（书法）	郭江华
2022·美丽湾区——中国画、油画、动漫作品展览	远古之声（油画）	包玉荣
	新时代下（油画）	陈明
	回家（油画）	冯亚诗
	跃（油画）	胡日査
	马鞍与石榴（油画）	苗晓艺
	静静的山谷（油画）	秦岩军
	幸福的渔获（油画）	隋丽萍
“子恺缘”第十四届中国漫画展览	航天每一步，科技一大步	戴培诚
	谁是最可敬的人	王俊才
	又到联系爸妈的时候了	赵苏丹
第六届中国·桐乡廉政漫画展览	闻风而动	戴培诚
	防“弹”衣	孙元伟
	县委书记卖红薯	王俊才
	陷泥潭后	薛永利

（二）强化：艺术评论与美术理论

2023年内蒙古文艺界根据《关于加强新时代文艺评论工作的指导意见》工作要求，统筹自治区文联、文化厅、高校、报社等机构，建立文艺评论引导协同工作机制。在《内蒙古日报》《内蒙古艺术》《金钥匙》等省级报刊开设文艺评论专栏，利用网络平台及时发布自治区美术展览、人物访谈、活动述评相关的评论文章，形成聚沙成塔的“北疆文艺评论”新风貌。美术研究人员以“主题性美术创作”“中华美学精神”“现实主义”“公共艺术”为关键词，积极申报内蒙古哲学社会科学规划项目文艺评论专项和内蒙古社会科学基金文艺评论专项。从现有研究成果可以看出，研究者以新时代以来自治区美术创作、美术理论与评论等具体问题作为研究对象。2023 年，在注重研究的国家社科基金艺术学项目和注重美术实践的国家艺术基金资助项目中，内蒙古申报的美术类项目均有立项，反映出内蒙古自治区向好的美术发展态势。另有关注文旅融合的自治区文化和旅游发展研究课题，另辟蹊径为艺术如何结合内蒙古自治区经济文化发展的现实问题提供了学术研究平台。2023 年内蒙古自治区艺术“萨日纳”奖开奖，王力春的《中国古代早期石刻书人文献考辨》和王宏伟的《艺术创作语境中的书法与公众》获艺术理论评论奖。此外，李杰的《生态美学视域中的蒙古族图案研究》立足生态美学研究视角对蒙古族图案这一内蒙古民间美术进行了理论研究。以上成果为繁荣内蒙古自治区美术研究，促进内蒙古自治区美术发展奠定了理论基础。

表 2　基金项目立项情况表

项目来源	项目名称	负责人	责任单位
国家社会科学基金项目	明清蒙古地区藏传佛教壁画与多民族文明交流互鉴研究	赵志红	内蒙古民族大学
国家社科基金艺术学项目	中国古代北方游牧民族首饰艺术研究	呼斯乐	内蒙古师范大学
国家艺术基金资助项目	牧旅融合产品创新设计人才培训		内蒙古师范大学
	中国画创作	刘闻涛	内蒙古师范大学
	油画创作	张海龙	内蒙古赤峰学院
	雕塑创作	金　钢	内蒙古艺术学院
内蒙古自治区哲学社会科学规划项目新时代文艺评论专项立项名单	新时代内蒙古主题性美术创作中的中华美学精神	芬笲得日	呼和浩特民族学院
	新时代内蒙古民族题材美术对中华民族视觉形象的建构研究	邹维佳	内蒙古师范大学
	新时代内蒙古阿尔寨石窟壁画艺术的文化传承与转化研究	郭　敏	内蒙古大学创业学院

续 表

项目来源	项目名称	负责人	责任单位
内蒙古自治区哲学社会科学规划项目	内蒙古红色主题美术创作研究	张　璨	内蒙古大学创业学院
	铸牢中华民族共同体视域下赤峰辽墓壁画美术研究	牛再霞	赤峰学院
	从西辽河流域多民族手工艺文化交流史中探寻中华文明的突出特性研究	赵聪寐	内蒙古师范大学
	红山诸文化古陶纹饰对中华古文字溯源影响研究	赵建国	赤峰学院
	额济纳汉简的审美特征研究	上官文金	内蒙古民族文化艺术研究院
	内蒙古刺绣技艺多元化研究及创新设计	刘　娜	内蒙古农业大学
	绘本艺术在中华优秀传统文化传承与铸牢中华民族共同体意识中的作用机制研究	孟　醒	内蒙古艺术学院
	内蒙古长城内外墓葬艺术对民族交往交流交融的实证作用研究	张明星	呼伦贝尔学院
内蒙古自治区文化和旅游发展研究课题	文旅融合多样性发展路径研究——以内蒙古美术遗产的拓展与延伸为例	苏丽古娜	内蒙古自治区艺术研究院
内蒙古文艺创作基金项目文艺评论专项	内蒙古现实主义纪念性雕塑艺术研究	曹　雄	内蒙古师范大学
	内蒙古当代公共壁画发展研究	侯　也	内蒙古师范大学
	中华民族共同体语境下内蒙古民间造型因子的提炼与转化研究	刘华春	内蒙古师范大学
	2022 年内蒙古美术发展调查研究	苏丽古娜	内蒙古自治区艺术研究院

表 3　论文发表情况表

题目	作者	来源	刊期
《光影中的建筑：夏勒水彩艺术》：以夏勒水彩艺术为例分析建筑结构中的流动美	巴雅尔	建筑学报	2023 年第 6 期
顺物与取象：鄂温克族“太阳花”制器尚象的造物形式研究	木斯　周莹　吴济池	艺术设计研究	2023 年第 3 期
无尽的远方——颉元芳谈水彩画创作	马华斌　阴澍雨	美术观察	2023 年第 12 期
大美油彩——李军油画作品赏析	张立中	美术观察	2023 年第 11 期
在点线面的韵律中探索工笔画创作之路	马磊	美术观察	2023 年第 12 期
中国画视觉语言的再探索——要红宇的草原人物画创作	杨铁	美术观察	2023 年第 9 期
少数民族题材作品中的精神寄托——品读长海的艺术语言	毕璐　乌妮	美术观察	2023 年第 7 期
谈蒙古族题材工笔画的创作实践	孙瑶	美术观察	2023 年第 7 期
在城市的缤纷色彩中找寻自己的艺术语言	卢妮斯	美术观察	2023 年第 4 期
根植传统 画述当代——白珂工笔画赏评	张立中	美术观察	2023 年第 3 期
红色、图像和记忆——内蒙古当代主题性美术创作历程	何佳　张迎美	美术	2023 年第 10 期
中国古代壁画的当代价值与启示	侯也	美术	2023 年第 9 期
水墨氤氲——范治斌的艺术追求	王星旺	美术	2023 年第 5 期
冻云愁暮色 寒日淡斜晖《冻云》创作随想	陈晗晟	美术大观	2023 年第 9 期
月光下的古斯拉夫聚落——尼古拉斯·罗列赫作品《信使》研究	甘迪格	世界美术	2023 年第 3 期
基于形式法则的“贺·乌嘎拉吉”传统纹样适形设计	李帅　李少博	设计	2023 年第 13 期
辽代纺织品研究	哈斯图雅	美术文献	2023 年第 3 期
中西绘画比较下中国画的线造型	李俊芬	美术文献	2023 年第 1 期
油画静物创作中的情感表达	马福利	美术文献	2023 年第 1 期
从材料到观念实践——内蒙古师范大学美术学院雕塑系课程建设案例分析	郑天则	艺术研究	2023 年第 5 期

续 表

题目	作者	来源	刊期
探索民族共同体意识下内蒙古美术民族精神的发扬	杨稷东	新美域	2023 年第 10 期
文化记忆视角下裕固族刺绣传承人口述史研究	高宏媛	中国民族美术	2023 年第 1 期
从历史功能论视角谈蒙古族马鞍的发展策略	刘威婷	中国民族美术	2023 年第 1 期
绽放在科尔沁大地上的艺术之花——记科左中旗青年版画艺术家吕红梅	陆文杰	中国民族美术	2023 年第 1 期
新时期以学生发展为中心的美术课程创新与实践——以《水彩画综合技法》课程为例	卢妮斯	内蒙古师范大学学报	2023 年第 3 期
蒙古马鞍工艺的美学分析	王英豪 张同健	中国民族博览	2023 年第 16 期
时间和空间的动画艺术——分屏镜头应用研究	王思睿	中国民族博览	2023 年第 7 期
探索民族共同体意识下内蒙古美术民族精神的发扬	杨稷东	新美域	2023 年第 10 期
北方少数民族剪纸艺术对比分析——以满族和蒙古族为例	郭婷	艺术大观	2023 年第 26 期
装饰纹样在当代设计中的传承路径研究——以原始时期彩陶纹饰为例	王菲菲	艺术大观	2023 年第 20 期
鄂温克族鹿鞍雕刻装饰艺术探析	范铁明 白云瑞	天工	2023 年第 22 期
叙事性在呼和浩特地铁公共艺术中的体现	宋伯亚 薛文峰	天工	2023 年第 20 期
内蒙古鞍马具装饰艺术及其地域差异性研究	王超 闫占军	天工	2023 年第 15 期
内蒙古少数民族非物质文化遗产的时代价值	楚鹏 艾力	天工	2023 年第 1 期
高校美术专业速写课程思政实践探索	王桂素	美术教育研究	2023 年第 13 期
论海日汗草原题材绘画作品	包丽日	美与时代	2023 年第 6 期
当代内蒙古“草原油画”的价值取向	王鹏瑞	油画艺术	2023 年第 2 期
民间美术对版画创作的启示	杨明辉	艺术大观	2023 年第 13 期
镌刻时代华章——内蒙古哲里木版画	王茹	中国文艺家	2023 年第 3 期
“母亲河”的视觉记忆——新中国黄河题材美术创作论	王鹏瑞	西部文艺研究	2023 年第 1 期
浅谈当代内蒙古绘画中的“中华民族共同体意识”	杨稷东	书画世界	2023 年第 6 期

（三）开辟：聚焦区内“首届”展览

“首届”代表新方法、新形式、新思潮的方向引领。2023 年，内蒙古美术界举办多场以“首届”为题的展览,绽放出内蒙古自治区美术发展的时代特性。如“首届呼和浩特国际雕塑艺术展”“首届内蒙古城市雕塑暨百件中华优秀文化符号主题雕塑作品展览”“奈曼旗首届全旗美术教师版画创作培训班”,等等。“首届”所代表的周期性与主题性概念，使展览具有了让观众持续期待的影响力。打造一批思想深、创意足、带动性强的本土展览，对于激发自治区美术工作者的创作热情，助推内蒙古精品美术展览品牌打造具有重要意义。

1.“首届”版画展：回眸与展望

内蒙古版画创作始终聚焦民族性、时代性、地域性，在几代人的传承宣扬之下，涌现出一批优秀的艺术家和作品。随着时代的更迭与变迁，内蒙古版画创作群体不断壮大，形成衔接有序的传承关系。2023 年，内蒙古美术界举办了两场以“首届”和“版画”命名的展览。分别为梳理自治区版画学术脉络的成果回顾展“心凝时代·镌刻草原——内蒙古自治区首届版画学术邀请展”和注重探索与创新、体现传承与展望的“内蒙古自治区首届高校师生版画作品展”。两场展览均涵盖多种版画形式。前者致敬内蒙古版画发展史中具有代表性的经典作品，后者聚焦新时代独特、新颖、多元的版画表现形式。

2.“首届”水彩画展：推广与延续

2023 年,内蒙古水彩界举办了两场具有学术性的重要展览。“水色清韵——首届内蒙古水彩画学术邀请展”先后在内蒙古自治区六地进行巡展，致力于推广和提升水彩画在内蒙古美术界的辐射度和影响力。而“内蒙古自治区首届水彩画双年展”则致力于做成内蒙古自治区具有影响力的连续性水彩画专题展览。两场展览中既包含艺界前辈的精品力作,也有中青年画家的创新佳作，较为全面地体现了新时代内蒙古水彩画蓬勃发展的繁荣景象。画展同期举办了促进业界交流的学术研讨会，为后续水彩学科的发展创造了更多机遇和可能性。

3.“首届”研讨会：学科与发展

为全面加强和改进美术教育工作，弘扬中华美育精神，准确把握新时代美术教育的基本思路和方法路径，12 月 2 日，由中国美协美术教育委员会与内蒙古师范大学联合主办的“首届美术教育圆桌对话调研暨学术研讨会”在内蒙古师范大学美术楼报告厅举办。会议特邀中央美术学院、西安美术学院、北京师范大学等高校的相关行业专家，学者们以新学科目录背景下的美术教育和美术人才培养为主题进行主旨发言。在交流研讨的环节，与会专家就各高校在学科建设及人才培养过程中遇到的问题进行了分析，提出了具有针对性的意见和建议。此次会议将对内蒙古高等美术教育与艺术学科建设起到重要作用。

（四）创新：艺术与科技

在当代社会，艺术与科技之间的交融越发紧密。这种交融不仅推动了科技的发展，也赋予了艺术更为广阔的表达空间。2023 年 9 月 23 日，由中国美术家协会环境设计艺术委员会主办的“心境空间 · 构筑和谐——2023 中国空间艺术构造展览”在内蒙古工业大学举办。展览以“科学、数字、生态、艺术”为主题，旨在促进中国传统的环境观、人居观、设计观实现创造性转化和创新性发展，为环境设计走向更大的空间、构筑和谐的意境作出贡献，对艺术设计基础教学和艺术服务美好生活具有积极的促进作用。9 月 3 日，由内蒙古斯琴塔娜艺术博物馆传统壁画研创基地主办的“全息摹复焕丹青——和林格尔东汉墓室壁画整体摹复及中国古代壁画非本体再现展学术研讨会”在上海大学美术学院举办。“全息摹复系统”是一种脱胎于现状摹写手段的非本体保护解决方案，展览现场复原了墓室和甬道，观者可感受 1 : 1 等大的和林格尔东汉墓室壁画。另有在内蒙古民族大学举办的“AI 辅助蛋白质视听联觉艺术巡展”和呼和浩特市文化旅游广电局主办的“院藏菁华——馆藏二玄社精制台北故宫博物院珍藏历代书画作品（复制品）展”。此类融合现代科技与艺术的前沿展览，为内蒙古自治区艺术工作者开阔视野，推动跨学科联动发展提供了良好契机。

图 11　“艺韵北疆——内蒙古形象主题美术作品展”展览海报

图 12　“醉美草原　亮丽北疆——第二届全区美术作品展”展览海报

图 13　“蒙古马精神——内蒙古美术摄影作品展”展览海报

四、活动、交流、趋势

2023年内蒙古美术界积极融入血脉相通、文脉相融的中国美术高质量协同发展浪潮，积极探索地域资源共享、优势互补、协同创新的合作机制，在“走出去”与“引进来”的美术交流活动中，呈现出内蒙古美术创作的独特魅力和内蒙古美术界包容开放的姿态。2023年，全国美术系统积极响应由“一展一地”变为“一展多地”的巡展机制，使更多优秀展览有机会通过“走出去”与“引进来”的方式与全国美术爱好者见面，实现跨地域美术资源共享、美术平台共建、美术合作共赢新局面。借此机会各美术机构积极开展馆际交流，就基础设施、机构设置、学术方向、展览策划、文献管理、公共教育、对外交流、人才培养等问题进行了沟通交流，为后期美术联展、人才培训、学术交流、采风创作、信息共享等合作模式的落实做好通联铺垫。内蒙古自然地貌丰富多样，高原雄阔、山峦起伏，草原壮美、沃野千里，林海葱郁、湿地广袤，河流蜿蜒奔泻、湖泊星罗棋布，沙漠戈壁广布、丘陵盆地交错，是祖国北疆重要的生态安全屏障。在厚重的人文历史积淀之上，形成了融红色文化和草原文化、农耕文化、黄河文化、长城文化等于一体的“北疆文化”。2023年，内蒙古美术工作者紧紧围绕自治区工作重心，以“美术”助力“北疆文化”成为省内开花、全国叫响、世界有声的文化品牌。

（一）写生采风：深入生活 扎根人民

只有深入生活扎根现实沃土，才能创作出有深度、有广度、有温度的文艺作品。2023年，内蒙古美术界弘扬现实主义精神，坚持以人民为中心的创作导向，倡导美术创作应展现新时代精神气象，彰显民族文化特性。画家们立足打造“北疆文化”品牌，积累素材、挖掘题材。赴多地积极开展“深入生活、扎根人民”主题采风创作活动，如鄂尔多斯市人民政府主办的“‘赋彩暖城鄂尔多斯’——中国美协‘美术家美育志愿服务行动’采风写生活动”；呼和浩特市美术馆组织美术家赴保合少镇大青山红色文化公园、水磨村大青山顶峰，开展“百名画家绘青城”采风写生活动；赤峰市文联组织美术家走赤峰博物馆、红山文化博物馆、敖汉旗博物馆、二道井子遗址、辽宁朝阳牛河梁遗址、草帽山遗址实地考察调研采风写生；陈巴尔虎旗美术家协会承办的“走进‘油画之城’呼伦贝尔写生地——特泥河”主题采风写生活动走进宝日希勒镇“特泥河采风写生基地”；内蒙古师范大学美术学院秋季采风写生活动走进鄂尔多斯市萨拉乌苏遗址公园；锡盟文联组织的“深入生活、扎根人民”北疆文化采风写生活动组织艺术家走进乌拉盖管理区；兴安盟举办“美术让乡村更美——名家走基层写生活动”组织中国国家画院走进阿尔山采风写生。与此同时，鼓励和倡导写生的展览也在如火如荼地开展，如包头风景写生作品展、印象青城——丛有琢青城写生作品展、第二届“蔚蓝的东方”中蒙美术家正蓝旗采风写生活动暨作品交流展、长城·黄河主题美术作品暨阿拉善第四届写生作品展、2023 年“一带一路”中俄美术家写生作品展，等等。

（二）交流互鉴：多地联动 凝心聚力

文化因交流而丰富，艺术因互鉴而提升。2023 年，内蒙古美术展览呈现出一展多地、主题广泛、方式创新的特点。“走出去”的展览分别赴北京、山东、河南、江苏、广东等省外美术馆展出，实现了北疆文化与齐鲁文化、中原文化、金陵文化、岭南文化的深度对话。如“蒙古马精神——内蒙古美术摄影作品展”走进中国美术馆，“亮丽北疆——内蒙古形象主题美术作品展”走进山东美术馆，“艺韵北疆——内蒙古形象主题美术作品展”走进河南省美术馆，“风从草原来·内蒙古鄂尔多斯美术作品邀请展”走进扬州市美术馆，“牵手草原——内蒙古形象主题美术作品展”走进深圳美术馆，“天赋河套——内蒙古·巴彦淖尔美术作品展”走进重庆市合川区美术馆，等等。同年，也不乏为内蒙古自治区带来新鲜艺术感受而“引进来”的好展览，如“中央美术学院 2023 毕业生作品邀请展”“中原画风——河南省优秀美术作品内蒙古展”“乡土人间——一九四九年以来乡村题材美术作品研究展（呼和浩特站）”“传承与延展——2023 黑龙江省版画院版画作品巡展”“艺路同行 民族同心——云南曲靖·安徽宣城·内蒙古阿拉善三地书画交流展”等。这些“引进来”与“走出去”的精品展览，生动描绘了我国新时代、新生活、新风貌、新气象的美术发展路径，以开阔的视野、创新的思维、多元的风格进一步加强了我国文艺事业的合作共建与美术创作交流互鉴。

（三）趋势分析：优化布局 共建共享

公益性美术作为公共文化服务体系的重要组成部分，承载着传达文化自信、艺术审美、公共教育的重要使命。如何有效利用公共资源，创新管理和服务方式，扩大服务覆盖面和影响力是美术界面临的时代之问。2023 年，内蒙古自治区公共美术服务工作呈现出服务队伍扩大、活动形式丰富、展示途径多样的特点，通过艺术下基层、进校园，调整延长开放时间，馆长带看讲解展览，举办美育课堂和公益讲座，成立会员活动之家，馆校合作开展研学活动，设立政府开放日等有形、有感、有效的公益美术活动方式，不断满足全区各族人民对美好精神文化生活的新期待，以美术之力助推内蒙古公共文化服务高质量发展。为扩大美术展览的受众面，2023 年的美术策展呈现出打破专业壁垒，偏向统合性展览的趋势，旨在满足全区书画爱好者多样化、多层次、多方面的精神文化需求，在绘画、雕塑、书法等门类艺术中融合摄影、文献、诗文的互动，打造全方位、多角度、立体式的多样化视觉文化展览空间。“艺韵北疆——内蒙古自治区美术 雕塑 书法 摄影跨年大展”，由“七彩丹青绘北疆”“空间艺术塑北疆”“墨舞中华颂北疆”“光影追风映北疆”4 个系列展组成。其他综合性展览如“美丽青城 大黑河之韵——摄影·美术·诗文作品展”，“书香扎赉诺尔”书法、美术、摄影展，“向善而行 艺路风采阿拉善群众文化综合艺术跨年展”，“中国梦·2022 艺术草原——中国画，油画作品展览”、“巴彦淖尔市书法、摄影、剪纸作品展”，“银色兴安·魅力北疆”冰雪呼伦贝尔美术书法摄影展，第七届内蒙古职工美术书法摄影奖获奖作品展，“呼和浩特市首届老年文化艺术节书画、剪纸展览”等，为观者带来形式多样的艺术体验。

五、问题、思考与建议

对往年开展的美术活动进行回顾，有助于我们总结分析思路、梳理归纳经验，在来年的工作策划中更加准确地找到新时代文艺工作的切入点与着力点。在往后的工作中我们还应持续完善美术主题实践活动常态化，加强对自治区美术研究、美术创作、美术策展人才的扶持力度，以重大主题活动为抓手举办主题鲜明、牵动全局、意义重大的系列展览。

2024 年，内蒙古美术界将继续深入学习贯彻习近平文化思想。守正创新扩大优质文化产品和服务供给。不断回应时代发展与人民需求对文化建设提出的新要求。“深入生活、扎根人民”，在创作中反映时代巨变，为时代画像为时代立传、为时代明德。主动承担记录新时代、书写新时代、讴歌新时代的文化使命。潜心创作出更多有思想、有温度、有品质的美术作品。向世界展现可信、可爱、可敬的中国形象，携手共筑内蒙古自治区美术事业的高峰、高原、高地。

主持人：

苏丽古娜　内蒙古自治区艺术研究院

特邀专家：

乌力吉　内蒙古师范大学二级教授，博士生导师

参与撰写：

田存波　乌兰察布市美术馆（书画院）

苏　华　内蒙古大学创业学院

李　玮　内蒙古农业大学

特木其勒　内蒙古自治区艺术研究院

包呼日查　呼和浩特市新城区关帝庙街小学

附件：

2023 内蒙古美术大事记

开始时间	活动名称	主办单位（第一顺位）
1 月 4 日	“坚定文化自信 弘扬廉洁文化”主题版画作品线上展	奈曼旗美术馆
1 月 10 日	我们的节日・春节——包头美术馆举办迎新春、送春联文化志愿活动	包头美术馆
1 月 11 日	学习贯彻党的二十大精神 助力乡村振兴 喜看大河之湾——包头市书法作品展、摄影作品展	中共包头市委宣传部
1 月 13 日	“礼赞二十大 佳联迎新春”2023 乌海市春联、剪纸作品展	乌海市文体旅游广电局
1 月 14 日	“同心喜庆二十大 翰墨丹青颂华章”书画作品展	通辽市政协书画院
1 月 17 日	“送万福进万家”送春联主题活动	赤峰美术馆
1 月 18 日	“兔起逐梦”——赤峰书画家新春作品展	红山区文化旅游体育局
1 月 18 日	心凝时代・镌刻草原——内蒙古自治区首届版画学术邀请展	内蒙古美术家协会
1 月 29 日	“美丽巴彦淖尔”2023' 第九届美术馆之夜巴彦淖尔美术写生作品展	巴彦淖尔市文化旅游广电局
2 月 3 日	红色之魂——中国共产党人的伟大精神主题书法作品展	包头市文学艺术界联合会
2 月 3 日	“我们的节日・元宵节”——品味传统文化亲子手工活动	包头美术馆
2 月 5 日	礼赞新时代 奋进新征程——《我们身边的手艺》民族皮雕皮画手工艺术非遗作品展	阿拉善盟文学艺术界联合会
2 月 5 日	礼赞新时代 奋进新征程——《九纹墨韵》阿拉善盟女子蒙古文书法九人作品展	阿拉善盟文学艺术界联合会
2 月 15 日	“新时代 新生活”第二届内蒙古美术新人新作展	内蒙古自治区文联
2 月 27 日	学习宣传贯彻党的二十大精神——“时代画卷为人民”乌海市全市美术作品展	中共乌海市委员会宣传部
3 月 5 日	包头风景写生作品展	包头美术馆
3 月 6 日	“长城・岩画・黄河”巴彦淖尔市“两个打造”美术作品展	中共巴彦淖尔市委宣传部
3 月 7 日	“三月春光美 巾帼翰墨香”阿拉善盟第二届女子画展	阿拉善盟文学艺术界联合会
3 月 9 日	鄂尔多斯艺术家褚祥作品展	东胜区美术馆

续 表

开始时间	活动名称	主办单位（第一顺位）
3月22日	“刻印清风——版画中的廉洁故事”哲里木版画创作活动	中共通辽市纪律检查委员会
3月25日	内蒙古风景画学会成立暨第十届“放歌草原・书写百姓”会员美术作品巡展首展	呼和浩特职业学院
3月28日	铸牢中华民族共同体意识——哲里木版画全国巡展（赤峰站）	内蒙古美术家协会版画艺委会
3月30日	笔润芳华——昆区教育高质量发展书法思政师生书法作品展	包头市委宣传部
3月31日	正本清源——周本刚工作室作品展	内蒙古美术馆
4月1日	内蒙古印象摄影展	中国美术馆
4月2日	“中国书法城・乌海”全国百家机场书画摄影作品巡展	中共乌海市委员会
4月2日	“我们的节日・清明节”——彩鸾舞春风社教活动	包头美术馆
4月3日	内蒙古美术家协会十届二次理事会议	内蒙古美术家协会
4月3日	“走进包头”内蒙古美术名家作品邀请展	内蒙古自治区文学艺术界联合会
4月3日	“水色清韵——首届内蒙古水彩画学术邀请展”全区巡展	内蒙古美协水彩画艺术委员会
4月4日	2023妥木斯油画工作室作品展	内蒙古自治区文学艺术界联合会
4月6日	白・舍冷业西油画作品展	内蒙古美协油画艺委会
4月6日	美在阿拉善——岩画与居延汉简艺术展・上海站	阿拉善盟文化旅游广电局
4月6日	内蒙古师范大学美术学院教师作品展	内蒙古师范大学美术学院
4月11日	“学思践悟二十大 翰墨丹青绘北疆”全区女职工书画摄影展	内蒙古总工会女职工委员会
4月11日	“天赋河套”内蒙古巴彦淖尔美术作品重庆展	中共巴彦淖尔市委宣传部
4月12日	牵手草原——内蒙古形象主题美术作品展	深圳美术馆
4月14日	奈曼版画亮相“通辽・大连万人互游”启动仪式暨文化旅游招商推介	通辽市文旅广电局
4月15日	须弥探道——海德恕、董扬、刘贞麟书画印作品展	呼和浩特市文化旅游广电局
4月19日	美丽青城 大黑河之韵——摄影・美术・诗文作品展	呼和浩特市文学艺术界联合会
4月20日	内蒙古自治区首届水彩画双年展	内蒙古师范大学美术学院
4月21日	薪火——包头师范学院美术学院建院35周年教师美术作品展	包头师范学院

续 表

开始时间	活动名称	主办单位（第一顺位）
4 月 22 日	印象青城——丛有琢青城写生作品展	呼和浩特市文化旅游广电局
4 月 22 日	院藏菁华——馆藏二玄社精制台北故宫博物院珍藏历代书画作品（复制品）展	呼和浩特市文化旅游广电局
4 月 22 日	“翰墨丹心”李清波先生书法艺术作品展	呼和浩特市文化旅游广电局
4 月 23 日	周荣生、吴团良、董从民当选书画频道中国书画艺术研究院绘画研究员	
4 月 25 日	“大河奔流”黄河文化主题美术作品展	内蒙古自治区文学艺术界联合会
4 月 26 日	2023 内蒙古自治区政协书画作品展	内蒙古自治区政协党组
4 月 28 日	“我和我的幸福城市·百名画家绘青城”写生与艺术研究学术研讨会	呼和浩特市文化旅游广电局
4 月 29 日	第五届“步森杯”青少年书法大赛	海拉尔区文联
5 月 1 日	“胜开艺之花”本土油画展	鄂尔多斯市东胜区文化和旅游局
5 月 7 日	赤峰市松山区第三届美术作品展	赤峰市松山区美术家协会
5 月 7 日	生态优先绿色发展——内蒙古美术家作品展	阿拉善盟文学艺术界联合会展
5 月 7 日	郄山个展“垒”	阿吉奈 51 艺术社
5 月 9 日	第七届内蒙古职工美术书法摄影奖获奖作品展	内蒙古自治区总工会
5 月 9 日	赤峰美术名家画赤峰——写生作品展进校园	赤峰美术馆
5 月 10 日	第八届“那山·那水·那云”美术作品巴彦淖尔邀请展	巴彦淖尔市文化旅游广电局
5 月 10 日	黄河几字弯——乌达插队知青回顾展	中共乌达区委员会宣传部
5 月 12 日	“启航新征程 亮丽火焰蓝”主题美术作品展	内蒙古自治区消防救援总队
5 月 16 日	“学思践悟二十大·青城巾帼绘未来”全市女职工才艺展	呼和浩特市总工会
5 月 16 日	通辽市美术馆馆藏作品展	通辽市美术馆
5 月 18 日	“书香扎赉诺尔”书法、美术、摄影展	扎赉诺尔区文联
5 月 18 日	包头师范学院美术学院 2023 学生毕业作品展	包头师范学院
5 月 19 日	赤峰学院美术学院 2023 届毕业作品展暨毕业生推介会	红山美术馆
5 月 19 日	风从草原来·内蒙古鄂尔多斯美术作品邀请展	鄂尔多斯市文学艺术界联合会
5 月 19 日	奈曼版画现身“中国旅游日”内蒙古自治区分会场	奈曼旗美术馆

续 表

开始时间	活动名称	主办单位（第一顺位）
4月20日	通辽美术家协会山水画研究会成立暨“两个打造”首届职工山水画作品展	通辽市总工会
4月27日	“翰墨飘香·丹青溢彩”——中华文化符号和中华民族形象·内蒙古青少年中国画展	内蒙古中国画学会
4月27日	那顺孟和师生作品展	内蒙古艺术学院
4月30日	“中国梦·劳动美——凝心铸魂跟党 走团结奋斗新征程”内蒙古自治区第十届职工美术作品展	乌海市总工会
5月1日	“童心筑梦新时代”——包头市2023年少儿书法作品展	包头市文学艺术界联合会
5月1日	第二届童心画安全庆祝“六一”儿童节包头市少儿美术作品展	包头市应急管理局
5月3日	第三届“彩墨丹青”之“中国精神”内蒙古青少年儿童书画作品展	内蒙古美术家协会
5月3日	第二届长城与黄河——鄂尔多斯少儿书画作品展	东胜区美术馆
5月6日	“墨风画韵”书法美术临帖展	扎赉诺尔区文联
5月6日	“艺路求索”2023年内蒙古鸿德文理学院艺术设计系写生展开幕	内蒙古鸿德文理学院
5月9日	“双子星座 熠熠生辉”通辽·赤峰美术作品交流展	中共赤峰市委宣传部
6月15日	内蒙古自治区文联第九次代表大会在呼和浩特开幕	内蒙古文学艺术界联合会
6月15日	第三届全区工艺美术精品展	内蒙古文学艺术界联合会
6月16日	“墨绘育人初心印染青春足迹”2023年奈曼版画进校园活动	奈曼旗美术馆
6月18日	从艺六十年——降玉琳工笔花鸟创作回顾展	中共乌海市委宣传部
6月20日	2023届毕业生作品展暨毕业生就业推荐会	呼伦贝尔学院
6月20日	内蒙古自治区首届高校师生版画作品展	内蒙古美术家协会
6月20日	“传承发展中华优秀传统文化”书画笔会	红山区文化旅游体育局
6月21日	中国梦·2022艺术草原——中国画、油画作品展览	乌兰察布市美术馆
6月21日	“凝心铸魂 同心筑梦”红山区铸牢中华民族共同体意识书画展	红山区委宣传部
6月22日	我们的节日·端午节——“香包祈福端阳安康”公益文化活动	包头美术馆
6月25日	美丽中国——内蒙古形象主题美术作品巡展	内蒙古美术馆
6月25日	“速写草原”包世学美术作品展	内蒙古文学艺术界联合会

续 表

开始时间	活动名称	主办单位（第一顺位）
6 月 25 日	第二届“艺宝斋杯”锡林郭勒盟书法篆刻展	锡林郭勒盟文学艺术界联合会
6 月 25 日	高层次哲里木版画培训班	通辽市美术馆
6 月 25 日	迎“七一”展交通风采暨“弘扬廉洁文化 涵养清风正气”廉洁书画摄影展	乌海市交通运输局
6 月 26 日	“生态巴彦淖尔—诗化海淀”美术作品展	中共巴彦淖尔市委宣传部
6 月 29 日	“沐浴阳光下 奋进新时代——感党恩、听党话、跟党走”2023 年包头市中小学师生书画展	中共包头市委组织部
6 月 29 日	庆“七一”精品版画作品展活动	奈曼旗美术馆
6 月 30 日	丹青颂莲韵 翰墨扬清风——平原县“庆七一”廉洁文化主题书画展	呼和浩特市文化旅游广电局
7 月 1 日	天下黄河——中国百名油画家主题作品展	北京当代中国写意油画研究院
7 月 1 日	潘志成国画精品展	包头美术馆
7 月 5 日	中原画风——河南省优秀美术作品内蒙古展	河南省文学艺术界联合会
7 月 6 日	“以文载道 温润童心”书法进校园活动	赤峰市文化和旅游局
7 月 6 日	贯彻落实党的二十大精神——历史文化名镇呼和诺尔美术摄影采风创作作品展	陈巴尔虎旗文化旅游广电局
7 月 8 日	传承与延展——2023 黑龙江省版画院版画作品巡展（通辽站）	黑龙江省书画院
7 月 8 日	思想耀征程 丹青韵江山——内蒙古美术馆馆藏作品展	内蒙古自治区党委宣传部
7 月 8 日	第三届彩墨丹青——“中国精神”内蒙古青少年儿童书画作品展	内蒙古风景画学会
7 月 8 日	“展时代形象 讲中国故事”内蒙古自治区美术作品展	内蒙古自治区党委宣传部
7 月 9 日	翰墨抒怀 筑梦北疆——红色文化·书画四人作品展	中共呼和浩特市新城区委员会
7 月 10 日	塞外明珠 乌梁素海——第三届美术名家作品邀请展	李可染画院
7 月 11 日	文化赋能 乡村振兴——乌兰布统画家村油画作品展	赤峰市文化和旅游局
7 月 11 日	奈曼版画亮相第七届内蒙古自治区文化产业博览交易会	奈曼旗美术馆
7 月 14 日	“百名画家绘青城”走进大青山登山步道采风写生活动	呼和浩特市美术馆
7 月 20 日	“中华韵·通辽融”书画中华展	通辽市委宣传部
7 月 20 日	“美育花开·尚美古云中”赵福油画作品展	呼和浩特市文学艺术界联合会

续 表

开始时间	活动名称	主办单位（第一顺位）
7月20日	北疆文化中的内蒙古美术——红色文化主题美术创作谈	内蒙古美术家协会
7月22日	延安精神 代代相传暨铸牢中华民族共同体意识——包头市红色题材油画风景 中国山水画美术作品展	包头市文旅广电局
7月30日	“强国复兴有我”全区国防教育书法美术作品展	内蒙古自治区党委宣传部
8月1日	阿拉善盟安全生产主题美术书法作品展	阿拉善盟文学艺术界联合会
8月2日	时代映画——乌海市“两个打造”主题油画创研展	乌海市文体旅游广电局
8月4日	乌海市·东营市“笔墨抒怀 情聚黄河”——黄河流域生态保护和高质量发展书画联展	内蒙古乌海市政协
8月7日	“塞上丹青”山水画培训班	通辽美术家协会
8月9日	纪念“河套人”发现100周年书画作品展	中共乌审旗委员会
8月10日	第二届“蔚蓝的东方”中蒙美术家正蓝旗采风写生活动暨作品交流展	内蒙古当代美术学会
8月10日	壮阔北疆——内蒙古形象主题美术作品巡展	内蒙古美术馆
8月12日	“赓续初心扬国粹 挥毫泼墨铸军魂”十人书画联展	红山美术馆
8月12日	首届内蒙古城市雕塑暨百件中华优秀文化符号主题雕塑作品展览	内蒙古自治区文学艺术界联合会
8月13日	墨舞新天——全国十城市书法篆刻联展	中共乌海市委宣传部
8月15日	2023年呼和浩特市作家艺术家“深入生活、扎根人民”采风创作	呼和浩特市文学艺术界联合会
8月17日	乡土人间——一九四九年以来乡村题材美术作品研究展 呼和浩特站	广东美术馆
8月17日	西辽河文化节“两个打造”构筑共有精神家园通辽市美术作品展	中共通辽市委
8月19日	新风起——当代潮流艺术展	画家故事
8月22日	艺美北疆·绘彩青城——中国大城市专业画院优秀作品联展暨中国大城市专业画院学术年会	呼和浩特市文化旅游广电局
8月22日	第四届青少年美术书法作品展	呼和浩特市文学艺术界联合会
8月25日	“影像兴安”采风交流活动	兴安盟摄影家协会
8月28日	翰墨载道 凝心聚力——市旗老年书画协会会员之家揭牌	乌拉特中旗文学艺术界联合会

续 表

开始时间	活动名称	主办单位（第一顺位）
8月29日	中国书协2023年全国基层书法创作类会员培训班	中国书法家协会
8月30日	“天赋河套·最美葵乡”内蒙古巴彦淖尔第四届全国向日葵摄影展	中共巴彦淖尔市委员会宣传部
9月2日	亮丽北疆——内蒙古形象主题美术作品展	内蒙古美术馆
9月3日	北疆文艺论坛	内蒙古自治区文学艺术界联合会
9月3日	全息摹复焕丹青——和林格尔东汉墓室壁画整体摹复及中国古代壁画非本体再现展	内蒙古斯琴塔娜艺术博物馆
9月4日	奈曼版画展演活动亮相中华民族共同体体验馆	奈曼旗美术馆
9月5日	乌海市第四届“民族团结进步杯”书法展	乌海市民族事务委员会
9月7日	AI辅助蛋白质视听联觉艺术巡展	内蒙古民族大学
9月9日	翰墨丹青颂华章——内蒙古自治区老年书画协会会员书画作品展	内蒙古自治区老年书法协会
9月11日	“相约黄河至北 同书翰墨华章”沿黄九省区书画联谊会第八届“黄河颂”书画展	沿黄九省区书画家联谊会
9月15日	时代光影中的内蒙古——庆祝内蒙古摄影家协会成立60周年十年百幅摄影艺术精品展	二连浩特市委宣传部
9月15日	艺美北疆——“艺术让城市更美好”调研座谈会	呼和浩特市美术馆
9月16日	“大河上下 美美与共”黄河流域西部文化旅游创意艺术设计展乌海站	宁夏盛天彩数字科技股份有限公司
9月20日	米宝剧场——口米艺术展	内蒙古美术馆
9月22日	溢彩北疆——第三届内蒙古综合材料绘画作品展	内蒙古自治区文学艺术界联合会
9月23日	“醉美草原 亮丽北疆”第二届全区美术作品展	内蒙古自治区文化和旅游厅
9月23日	心境空间·构筑和谐——2023中国空间艺术构造展	内蒙古工业大学
9月23日	借古咏今——金侯书法作品展	内蒙古美术馆
9月23日	“陌上花开”李明举作品展	内蒙古当代美术学会
9月24日	奈曼旗首届全旗美术教师版画创作培训班正式结业	奈曼旗美术馆
9月28日	嗨呦，好玩儿——当代潮流艺术展	呼和浩特市文化旅游广电局
9月26日	“墨香中秋 品味传统”主题活动	赤峰美术馆

续 表

开始时间	活动名称	主办单位（第一顺位）
9月26日	青春绘就亮丽北疆——内蒙古艺术学院美术学院学生作品展	内蒙古艺术学院美术学院
9月27日	清风传家廉以治家——海勃湾区第二届廉洁书画展	海勃湾区纪委监委机关
9月28日	刘乐明、李长胜油画作品联展	包头市文化旅游广电局
9月28日	“铸牢中华民族共同体意识”主题美术作品展	包头市文化旅游广电局
9月29日	同行——杨飞云师生作品展	内蒙古自治区文学艺术界联合会
10月1日	大漠丹青——张义杰先生中国画展	阿拉善盟文学艺术界联合会
10月2日	我从草原来——张项军绘画作品展	内蒙古美术家协会
10月2日	“喜迎国庆礼赞祖国——童心共绘中国梦”主题长卷绘画活动	呼和浩特市美术馆
10月10日	“我们赤峰四十年”主题展 1983-2023	中共赤峰市委员会
10月12日	与时代同行——永恒的雷锋精神主题展	中共乌海市委员会宣传部
10月13日	亘古天书——阿拉善岩画拓片艺术展	内蒙古师范大学美术学院
10月14日	首届呼和浩特国际雕塑艺术展	呼和浩特雕塑艺术馆
10月14日	秋山问道——历代山水画高精复制品展	内蒙古师范大学美术学院
10月16日	“奋进新征程描绘新画卷”东北三省一区文化惠民活动群文工作者美术写生创作活动	内蒙古自治区文化馆
10月18日	闲情三片——石玉平先生艺术作品回顾展	内蒙古自治区文史馆
10月18日	第三届内蒙古松鹤丹青中国画展	内蒙古中国画学会
10月18日	大地情愫——李满春美术作品展	内蒙古美术家协会
10月18日	2023年内蒙古老年开放大学书画摄影类教学成果展	内蒙古开放大学
10月19日	北疆新气象 丹心绘青城——内蒙古新文艺群体美术家十二人作品展	呼和浩特市文旅广电局
10月20日	“爱满重阳节 情暖九月九”赤峰书法走进克什克腾旗	赤峰市文化和旅游局
10月21日	《守望·北疆》——内蒙古美术家协会版画艺术委员会成员作品展	内蒙古美术家协会
10月21日	传承红色经典·赓续红色血脉——2023内蒙古红色文化主题美术创作学术研讨会	内蒙古自治区文学艺术界联合会

续 表

开始时间	活动名称	主办单位（第一顺位）
10月21日	爽借清风 超然象外——问道青城三人行：王少跃 崔虹 丁子同书画作品展	呼和浩特市文化旅游广电局
10月22日	翰海阑干——杨家伟书法作品展	中国书法家协会展览处
10月26日	“亮丽北疆 绘鉴青城”呼和浩特市绘画·设计文献展	呼和浩特市文联
10月26日	“翰墨芬芳 情暖夕阳”书画作品展	赤峰老龄工作委员会
10月28日	中央美术学院2023年毕业生作品邀请展	鄂尔多斯市文学艺术界联合会
10月28日	时代光华中的内蒙古——内蒙古摄影家协会成立六十周年、近十年摄影艺术精品展	内蒙古摄影家协会
10月31日	2024届毕业生就业工作推进会	内蒙古师范大学美术学院
11月1日	“亮丽北疆·美丽青城”主题摄影作品展	内蒙古摄影家协会
11月1日	长城·黄河主题美术作品暨阿拉善第四届写生作品展	阿拉善盟文学艺术界联合会
11月2日	“铸牢中华民族共同体意识全方位建设模范自治区”书画展	自治区直属机关老年人文体协会
11月7日	“艺路同行 民族同心”——云南曲靖·安徽宣城·内蒙古阿拉善三地书画交流展	阿拉善盟文学艺术界联合会
11月8日	弘扬蒙古马精神 艺承新时代——刘艺鹏家庭作品联展	内蒙古民间文艺家协会
11月10日	“北疆行 长河颂”王建中摄影作品展	内蒙古美术馆
11月11日	乌拉特中旗人民政府与内蒙古师范大学美术学院签订合作共建专业实践基地合作协议	
11月14日	“首府同心·墨染初冬 和美时代”——呼和浩特市各界书法作品展	呼和浩特市委统战部
11月15日	清影新趣·墨上花开——乔伟中国画作品展	内蒙古美术馆
11月15日	2023年秋季写生作品展	内蒙古艺术学院美术学院
11月16日	中国共产党人精神谱系——哲里木版画作品展	中共通辽市委宣传部
11月16日	2023年“一带一路”中俄美术家写生作品展	内蒙古自治区文学艺术界联合会
11月16日	艺韵北疆——内蒙古形象主题美术作品展	内蒙古美术馆
11月16日	“亮丽北疆美丽青城”主题摄影作品巡展	呼和浩特市回民区文联
11月16日	呼和浩特民族学院美术学院“庆祝建校70周年”美术学院师生作品展	呼和浩特民族学院
11月16日	美术学院下乡写生与实践课程作品汇报展	内蒙古师范大学美术学院

续　表

开始时间	活动名称	主办单位（第一顺位）
11 月 18 日	2023 年度工作会议暨第十四届全国美展动员大会	内蒙古美术家协会水彩画艺委会
11 月 18 日	“亮丽北疆 绿色发展”强国复兴有我·青少年绘画作品展	内蒙古美协少儿美术艺术委员会
11 月 18 日	“少年华国文明城市”书画大赛	红山美术馆
11 月 21 日	“美丽草原呼伦贝尔”摄影交流展览·西安	内蒙古自治区摄影家协会
11 月 22 日	第十四届全国冬季运动会主题油画作品展	中共呼伦贝尔市委员会
11 月 22 日	汲古开新 众泉汇流——李政恩书画篆刻作品展	中国文化管理协会遗产保护委员会
11 月 22 日	内蒙古自治区青少年书法作品展全区巡展——乌海站	内蒙古书法家协会
11 月 22 日	呼和浩特市首届老年文化艺术节书画、剪纸展览	呼和浩特市卫生健康委员会
11 月 24 日	呼和浩特市文学艺术界联合会、呼和浩特市文化艺术研究院文艺创作展示基地揭牌仪式	
11 月 24 日	周鹏飞毛体书法大展	中国书画收藏家协会
11 月 28 日	时代风度——中国美术家作品邀请展	内蒙古自治区文学艺术界联合会
11 月 29 日	翰墨抒怀 筑梦北疆——红色文化·书画四人展	呼和浩特市文学艺术界联合会
2 月 2 日	首届全国美术教育圆桌对话调研暨学术研讨会	内蒙古师范大学
2 月 5 日	北疆风华 国之盛美——内蒙古艺术学院美术学院研究生师生作品展	内蒙古艺术学院
2 月 5 日	“银色兴安·魅力北疆”冰雪呼伦贝尔美术书法摄影展	呼伦贝尔市文学艺术界联合会
2 月 5 日	巴彦淖尔市书法、摄影、剪纸作品展	巴彦淖尔市委宣传部
2 月 5 日	“黄河几字弯里的鄂尔多斯”全国书法名家邀请展	鄂尔多斯市人民政府
2 月 7 日	艺韵北疆——内蒙古自治区美术、雕塑、书法、摄影跨年大展	内蒙古自治区文学艺术界联合会
2 月 9 日	备战“第十四届全国美展”内蒙古美协雕塑创作专家指导座谈会暨空间艺术塑北疆会员日活动	内蒙古美术家协会
12 月 11 日	铸牢中华民族共同体意识 团结奋进新时代——乌海市第二十一届中小学师生书法绘画摄影优秀作品展	乌海市精神文明建设委员会办公室
12 月 12 日	买得起的艺术品——包头美术馆小幅绘画作品艺展会	包头市文化旅游广电局
12 月 16 日	蒙古马精神——内蒙古美术摄影作品展	中国美术馆

续 表

开始时间	活动名称	主办单位（第一顺位）
12 月 16 日	第二届科尔沁油画综合材料绘画双年展暨内蒙古东部职工油画综合材料绘画作品展	内蒙古美术家协会
12 月 16 日	筑梦北疆 礼赞时代——2023 乌海市油画双年展暨国画精品展开幕	中共乌海市海南区委员会宣传部
12 月 23 日	“艺美北疆 筑梦青城”——11 位艺术家作品联展	呼和浩特市文化旅游广电局
12 月 26 日	迎新春 颂党恩——包头市老年书画展	包头市卫生健康委员会
12 月 26 日	“向善而行 艺路风采”阿拉善群众文化综合艺术跨年展	中共阿拉善盟委员会宣传部
12 月 27 日	“感党恩 听党话 跟党走”主题书法课程观摩展暨观摩研讨会	内蒙古师范大学美术学院
12 月 29 日	“相约呼伦贝尔 共享精彩冬运”第十四届全国冬季运动会呼伦贝尔青少年美术、书法展	中共呼伦贝尔市委宣传部
12 月 30 日	鄂尔多斯美术馆在伊金霍洛旗正式开馆	鄂尔多斯美术馆
12 月 30 日	日出红山 和美北疆——红山文化主题美术作品展	内蒙古自治区文学艺术界联合会
12 月 30 日	一幅画的诞生——北京画院画家作品展	鄂尔多斯文学艺术界联合会
12 月 30 日	艺韵北疆——内蒙古形象主题美术作品展	鄂尔多斯文学艺术界联合会
12 月 30 日	暖城之暖——鄂尔多斯主题美术作品展	鄂尔多斯文学艺术界联合会
12 月 30 日	马兰花开 芬芳暖城——马兰花文学艺术激励扶持工程成果展	鄂尔多斯文学艺术界联合会
12 月 30 日	“辞旧迎新 用艺术点亮 2024”——美术馆跨年夜活动	包头市文化旅游广电局
12 月 30 日	壮美北疆——赤峰油画学会第十四届年展	赤峰油画学会
12 月 31 日	亮丽北疆・内蒙古风景画学会 2023 网络年展	内蒙古风景画学会

音乐

2023年是内蒙古发展史上具有里程碑意义的一年。习近平总书记再次亲临内蒙古自治区考察，给我们带来巨大的政治关怀和宝贵的发展机遇。内蒙古以习近平新时代中国特色社会主义思想为指导，深入学习贯彻习近平文化思想，以铸牢中华民族共同体意识为工作主线，团结凝聚内蒙古广大文艺工作者积极投身党的文艺事业，努力担负新的文化使命。

内蒙古音乐工作者突出重点、抓住关键，切实把中国式现代化各项工作要求贯穿于工作全过程，为中国式现代化建设贡献内蒙古音乐文化力量。围绕打响"北疆文化"品牌、"铸牢中华民族共同体意识""'百团千场下基层'惠民演出"等主题，组织开展了"第二十届中国·内蒙古草原文化节"、"弘扬北疆文化 赓续中华文脉"特色文旅、"铸牢中华民族共同体意识 乌兰牧骑演出万村行"等演出活动，激励各族群众守望相助，团结奋斗，不断铸牢中华民族共同体意识，建设祖国北疆安全稳定屏障。

一、建设北疆文化，增强文化认同

2023年，内蒙古自治区推动艺术工作繁荣发展，积极探索如何用文艺的方式阐释好习近平新时代中国特色社会主义思想，推动"北疆文化"品牌活动成为新亮点。自治区音乐界深刻认识打造"北疆文化"品牌的重大意义，切实发挥"北疆文化"的重要作用，着力推动"北疆文化"繁荣发展。

（一）"文艺＋"唱响民族团结主旋律

"北疆文化"是繁衍生息在北疆的各民族共同创造的，属于中华文化重要组成部分的区域文化。"北疆文化"是在民族团结的历史大背景下形成的，讲好民族团结进步故事是深刻把握、广泛宣传"北疆文化"的重要举措之一。

在内蒙古，做好民族工作意义重大，讲好民族团结故事是做好新时代党的民族工作的重要任务，也是“北疆文化”的应有之义。内蒙古文艺界按照习近平总书记的要求指示，以文艺之光铸牢团结奋斗精神之基，以充满正能量的文艺精品展示内蒙古文艺新气象，进一步提升内蒙古的正面形象和影响力，为助力全方位建设“模范自治区”贡献文艺力量。

2023 年，自治区开展了“第 40 个民族团结进步活动月”活动，全区各地围绕深化铸牢中华民族共同体意识，全面推进中华民族共有精神家园建设、打造民族团结进步创建工作升级版等重点工作。

赤峰市开展“感恩奋进跟党走 在全方位建设模范自治区上作示范”主题文艺演出，呼伦贝尔市举行了铸牢中华民族共同体意识教育主题文艺演出。乌海市以铸牢中华民族共同体意识为主线，将民族团结进步创建工作与“两件大事”一体谋划、一体推进，全力打造民族团结进步创建工作升级版。通过开展原创歌曲《我们春天回家》、音乐剧《乌海人家》、音舞诗画《山高水长》，“党的光辉照我心”走基层送文艺志愿服务项目等艺术活动，让各民族团结互助、亲如一家，为全方位建设模范自治区贡献乌海力量。

锡林郭勒盟二连浩特市民族事务委员会围绕团结稳边、铸牢中华民族共同体意识，深入基层惠民演出累计 485 场（次），深化民族团结进步创建，打造民族团结进步创建示范点等教育阵地。

乌兰察布市四子王旗乌兰牧骑扎根基层、服务百姓，以文艺为阵地，用歌声唱响民族团结主旋律，坚持“六进”原则开展惠民演出，每年演出行程达 15000 余公里，演出达 140 余场（次），惠及观众 4 万余人。近年来，创作铸牢中华民族共同体意识和民族团结题材歌曲《百年颂》《额吉都贵玛》、琴乐《梦中的草原》等音乐作品，成为促进文化繁荣、推进文化振兴、巩固民族团结、稳固边防边疆的一道亮丽风景。

内蒙古电力（集团）有限责任公司党委以铸牢中华民族共同体意识为主线，蒙电乌兰牧骑结合“民族团结一家亲 蒙电儿女心向党”主题开展专题演出 110 余场（次），“红色文艺轻骑兵”同心浇灌民族团结进步之花。

（二）培根铸魂，凝聚强大精神力量

内蒙古将各民族交往交流交融作为内核，以守望相助为底色，以蒙古马精神和“三北精神”为特质，深入梳理自治区文脉，深化拓展“北疆文化”的内涵外延，聚焦构筑中华民族共有精神家园，夯实爱国守边的思想根基。

内蒙古自治区第十五届运动会开幕式以“亮丽北疆、相约暖城”为主题，用序章、“绿”染山河、“能”动未来、“福”润万家、同心铸梦 5 个篇章，生动表达了内蒙古各族儿女牢记嘱托、感恩奋进的强烈心声，充分彰显了全区上下坚决办好“两件大事”、奋力书写中国式现代化内蒙古新篇章的豪情壮志。

呼和浩特市围绕文化建设的重大项目，动员文化艺术界委员主动投身“北疆文化”文艺创作，努力打造《青山烽火》《如见》《昭君》等文艺精品，书写“北疆文化”品牌形象。

9 月 28 日，锡林浩特市举办“石榴花开映锡林”铸牢中华民族共同体意识主题晚会，全市各族各界共同唱响“中华民族一家亲 同心共筑中国梦”和谐乐章。演出分为“心中的赞歌”“我和我的祖国”“美丽家园”“各族人民心连心”四个乐章。《党的恩情》《牧民歌唱共产党》《我们的大中国》《中华民族一家亲》《守望相助》等曲目，充分表达了根脉相连、携手同心的草原儿女，永远感党恩、听党话、跟党走的决心与意志，以及铸牢中华民族共同体意识，踔厉奋发，勇毅前行的努力与决心。

内蒙古艺术学院发挥艺术教育优势，以“艺术 + ”方式开展情景式、浸润式学习。音乐学院举办“再唱赞歌给党听”主题音乐会，文化艺术管理学院举办“建功立业新时代，韶华再续新篇章”毕业晚会，附属中等艺术学校举办“感党恩、听党话、跟党走”红色歌曲专场音乐会等，让舞台成为铸魂育人的课堂，让党的创新思想通过艺术的感染力入脑入心。

（三）打响“北疆文化”品牌，增强文化认同

弘扬北疆文化，赓续中华文脉，推动文艺繁荣发展。本年度音乐在增强文化认同，焕发北疆文化独特魅力中有突出的表现。2023 年，全区文化服务焕发活力，累计开展文化演出活动 5.35 万余场；乌兰牧骑走边关 1.8 万公里，深入基层牧区、军营、厂矿演出，6 台剧目全国巡演。

内蒙古艺术剧院迅速行动，在舞台艺术创作、演出推广和文化产业发展上作出有益探索，努力为建设北疆文化品牌作出贡献。深入挖掘内蒙古各民族交往交流交融的地域性特征，提升内蒙古经典歌曲演唱会“我和草原有个约定”、交响诗画《我愿以身许国》、歌舞剧《昭君出塞》等北疆文化品牌项目。歌舞剧《昭君出塞》和歌剧《江格尔》用人们耳熟能详的人物故事，深植历史文化，用震撼人心的伟大史诗，投射时代风貌，以鲜明独特的符号形象，塑造“北疆文化”品牌的精神内涵象征，与人们产生紧密的情感连接和文化认同。

内蒙古艺术剧院围绕全方位建设模范自治区主题，突出中华民族共有精神家园，创作交响曲《灯塔》、无伴奏情景合唱音乐会“四季”、歌曲《大漠东风》、歌曲《春天里的雷锋》、歌曲《拼未来》等艺术作品；聚焦“五大任务”，围绕“两个屏障”，创作了交响曲《绿色长城》、专场晚会“绽放绿色北疆”、话剧《高高的兴安岭》、民族管弦乐“北疆三部曲”（《北疆赞歌》《北疆天籁》《北疆畅想》）等作品；围绕“一个桥头堡”，开展民族管弦乐《丝路草原》全国巡演。

11 月 24 日，自治区教育厅在内蒙古艺术学院音乐厅举办“北疆礼赞——剧场里的思政课”活动。主讲专家李树榕围绕北疆文化、人与自然和谐、民族团结等主题，将课程思政、专业育人的理念贯穿到一个个经典舞剧、交响乐等艺术作品中，与北疆之花艺术团共同讲述北疆故事，将铸牢中华民族共同体意识深植于观众心中。

8 月 25 日，“建功新时代 民歌颂北疆”2023 内蒙古民歌大会在乌海市激情唱响。展演分别以“金曲嘹亮咏流传”“黄河两岸是我家”“山花烂漫踏歌行”为主题，节目包括传统民歌、新民歌、中国梦主题歌曲等多种形式。通过民歌大会的举办，向全社会展示内蒙古自治区用民歌的形式讲好内蒙古故事，传播内蒙古声音，推动文艺繁荣发展，书写“北疆文化”品牌音乐发展的新篇章。

内蒙古艺术学院原创交响组歌《天下黄河几道弯》，颂扬黄河文化，歌唱黄河两岸各族人民对党和祖国的深情厚谊，展现出内蒙古各族人民为生态文明建设不懈奋斗的精神风貌，为打响“北疆文化”品牌，保持模范自治区崇高荣誉的努力和担当。

“北疆文化”基本内容中包含的蒙古马精神和“三北精神”，以及铸牢中华民族共同体意识，蕴含着中华优秀传统文化、现实生活内容、社会风貌和时代精神的中国特色，展现了内蒙古人民扎根生活、守正创新的干劲、拼劲、韧劲，代表着内蒙古人民最鲜明的精神标识，体现出胸怀天下的中国气派。

自治区音乐工作用文艺精品凝聚人心、汇聚力量，突出有形有感的音乐表达，体现中华文化符号和中华民族形象，用音乐诠释与党同心同德、与人民同向同行、与时代同频共振的使命担当，生动呈现出北疆文化的价值理念和鲜明特色。

二、文旅融合，激发文化旅游市场活力

文旅融合是文化和旅游业发展的必然趋势和内在要求。2023 年，自治区文旅产业由全面复苏逐步向高质量发展跃升，音乐发展坚持以文塑旅、以旅彰文的原则，通过举办文艺演出活动，与旅游业深度融合，全面提升文旅产业发展能级。

内蒙古自治区2023中国（阿尔山）旅游大会期间，举办了旅游那达慕、西口村艺会等活动，为游客安排了露营大会、森林音乐节等深度体验项目。举办“唱响北疆”全区第五届群众歌咏展演活动，全区各盟市的14支优秀群众合唱团队共同唱响北疆各族儿女心向党的最美音符，唱响同心共筑中国梦的华美乐章。《不忘初心》《守望相助》《美丽的草原我的家》《唱支山歌给党听》歌声，唱响共产党好、社会主义好、改革开放好、伟大祖国好、各族人民好的时代主旋律，“唱响北疆”全区群众歌咏展演活动从2016年至2022年已成功举办四届，2023年成功举办第五届展演活动，成为引领新时代文化新风尚，增强广大人民群众获得感、幸福感，推进全民艺术普及的优质群众文化品牌。

2023年春节黄金周期间，自治区文化和旅游系统组织开展各类文化和旅游活动1000余项。动员各地乌兰牧骑和各级国有文艺院团组成文艺小分队深入农村牧区、街道社区，开展“我们的中国梦”文化进万家活动。包头市举行第三十八届鹿城文化艺术节暨城市音乐节，达茂旗那达慕大会，拉满节日氛围。阿拉善盟阿拉善右旗乌兰牧骑行程1100多公里，深入基层和边防部队开展慰问演出。

乌兰察布市在春节、元宵节期间推出系列文化旅游活动，市艺术剧院广泛开展文艺演出和慰问演出活动；全市11个旗、县、市、区举办了一系列丰富多彩的传统民俗活动，组织乌兰牧骑开展下基层惠民演出活动，为人民群众奉上精美的文化大餐。

各盟市发挥自身优势，文旅融合，促进当地旅游、消费及相关产业的发展。兴安盟第十五届阿尔山杜鹃文化旅游节开幕式上，中国煤矿文工团、俄罗斯乐队、蓝野乐队、乌兰牧骑进行了演出，现场打造的“杜鹃诗词长廊”“杜鹃自然音乐厅”“杜鹃书画社”等体验活动，让杜鹃花之美与现代文化相融合，给广大游客带来一场“花文化盛宴”。本届杜鹃节重磅推出“心花怒放·大地乐章”首届阿尔山花海音乐节全民体验活动，提升了游客沉浸式游玩体验感呼伦贝尔打造文艺之都——乌兰牧骑惠民展演历时 42 天，共举办 28 场歌舞晚会，12 个国有文艺院团 743 名演职人员倾情献艺，长调、呼麦、马头琴、口弦琴等非遗传承项目悉数亮相。现场观众累计达到 51398 人次，在“呼伦贝尔数字文旅平台”观看点赞 587126 人次。内蒙古广播电视台新闻客户端“奔腾融媒”现场直播，单场观看人数达到 10137 人次，以“乌兰牧骑 + ”的方式促进呼伦贝尔文旅产业提标提效。

锡林郭勒盟举办“2023 内蒙古 · 亚太音乐节”，融合“文化 + 音乐 + 艺人 + 科技”的多维模式，设置“亚太音乐节、东盟风情嘉年华、文旅夜游、亚太露营节、无人机烟花秀”五大板块。用“音乐节 + ”的形式传递草原文化，展现自然美景，打造草原文化新生态，带动旅游、消费及相关产业的发展，以文化为纽带，以音乐为载体，以音乐节为阵地，推进文旅深度融合发展。

端午假期，文化和旅游行业复苏势头强劲，全区假日市场安全平稳有序。全区文化和旅游产品供给丰富，各地推出文旅节庆、休闲夜经济、群众文化、非遗展示、乌兰牧骑演艺等 300 余项文旅节庆活动，提升假期人气和带动消费。

夜经济成为端午假期文旅消费市场亮点。呼和浩特市塞上老街、包头市乔家金街、临河区黄河湾步行街、海拉尔区东山红星不夜城等多个夜间文化和旅游消费集聚区客流量显著增加。

五一假期，“乐享 FUN 假”音乐派对助力呼和浩特市玉泉区塞上老街夜间经济消费，用爵士、流行、民谣等多种音乐表演活动，推动商圈聚集人气，打造集饮食、音乐、时尚及历史文化等元素于一体的夜间消费市场。

鄂尔多斯市伊金霍洛旗举办“相约草原 恋上暖城”2023 鄂尔多斯“暖城七点半”暨伊金霍洛“花开五月 绿暖伊城”主题活动，打造夜间文旅活动品牌、丰富夜间消费业态，推出乌兰木伦游船音乐会夜间文旅活动，让暖城鄂尔多斯的夜更亮、人气更旺、群众生活更幸福。

五一期间，乌海市乌兰牧骑等演出团体带来的文化惠民演出先后走进该市社区农区，为基层居民送去欢乐。

中秋、国庆两大节日，全区文旅系统推出多项活动提升节日期间文旅产品供给质量，满足人民群众对美好生活的向往，推动假日文旅市场持续火热。各地围绕“弘扬北疆文化 赓续中华文脉”推出多项特色鲜明的文化和旅游活动，通过新形式、新热点打响“北疆文化”品牌，让根植在北疆大地的优秀文化在新时代绽放光彩。各地乌兰牧骑和各级国有文艺院团组成文艺小分队，深入农村牧区、街道社区，开展演出服务活动700余场，为基层群众带来丰盛的节日文化大餐。

巴彦淖尔市举办第五届梨花节暨2023年美丽乡村旅游文化节，开幕式上乌兰牧骑进行了专场文艺演出。梨花节为期12天，其间，还有农民“村晚”专场文艺会演。阿拉善盟围绕“弘扬北疆文化 赓续中华文脉”主题，推出6[illegible]余项文化惠民活动。2023·第十九届巴丹吉林沙漠文化旅游节暨第18届“越野e族”阿拉善英雄会、非遗那达慕大会、沙漠绿洲音乐节等活动为游客们带来一场极具地方特色的文化盛宴。

内蒙古艺术剧院推出一批文化内涵丰富、艺术水平精湛的演艺精品。9月28日，“迎中秋·庆国庆”室内音乐会率先奏响，内蒙古艺术剧院交响乐团的演奏家们为观众奉献了一场以打击乐、弦乐等为演奏形式的音乐会；10月10日，交响组曲《绿色长城》奏响内蒙古。

自治区文化和旅游厅为助力打造“北疆文化”品牌，推出一系列冬季文艺演出活动。主要有：内蒙古自治区“百团千场”下基层演出服务活动，内蒙古100余家国有文艺院团在3个月的时间里，计划演出1000场以上；自治区直属乌兰牧骑举办“传承永恒经典·感党恩 听党话 跟党走”乌兰牧骑经典作品音乐会、系列乌兰牧骑老艺术家经典作品演出等。各盟市、旗县的演出活动有：呼和浩特市清水河县大地欢歌“全国乡村文化活动年”活动，包头市艺术剧院市民音乐会，鄂尔多斯市文化产业博览交易会演出，呼伦贝尔市鄂温克旗冬季那达慕、根河市“冷极节”演出，赤峰市达里湖冬捕旅游节演出，乌兰察布市艺术剧院非遗项目东路二人台展演活动等。

据统计，到2023年年底，内蒙古各国有基层文艺院团共安排“四季内蒙古演出季”文旅融合冬季演出活动974场，为内蒙古冬季旅游营造浓厚、热烈的文化氛围。

三、繁荣舞台艺术，谱写当代华章

自治区深入学习宣传贯彻党的二十大精神，充分发挥音乐舞台的表演职能作用，将党的二十大精神融入舞台表演中，用人们喜闻乐见的形式把党的好声音传播到广大群众身边。

（一）乌兰牧骑演出

乌兰牧骑是全国文艺战线的一面旗帜，以蓝天为幕布、以草地为舞台，把文艺演出活动送到偏远、艰苦的地方，是一代代乌兰牧骑队员的优良传统。

2023年，自治区各地乌兰牧骑新排演的优秀剧目轮番亮相，乌兰察布市察右后旗乌兰牧骑排演的音乐剧《人民楷模都贵玛》，真情演绎“三千孤儿入内蒙”的历史佳话；鄂尔多斯市准格尔旗乌兰牧骑原创漫瀚调现代戏《同心记》，唱响基层百姓在党的领导下齐心致富、同心筑梦的动人故事。内蒙古这些本土原创舞台剧，将内蒙古的历史佳话、革命故事搬上舞台，与当地的舞蹈、音乐、戏剧等艺术元素跨界融合，以鲜活的舞台艺术作品精彩呈现。

自治区文联、内蒙古戏剧家协会、乌兰察布市委宣传部、乌兰察布市文联联合打造的重点文艺创作项目音乐剧《人民楷模都贵玛》，以戏剧表演结合优美通俗的人声歌唱和多样化的舞蹈，让“三千孤儿入内蒙”这段历史佳话中的一幕幕动人场景重现舞台。在音乐设计方面，采用了传统民歌旋律，配以马头琴、笛子、三弦、扬琴等民乐伴奏，展现了民族地域特色。演员的真声演唱，在宽阔的剧场空间和舞台表现中实现真情流露和与观众互动交融。

该剧主人公都贵玛于平凡中体现伟大，堪称新时代新征程人民的楷模，必将激励各族干部群众不断铸牢中华民族共同体意识，为书写中国式现代化内蒙古新篇章、构筑中华民族共有精神家园、实现强国复兴而团结拼搏，再创佳绩。

通辽市库伦旗乌兰牧骑演出的大型原创歌舞剧《荞麦花开》在辽河剧院精彩上演。该剧通过主人公呼和及其妹妹澈里格尔的人生经历，反映时代变迁和社会发展，讲述了在党和国家的号召下，以巴彦孟和为代表的一代代库伦旗人齐心协力、战天斗地、治沙造林，创造幸福生活的感人故事。

鄂尔多斯市准格尔旗乌兰牧骑新创作漫瀚调音乐剧《同心记》在“民族政策宣传月”期间首演，该剧聚焦铸牢中华民族共同体意识、黄河文化等重大主题，以准格尔地区工业发展的脉络为背景，以漫瀚调为音乐元素，以当地两代蒙古族和汉族人的生活变迁和成长记忆为主线，讲述蒙汉民族共生共融背景下，基层百姓在党的领导下坚定信念、齐心致富、同心筑梦的动人故事。《同心记》在漫瀚调主旋律的基础上融入了黄河沿岸各省区的民歌元素，使这部剧散发出黄河文化韵味。

国家艺术基金2023年度资助项目歌舞剧《我的家乡》在乌拉特中旗上演，该剧是乌拉特中旗乌兰牧骑以“文”化人、以“艺”传情的生动实践，也是乌拉特中旗各族群众共同团结奋斗的真实写照。乌拉特中旗乌兰牧骑的队员们满怀激情，在舞台上描绘出一幅新时代青年扎根祖国边疆，建设美丽家园的奋斗图景，谱写了一曲踔厉奋发、笃行不怠的时代之歌，展示了乌拉特中旗独特的地域文化和风土人情，让乡村振兴青春之歌在广阔天地唱响，让民族团结的花朵在乌拉特草原绽放。

苏尼特左旗乌兰牧骑以歌唱为主的原创歌舞剧《乌兰牧骑走边关——望远镜》首演。该剧以望远镜为线索，生动地讲述了邻国草原火灾蔓延至我国边境，正在演出的乌兰牧骑队员们与边防军民一起救出被困黄羊群的感人故事。该剧充分展现出边防军警民一家亲，为铸牢中华民族共同体意识，接续守边防、打造祖国北疆亮丽风景线的责任担当和充满朝气的精神面貌。

锡林郭勒盟正蓝旗乌兰牧骑原创生态情景歌舞剧《浑善达克》精彩上演，全剧分为序幕“家园”、第一幕“之人”、第二幕“之变”、第三幕“之绿”和尾声“之兴——久久为功”五个篇章。该剧讲述一位牧民额吉醇厚的母爱以及下乡知青教师与广大牧民共同科学治沙的感人故事，运用察哈尔民歌衔接剧情，渲染音乐氛围。该剧紧紧围绕“防沙治沙”这一主线，大力宣扬生态优先、绿色发展的深刻内涵，旨在提升社会各界生态环保意识，共建美丽家园。

这些年来，全区各支乌兰牧骑不断蜕变、升级、“出圈”，在创作中及时吸收新的文化元素和表现形式。一路走来，乌兰牧骑初心不变，始终为人民服务、为人民放歌，发挥着“红色文艺轻骑兵”的独特作用。

2023 年 6 月 17 日至 7 月 18 日，自治区举办“扎根草原心向党 心系群众建新功”乌兰牧骑月活动。为期一个月的时间里，全区各支乌兰牧骑进农村牧区、进社区、进学校、进企事业单位、进厂矿、进边防部队，总行程 11600 余公里，集中开展演出、宣传、宣讲 2100 余场次，惠及各族群众 180 余万人次，进一步丰富了基层文化生活。

乌兰牧骑月总结汇报演出中，歌舞《赞歌》《我为黄河来》《幸福家园》《同心共筑中国梦》、二人台联唱《敕勒歌》、器乐合奏《无恙》、呱嘴《巧嘴说安全》，形式多样的节目令人目不暇接。乌兰牧骑老艺术家那顺的《金色摇篮》、新时代乌兰牧骑代表人物苏勒亚其其格的《歌在飞》，诉说着新老乌兰牧骑人的情怀。

7 月 11 日晚，自治区党委统战部、自治区文化和旅游厅启动“铸牢中华民族共同体意识乌兰牧骑演出万村行”活动，实施“一条主线、两个万村、三年行动”（以铸牢中华民族共同体意识为主线；每年演出覆盖 1 万个村，帮助指导 1 万个群众身边的艺术队伍；活动持续开展三年）。活动期间，乌兰牧骑队员们深入嘎查村为各族群众提供文艺演出，不断凝聚民族团结的强大动力，为全方位建设“模范自治区”贡献智慧和力量。

11 月 20 日，自治区党委宣传部、自治区文旅厅和自治区文联共同主办，在呼和浩特、兴安盟、巴彦淖尔三地同时举办“弘扬北疆文化 服务各族群众”——全区乌兰牧骑“学·创·演”新创作品展演活动。歌舞《人民江山》、小品《学报告》、歌曲《心中的歌唱给党》、快板音乐剧《白二爷沙坝》等节目轮番上演。全区乌兰牧骑用实际行动践行着初心使命和责任担当，以鲜活多样的文艺形式宣传党的理论、政策，丰富农牧民群众的精神文化生活，把党的声音与关怀送到千家万户，送到百姓身边。

自治区各级乌兰牧骑还以不同形式参与综合演出服务活动。自治区直属乌兰牧骑走进呼和浩特市土默特左旗福康老年公寓，以“乌兰牧骑 + ”的方式持续开展新春基层惠民综合演出服务活动。新巴尔虎左旗乌兰牧骑、呼伦贝尔边境管理支队“红色边关文艺队”把红色文化送到草原上。他们用手中的马头琴、动人的歌声、优美的舞姿，为转场的牧民群众带来欢乐。乌兰察布市察右前旗组织当地乌兰牧骑送文艺，落实文艺惠民、助力乡村振兴工作；化德县公安乌兰牧骑联合县交管大队举行下基层慰问演出。

自治区总工会北疆职工乌兰牧骑随着慰问调研组开启“暖边行”慰问演出，表演了舞蹈、歌唱、朗诵、器乐等丰富多彩的节目，一首《小白杨》深情唱响戍边人扎根边疆、忠诚履职的赞歌，热情讴歌一线干部职工和边防连队官兵爱党、爱国、爱人民的家国情怀。

内蒙古艺术学院北疆乌兰牧骑艺术团分别在巴彦淖尔市乌拉特后旗、乌兰察布市等地进行 10 场慰问演出；参与草原文化节开幕式演出，圆满完成自治区第十五届运动会开幕式演出，在“花开盛乐 情满和林——和林格尔第十四届芍药文化旅游节”闭幕式上举办专场演出，参与庆祝中国共产党成立 102 周年文艺演出等。

（二）村歌嘹亮，乡村振兴是一盘棋

乡村振兴是一盘大棋，文化振兴是乡村振兴的有机组成部分。内蒙古文

联率先推出的“村歌嘹亮·村歌大擂台”，培育文明乡风、良好家风、淳朴民风，构建具有生动生活气息的新乡土，在提升农牧民精神风貌，提高乡村社会文明程度，焕发乡村文明气象等方面进行有益、有趣、有力、有效的尝试。

内蒙古文学艺术界联合会首创的“村歌嘹亮”活动，用响彻北疆的歌声，积极响应党中央“强基工程”，把“文艺助力基层精神文明建设”的号召落到了实处。2023 年金秋，在鄂尔多斯市小滩子村举办的“村歌嘹亮 · 首届村歌大擂台”，吸引了来自自治区 12 个盟市的优秀村歌，用“歌声”这一情感表达方式，反映农牧民对家乡、对祖国朴素真挚的爱。

呼和浩特市选送了《人人都说杨家堡好》：“花桃李果多妖娆，村和民乐显孝道。村前玉米连着天，村后高速架飞桥。大车拉，小车跑；婆婆唱，媳妇笑；大秧歌，爬山调；丰收的喜气撞了腰。”兴安盟选送的《曙光美，好家园》是一曲带有浓厚东北方言味道的村歌，豪迈、放达、泼辣，尽显出土地主人的惬意心情。鄂尔多斯市选送的《醉美小滩子》里唱道：“水鸟欢歌芦苇荡，黄河鲤鱼美名扬……塞北高原稻花香，漫瀚调唱进大会堂。”巴彦淖尔市选送的《河套人家》，用通俗易懂的农民语言表达“中国人的饭碗，一定要牢牢端在中国人手里”的主题，带着西部乡土气息的大白话耐人寻味。

这次“村歌大擂台”中，无论是赤峰市选送的《梦回故乡查彬塔拉》、鄂尔多斯市乌审旗选送的《唱响故乡》，还是锡林郭勒盟选送的《阿拉泰杭盖》……旋律意蕴和演唱风格都极具张力，有的悠扬而深情，有的雄壮而豪迈，也有的热情而奔放。但是，从歌词来看，祈盼亲人安康，希望家人团圆，祝福家乡丰收，怀念美丽家园，几乎是广大作者一致的思想情感。其中《唱响家乡》的歌唱者、伴舞者、乐队演奏者，竟然都是由村支书和村民承担的，“村歌嘹亮”的共情效应，可见一斑。

3 年多来，全区 500 余个嘎查村（社区）累计创作村歌 200 余首、“我与名家唱大戏”节目 69 部，开展各类文艺活动 1.4 万余场。原创村歌《人人都说杨家堡好》《美丽召稍我家乡》等入选 2022 中国村歌大赛百佳村歌。

"村晚"是文化和旅游部发起的全国性品牌群众文化活动，已连续举办 4 年。作为模范自治区的内蒙古，既是"乡村春晚"到"四季村晚"的见证者，更是践行者。2023 年春节期间，各地因地制宜组织开展丰富多彩的"村晚"活动，广大基层群众自编自导自演各类"村晚"节目，展示家乡独具特色的风俗年景，展现新时代新农村新牧区的新面貌。在赤峰市宁城县、通辽市科尔沁区、乌兰察布市察右前旗，围绕"启航新征程 幸福中国年"主题，举办乡村春晚活动，唱身边事、演身边人、道家乡美、赞新生活。

兴安盟创新性开展了"逐梦乡村 · 我们的舞台"农牧民文艺会演，以铸牢中华民族共同体意识为主线，不断深化民族团结进步创建工作。兴安盟委宣传部还开展了创作"逐梦乡村 · 我们的舞台"活动主题歌舞、评选出"我最喜爱的节目"等活动。

7 月 17 日，2023 年新巴尔虎右旗"夏季村晚"示范展示——牧歌故乡那达慕暨全国村晚百县联动启动。当地群众进行了精彩的文艺演出。

鄂尔多斯市上演"大地欢歌、恋上暖城"2023 年全国夏季乡村村晚鄂尔多斯市示范展示活动，以"村晚"大联欢文艺演出为主线，为广大村民送去丰盛的精神文化大餐。

12 月 24 日，"大地欢歌 魅力敖鲁古雅"2023 年全国冬季"村晚"示范展示点呼伦贝尔市根河敖鲁古雅鄂温克民族乡文化展演活动开幕。舞蹈《使鹿部·伊堪》《红红火火迎新年》，非遗展示叙事民歌，歌曲《去根河》《林中奔跑》等节目精彩不断，展现了新时代魅力根河的新画卷。

"村歌""村晚"农牧民文艺活动已不仅是一项简单的文艺类活动，更是民族团结进步创建工作在农村牧区的重要抓手。在"逐梦乡村·我们的舞台"上，除了开展各种形式的民族政策宣讲，农牧民群众还将党的方针政策编入好来宝、三句半、快板书、乌力格尔等节目当中，以群众喜闻乐见的文艺形式潜移默化地开展宣传，成为宣传国家方针、民族政策的有效途径。

（三）“百团千场”下基层惠民演出

“百团千场”下基层演出服务活动已经延续20多年，“人民需要艺术，艺术也需要人民”。11月21日，内蒙古自治区在内蒙古群众艺术馆举行2023—2024年“百团千场”下基层演出服务活动启动仪式。3个月时间里，全区包括乌兰牧骑在内的100余个国有文艺院团，深入基层演出1000场以上，让“文艺之花”开遍北疆大地。

启动仪式上，呼伦贝尔市、兴安盟、通辽市、巴彦淖尔市等地10名乌兰牧骑代表，接过“百团千场”下基层演出服务小分队旗帜，再次踏上为人民放歌的征程。随后，自治区直属乌兰牧骑、呼伦贝尔市额尔古纳市乌兰牧骑、锡林郭勒盟西乌珠穆沁旗乌兰牧骑为群众带来歌舞《赞歌》、歌曲《祖国之恋》等一个个新颖别致的文艺节目。

本次“百团千场”下基层演出服务活动包括学习习近平文化思想宣传宣讲活动、“深入生活、扎根人民”主题实践活动、“感党恩、听党话、跟党走”群众教育实践惠民演出服务活动、“守边固防”边防一线慰问演出和联合共建、新创作品展演活动等内容。

（四）音乐节

7月8日，第二十届中国·内蒙古草原文化节如约而至。从2004年首届至今，中国·内蒙古草原文化节已经累计开展各级各类文化活动上千场，是弘扬中华优秀传统文化、打造“北疆文化”品牌的生动实践，促进“北疆文化”繁荣发展的重要平台，已经成为内蒙古的公共文化服务“金名片”。

本届文化节以“相约北疆 文颂中华”为主题，坚持“艺术的盛会、人民的节日”宗旨，聚焦中华民族伟大复兴时代主题，以铸牢中华民族共同体意识为主线，贯彻落实习近平总书记在文化传承发展座谈会上的重要讲话精神，为人民群众展演6大板块、28项活动，多元立体传播“北疆文化”独特魅力、展示中华文化特色，以守正创新的正气和锐气，赓续历史文脉、谱写当代华章。

开幕式以“青山绿水踏歌行”主题音乐会的形式呈现，《陪你一起看草原》《鸿雁》《呼伦贝尔大草原》等脍炙人口的经典草原歌曲被创新演绎，“北疆情”“山水意”“江山韵”三个篇章融合了歌曲、舞蹈、情景讲述、民乐合奏、器乐表演等多种表演形式，诠释亮丽北疆的新风采、新气象、新图景。

乌兰牧骑新创作品会演、中国琵琶艺术展演、民族管弦乐交响组曲《蒙古马》、情景合唱音乐会、各盟市重点文化艺术活动集萃等自治区新排演作品，参加了区内优秀作品展示板块。歌剧《白毛女》、交响乐《中外名曲音乐会》、京剧《穆桂英挂帅》《四郎探母》等演出极大丰富本届文化节的艺术内涵，促进了自治区舞台艺术繁荣发展。

除此之外，在中国·内蒙古草原文化节的引领下，全区各地各类文化节庆纷纷“上新”。各盟市同步开展演唱会、音乐节、艺术节、那达慕等内容丰富、形式新颖的重点文化艺术活动。

全区各地在这一夏举办的音乐节数不胜数。草原迷笛音乐节、莫尼山音乐节、阿尔山花海音乐节等成为擦亮当地文化品牌的“标配”。除了音乐节，还有各地红红火火的那达慕。7 月 23 日，第 33 届“相约草原·遇见那达慕”旅游那达慕在锡林浩特市隆重开幕，8 月、9 月，全区各地都有那达慕陆续举行。

呼和浩特市举办第三届敕勒川草原文化节暨第二十四届呼和浩特昭君文化节，开幕式音舞诗画《香溪水景长安月，万里写入胸怀间》表演中，歌舞《天下黄河九十九道弯》、歌曲《天边》、说唱 + 走秀《再唱赞歌给党听》、情景演绎《敕勒歌》等新颖节目接连上演。

“弦上之音”艺术展演、“时光音乐会”音乐活动通过设置网红打卡、露营市集、音乐狂欢等板块吸引年轻人来呼，带动敕勒川草原周边文旅消费。呼和浩特市赛罕区小草公园第二届音乐节，通过本土乐队演出、青少年音乐专场、红色歌舞等文艺活动，丰富市民业余文化生活、促进夜间经济发展。

赤峰市举办“青春赤峰 绿色邀约”赤峰市第十六届红山文化旅游节，巨时 14 天，演出 14 场。文旅节设置“绿色赤峰 青春邀约”开幕式、第六届“放歌赤峰”原创歌曲演唱会、交响乐专场音乐会、五城联盟“同心筑梦 相约赤峰”等专场晚会，涵盖了歌舞、情景表演、交响乐、器乐、合唱等 10 余种艺术形式，参演人数 2000 余人，惠及线下观众 15 万人次，线上观众 280 万人次，文化旅游节真正成为全民共享的品牌活动。

乌兰浩特市举办首届三合稻田音乐节，活动用现场音乐方式，营造出积极健康的文化艺术氛围，激发了乌兰浩特市夏夜经济活力。田园风光与音乐节的时尚、活力、律动交错融合，点燃游客激情。

巴彦淖尔市乌拉特前旗举办 2023“莫尼山”音乐那达慕，依托莫尼山文化旅游资源，使音乐与那达慕完美融合，白天那达慕大会，晚上专场演唱会。专场演出邀请额尔古纳乐队、寻火者乐队、蓝野乐队、杭盖乐队和部分实力歌手，打造最具民族特色的音乐那达慕和西北地区最具影响力的音乐盛宴。

（五）音乐会

2023 年，内蒙古举办的音乐会好戏连台、精彩纷呈，通过音乐呈现国家、民族的情感，彰显了北疆文化的内涵特征和时代价值。

新年、春节期间，自治区用音乐开启新的一年，多台新春晚会轮番上演，人们在欢歌笑语中喜迎新年。2023 年 12 月 31 日晚，内蒙古艺术剧院举行的“文暖北疆”2024 新年音乐会，节目分为交响乐和民族管弦乐两个篇章，演奏了 22 首中外经典名曲，让观众在欢乐喜庆的氛围中度过跨年之夜。大型民族管弦乐《北疆畅想》将精妙的乐思、优美的旋律与内蒙古传统音乐元素——马头琴、四胡、火不思、牛角号及长调、呼麦等相融合，用音乐语言、艺术形象、器乐思维展现出一幅内蒙古各族儿女守望相助、感恩奋进的时代画卷。

1 月 24 日，春暖草原百花开——内蒙古自治区文学艺术界 2023 年迎春联谊会在内蒙古广播电视台播出。联谊会会集名家名段，充分展现了到人民中去，贴近人民，创作更多叫得响、传得开、留得住的文艺精品的文艺初心。

“你好·锡林郭勒”锡林郭勒盟春节联欢晚会、“春满青城 彩乐华章”2023新春音乐会、2023 内蒙古网络春晚等迎春晚会礼赞百年风华，展现了内蒙古各族人民欢天喜地迎新春的喜庆场景。

第二十届中国·内蒙古草原文化节举办期间，为促进交流互鉴，推动文化共享，设置作品展演板块，改善剧（节）目的演出结构。中国歌剧舞剧院的经典歌剧《白毛女》、中国歌剧舞剧院交响乐团《中外名曲交响音乐会》为内蒙古带来了“国字号”、高规格的视听盛宴，提升剧场演出作品层次，满足广大群众高层次的精神文化需求。

中国琵琶艺术展演——2023 名家经典音乐会尽显琵琶名家风采，中央民族乐团琵琶首席董晓琳独奏的《秦俑》、中国音乐学院教授樊薇独奏的《十面埋伏》、陈音演奏的琵琶协奏《云想花想》，还有《渭水情》《静默之弦》《晚秋》等优秀曲目，从传统古曲、当代经典到跨界新作，从独奏、重奏到乐队协奏，浓缩琵琶音乐从古至今的艺术精华。

内蒙古艺术剧院、呼和浩特市爱乐乐团等自治区文艺院团举办的民族管弦乐、合唱、交响曲等音乐会，同样绚丽多姿、色彩斑斓。2 月 20 日晚，呼和浩特市爱乐乐团演出了“扬帆新时代 奋进新征程”音乐会，交响组曲《阿诗玛》《红色娘子军》等精彩乐章片段，《父亲的草原母亲的河》《炫民族风》《我的中国心》《北京喜讯到边寨》《壮美的牧歌》等乐曲，奏响了 2023 年春天的华彩乐章。

7 月 31 日晚，内蒙古艺术剧院合唱团演出了无伴奏合唱音乐会《四季》。整场音乐会以无伴奏合唱为主，融汇了长调、呼麦、阿卡贝拉、马头琴等多种艺术形式，呈现了一场充满艺术魅力、表演形式新颖的听觉盛宴。《永茹玛》《四岁的海骝马》等经典内蒙古民歌宛转悠扬，《我是一条小河》《草原恋》等混声合唱用纯净动人的旋律礼赞家乡……无伴奏合唱音乐会《四季》作为第二十届中国·内蒙古草原文化节的重要活动之一，展示内蒙古人民世代保护环境的文化品格，拼搏奋斗的画卷，歌颂人类对自然的爱护，激发人们对生合的尊重，唱出对美好生活向往的真挚情感。音乐会《四季》艺术与情感相融合，使大家充分感受到了合唱艺术的魅力。

8月17日，内蒙古艺术剧院民族乐团演出了大型民族管弦乐《丝路草原》。《丝路草原》以草原丝绸之路的历史脉络为主线，将传统乐器马头琴、火不思、雅托噶、布列号、牛角号等，与呼麦、蒙古族长调等音乐形式相结合，以极具民族特色的方式，讲述着草原丝绸之路上的动人故事。

此外，自治区还组织策划各类高水平音乐会，演绎传统经典作品，唱响“北疆文化”品牌。4月28日晚，举行《我和草原有个约定》经典草原歌曲演唱会，歌手呼斯楞、孟根花，人气乐队蓝野乐队、A-minor人声乐团，他们联袂为观众带来了《赞歌》《莫尼山》《美丽的草原我的家》《鸿雁》《父亲的草原母亲的河》等经典草原歌曲，追寻“心中的草原”。6月30日晚，自治区统一战线举行“凝心铸魂 团结奋进”主题音乐会。7月1日，大型主题交响曲《灯塔》，在内蒙古乌兰恰特大剧院奏响。7月6日晚，举行内蒙古自治区第七届室内乐比赛成果展示暨颁奖音乐会。

8月25日至27日，在乌海市举办“建功新时代 民歌颂北疆”2023内蒙古民歌大会，全国18个省、自治区、直辖市代表队以及内蒙古自治区19支代表队的283名歌手参赛，集中展现了爬山调、乌拉特民歌、朗玛、青海花儿、陕北民歌、宁夏花儿、西藏民歌、新疆刀郎十二木卡姆、广西壮族山歌、裕固族民歌、苗族古歌、昌黎民歌等各具地方特色的民歌。民歌会的举办，在弘扬中华优秀传统文化，增进西部各区域之间的文化交流与融合，推动民歌艺术的传承与发展，提升中华民族文化凝聚力等方面具有积极意义。

11月13日、14日，在鄂尔多斯大剧院举行“陕北民歌音乐会”全国巡演，音乐会以独唱、合唱、器乐演奏、陕北说书等形式歌唱新生活、歌颂新时代。陕西与鄂尔多斯同为黄河之滨，拥有相似的文化底色，为建构区域间文化交流，推动各民族文化的交流交融，各民族团结进步和经济社会共同发展起到重要作用。

四、强化队伍建设，提升专业水平

2023 年，内蒙古自治区通过艺术“萨日纳”奖表彰 69 部文艺作品，借此调动广大文艺工作者的创作积极性，强化音乐队伍建设，提高专业水平，引导音乐工作者推出更多具有中华文化底蕴、汲取各民族文化营养、融合现代文明的优秀作品。《好一个新时代》（张明怀词曲），《风儿的诉说》（康也维词刘武斌曲），《草原人民歌唱共产党》（金·巴特尔曲），《都在歌声里》（熙明朝鲁词，丽英曲），《祖国的新时代》（新苏雅拉词，图门曲），民族管弦乐曲·马头琴协奏曲《远方》（巴音那木尔曲），交响序曲《大河之声》（贺翔曲）7 部作品获创作奖；马头琴第一协奏曲《1954》（萨切荣贵）获表演奖。

艺术“萨日纳”奖是全区最高级别的艺术奖项，致力于推出一批代表自治区艺术创作成就杰出、思想精深、制作精良、深受人民群众喜爱的优秀作品。“萨日纳”奖一定会激励音乐工作者承担起抒写新时代、讴歌新时代的使命任务，以更深的情感解读社会现实，以更富感染力的艺术手法表现时代主题，创作出更多的精品力作。

内蒙古艺术剧院充分发挥文艺阵地的宣传引领作用，坚持以人民为中心的创作导向，将主题教育和党的二十大精神学习宣传融入创作和演出中，创作民族歌剧《江格尔》、民族管弦乐《北疆畅想》、交响组曲《绿色长城》等，启动新创作品歌舞剧《昭君出塞》、专场晚会“绽放绿色北疆”、内蒙古经典舞蹈专场晚会、蒙古剧小戏小品专场晚会等，完成了歌曲《春天里的雷锋》《一起向未来》《大漠东风》等歌曲的创作，引进交响曲《灯塔》、民族管弦乐《草原与海》、新创合唱专场音乐会、民族歌剧《白毛女》等一批重点剧目来内蒙古自治区演出。这些文艺作品传递了党的声音，增强了人民群众的精神力量，彰显了自治区音乐创作的专业水平。

五、推进音乐交流，谱写合作共赢

内蒙古组织形式多样的音乐交流演出活动，在全国舞台上呈现内蒙古丰富的音乐形象，“走出去”让“北疆文化”火起来、“走出去”让内蒙古形象立起来，面向全国进一步展示了“模范自治区”的时代风采，擦亮了新时代北疆的文化名片。

坚持“请进来”“走出去”，推动跨区域跨领域文化交流互动，内蒙古经典歌曲演唱会、交响合唱史诗《领航 · 百年辉煌》、交响乐《旗帜》、民族管弦乐《丝路草原》、民乐映九州《塞上牧歌情》马头琴音乐会、奈热乐队专场音乐会等，先后走进全国 40 个城市，开展了近 60 场巡演，收获了 10 万现场观众的掌声与好评。

这些舞台作品在传承中华优秀传统文化的同时，也将“北疆文化”品牌越擦越亮，通过艺术表达把内蒙古壮美、和美、善美的形象立起来，进一步提升了内蒙古的美誉度和影响力，让根植在北疆大地的优秀文化在新时代火起来，为提升内蒙古的正面形象提供有力支撑，更好地推动“北疆文化”走出去，向全国展现“北疆文化”的非凡魅力。

5 月 7 日晚，内蒙古经典歌曲演唱会《我和草原有个约定》全国巡演，在首站北京民族剧院唱响。演出中，呼斯楞、傲日其愣、娜日莎、图雅娜莎、孟根花、阿都沁组合、A–minor 人声组合等众多内蒙古籍艺术家，为首都观众献上《草原上升起不落的太阳》《美丽的草原我的家》《父亲的草原母亲的河》《敖包相会》《往日时光》《鸿雁》《赞歌》《天边》等 17 首草原金曲。演唱会让经典歌曲汲取时尚营养，焕发出新的活力，带领观众重温内蒙古音乐的魅力，让更多人了解内蒙古、走进内蒙古、爱上内蒙古。

8 月 24 日晚，内蒙古原创交响曲《草原意象》在国家大剧院上演，向首都观众展现了多彩草原、亮丽北疆。《草原意象》植根于中华优秀传统文化，将最具内蒙古音乐文化标志的乐器马头琴和长调歌唱旋律，与管弦乐交融同构，通过“奔腾”“婚礼”“英雄”“节日”四个乐章，描绘出祖国北疆深邃的历史文化、风光秀美的自然景观、多元灿烂的人文画卷，奏响民族团结的深情赞歌，充分彰显“北疆文化”魅力，全力打响“北疆文化”品牌。

对外交流中，内蒙古自治区人民政府新闻办公室、外事办公室与蒙古国展开线上线下文化交流，促进中蒙两国友好合作。1 月 19 日，启动“瑞兔呈祥迎新春”2023 年中蒙新春文化交流系列活动，以线上方式进行文艺演出展播2023 年春节联欢晚会和大型民乐音乐会《风雅颂》，以迎新春为主题，以歌舞曲艺类节目为主，用中国传统乐器笛子、古筝、唢呐等奏响喜庆祥和的旋律为中蒙两国人民营造欢乐喜庆祥和的节日氛围。在乌兰巴托，还举办了“感知中国”内蒙古文化周、第二届“中国好歌曲 蒙古国好声音”歌曲比赛决赛暨颁奖仪式等活动，秉持中蒙友好的初心使命，让蒙古国朋友进一步感知中国了解内蒙古，为促进两国友好合作奠定了坚实的民意基础。

2023 年，内蒙古自治区音乐文化事业坚定文化自信，发时代先声，“深入生活、扎根人民”，紧紧围绕习近平总书记交给内蒙古的“五大任务”，创作表演扎根本土、深植时代的优秀作品，持续推动自治区“北疆文化”繁荣发展用音乐讲好中国故事、传播好中国声音、诠释好中国力量、走好新时代的文艺之路。以音乐凝聚建设内蒙古的力量，用音乐续写“模范自治区”新篇章持续推动自治区“北疆文化”繁荣发展，为实现中华民族伟大复兴，为全面建设社会主义现代化国家贡献内蒙古力量。

主持人：

任艳梅 集宁师范学院教授

参与撰写：

秦雪峰 集宁师范学院教授

李阳轩 内蒙古音乐家协会中级评论

郝　帅 云南艺术学院讲师

李　融 集宁师范学院讲师

李逸萌 内蒙古艺术学院硕士研究生

梁日东 集宁区第九中学中级教师

电影

2023年是全面贯彻落实党的二十大精神的开局之年，内蒙古电影界坚持以习近平新时代中国特色社会主义思想为指导，深入学习贯彻习近平总书记关于电影工作的重要论述和党中央决策部署，围绕学习宣传贯彻党的二十大精神这条主线，坚持以人民为中心的创作导向，全心全意满足人民日益增长的精神文化需求。紧紧围绕总书记交给内蒙古的“五大任务”和建设“模范自治区”两件大事，踔疾步稳推动电影工作高质量发展。

这一年，内蒙古电影人深入学习贯彻习近平对宣传思想文化工作的重要指示和全国宣传思想文化工作会议精神，认真贯彻落实全国、全区宣传部长会议精神，坚持创作为基、改革为先、创新为要，更好地抢抓新机遇，应对新挑战，实现新发展，着力推动电影市场、电影产业高质量发展。

这一年，内蒙古电影人立足于北疆文化的深厚土壤，深入挖掘和传承北疆文化的精神内涵和价值意蕴。努力创作具有北疆特色、反映人民主体地位和现实生活、群众喜闻乐见的优秀电影作品。通过光影叙事，讲好新时代中国故事，传播好中国声音，尤其注重展现北疆各族人民的奋斗精神和多彩生活，在电影艺术中传承和弘扬中华优秀传统文化，努力铸就新时代内蒙古电影事业的辉煌篇章，为建设社会主义文化强国贡献出内蒙古电影界的独特力量。

这一年，内蒙古电影人紧紧围绕铸牢中华民族共同体意识这一核心主线，深入推进电影精品创作工程，致力于传承和弘扬中华文脉，在推动中华优秀传统文化的创造性转化和创新性发展上下足了功夫。通过聚焦社会主义先进文化、革命文化以及中华优秀传统文化，内蒙古电影人不断完善创作理念，提升作品质量，深入挖掘各类文化资源的丰富内涵和时代价值，将其巧妙融入电影作品中，既展现了中华民族多元一体的独特魅力，又传递了积极向上、团结奋进的正能量。这样的创作实践，不仅丰富了电影艺术的表现形式，更为促进各民族交往交流交融、构筑中华民族共有精神家园作出了积极贡献。

一、发展概况

（一）电影市场回暖复苏，营商环境持续优化

全区影院经营平稳有序，放映总场次达 183 万次，观影总人数达 1511 万人次。2023 年内蒙古电影总票房 6.34 亿元，其中，国产影片票房 5.53 亿元，占比 87.17%。同比 2019 年全区总票房 6.7 亿元，基本恢复到疫情前同期水平，自治区电影市场总体呈现复苏回暖、向上向好的良好发展态势。

自治区电影局落实中央关于帮助中小微企业纾困解难的精神，免征半年电影专项资金；及时下拨国家转移支付和自治区本级电影专项资金，支持县乡新建影院、电影院高新技术改造、国产影片放映、民族语译制等工作；继续完善修订《内蒙古自治区级国家电影事业发展专项资金管理办法》，规范专资管理；帮助电影企业积极争取国家扶持资金，汇聚电影强势发展合力。

自治区电影局开展电影立项审批清仓见底工作，梳理未办结事项 49 项；严格落实国务院加快推进政务服务标准化规范化便利化指导意见，高质高效完成 20 项电影行政权力事项再梳理、法治政府建设智能化一体平台信息优化等工作，电影 5 大类 7 小项行政审批业务进驻政务大厅，并实现全网办事。

自治区电影局统一印制并下发“一证一编两指南”，为基层业务人员提供指导帮助，极大缩短审批审查时限，提升服务效率质量。

自治区电影局积极适应消费环境变化，开发和完善新型电影消费模式，组织开展“爱电影爱生活”惠民观影活动，促进电影市场繁荣兴旺，同时解决部分电影院不免费提供 3D 眼镜等问题。

自治区电影局积极打造电影新型业态，推动《关于鼓励在旅游景区建设“景区影院”的意见》落地落实，探索电影产业和文旅产业融合发展，推进校园影院、汽车影院、爱国主义教育影厅等特色影院、影厅建设，构建多业态经营的良

垒式影院生态圈。

自治区电影局优化奖励措施，对列入国家和自治区重大主题文艺精品项目的电影给予引导性资金扶持，对获得国家规范性奖项的电影给予再奖励，充分激发电影人的创作热情。

在自治区电影局的不懈努力和持续优化营商环境的推动下，内蒙古电影市场展现出强劲的回暖复苏势头。通过免征电影专项资金、支持影院建设与改造、完善电影立项审批流程、提升政务服务效率、推动电影与文旅产业融合发展以及优化奖励措施等一系列举措，自治区电影局为电影行业的稳步发展注入了新的活力。这些成果不仅体现在观影人次和票房的显著增长上，更彰显了内蒙古电影行业在品质提升、创新发展和满足人民群众精神文化需求方面的坚定决心和积极作为。

（二）电影创作持续发力，佳作频出，彰显北疆文化新气象

自治区电影局抓实精品力作，严把电影选题、立项、审查等环节，2023年累计受理43部电影剧本立项申报，上报国家电影局获得备案许可证14部。推动治沙题材电影《生生不息》如期上映，乡村振兴题材电影《野马部落》、英模人物题材电影《草原之子》《誓死追踪》、少年逐梦航天题材电影《我们的太空》等重点电影项目稳步推进。同时，加大对讲述少先队建队历史和少年英雄故事的电影《少年先锋》的推广力度，不断扩大其传播力和影响力。电影《七路半》正在进行后期制作。

内蒙古电影制片厂有限责任公司积极进行业务渠道开拓，致力于多方向、多模式的全行业视听领域的开拓合作，在院线电影、数字电影等细分影视类型中进行布局合作。与保利合作出品的院线电影《高桩狮妹》，由张艺谋监制、马行执导的优酷定制剧《雪迷宫》，均受到业界好评，为后续经营发展奠定了坚实的基础。

自治区电影局在精品力作方面取得了显著成效，通过严把电影选题、立项、

审查等环节，成功推动了一系列重点电影项目的稳步发展，并加大对优秀作品的推广力度，有效提升了其传播力和影响力。同时，内蒙古电影制片厂有限责任公司在业务渠道开拓方面也展现出积极态势，通过与多方合作，布局细分影视类型，推出了多部备受好评的作品，为后续经营发展奠定了坚实基础。这些成果充分展现了内蒙古电影行业的创作实力和市场潜力，为未来的繁荣发展注入了强劲动力。

（三）社会公共文化服务卓有成效，文化惠民再上新台阶

自治区电影局“固边放映”“公益电影 + 宣讲”“公益电影融入新时代文明实践工作”典型经验得到中宣部电影局和中宣部电影数字节目管理中心肯定，并在“全国农村电影技术与服务培训班”“全国首届公益电影高质量发展论坛”上做典型发言。

自治区电影局对农村牧区公益电影放映监管平台进行智能化升级改造，新增智能筛选、数据报表等功能，手机端从 1.10 版本升级至 1.13 版本，实现屏幕一点，即可看到放映点实时信息。2023 年，内蒙古公益放映智能化监管平台收录放映信息 130022 场，惠及群众 500 多万人。18760 个放映点、134[illegible]名放映员、1306 台放映机等全部纳入平台监管，部分盟市委宣传部及院线公司对基层放映员进行了二次培训，确保放映质量和场次真正落实到位。

自治区电影局电影处配合中宣部电影数字节目管理中心关于公益电影放映进新时代文明实践中心（所、站）的工作部署，联系协调兴安盟、包头等地区开展业务调研和示范点选址等前期准备工作，为推动公益电影放映进新时代文明实践中心（所、站）示范点建设工作打下了坚实基础；组织全区各地向中宣部电影数字节目管理中心投稿，展示基层农牧民群众观影过程中良好的精神风貌，部分稿件被学习强国、《中国电影报》等媒体采用刊登，获得较大关注，发挥了示范和表率作用。

2023 年，内蒙古星河农村牧区数字电影院线有限责任公司在社区公益

放映室放映电影8216场，完成全年8000场放映任务；全区公益电影订购128754场，完成全区公益影片每年订购90000场次任务。通过公益电影放映这种群众喜闻乐见的文化娱乐方式，推进区域间文化交流交融，为全面贯彻落实党的二十大精神，努力完成好习近平总书记交给内蒙古的五大任务和全方位建设“模范自治区”两件大事营造了浓厚热烈的文化氛围。

内蒙古星河院线有限责任公司全年蒙古语电影发行订购任务为20000场，2023年12月底，蒙古语译制影片订购总场次达到20400场，高质量完成全年订购任务。

2023年7月，内蒙古星河院线有限责任公司骨干深入放映一线，从呼和浩特市出发，向西途经包头、巴彦淖尔、阿拉善，向东先后到访锡林郭勒、呼伦贝尔、赤峰开展放映设备巡检工作。截至12月底，边境沿线影片订购12113场，总计放映4502场，完成全年4500场放映任务。

2023年10月，内蒙古星河院线有限责任公司为进一步使党员群众的宣传教育工作更加鲜活、立体，方便党员干部和人民群众以观影学习形式了解红色历史、赓续红色血脉，开始着手“红色主题放映厅”项目。11月，与中共鄂尔多斯市委员会宣传部签署了《“光影铸魂工程”战略合作协议》，就影视合作、文创产品、影院建设、制片服务、场景选择等方面进行深度合作交流，推进“红色影院 + 电影党课 + 文化旅游赋能”全面联动。12月底，“红色主题放映厅”项目与中共和林格尔县委党校、内蒙古自治区工会事业发展中心、和林格尔廉政教育基地、内蒙古自治区农牧厅、内蒙古党校、内蒙古艺术学院、锡林浩特市巴彦查干街道办事处7家企事业单位签订放映服务协议，放映点均已正常使用。

内蒙古电影在公共文化服务领域取得了卓越成效，文化惠民工作再上新台阶。通过固边放映、公益电影与宣讲结合等创新实践，不仅丰富了群众的精神文化生活，也有效传播了新时代文明实践的理念。智能化升级改造农村牧区公益电影放映监管平台，进一步提升了服务效率和质量，确保了文化惠民的广泛覆盖和深入实施。同时，通过与各方合作，成功推动了红色主题文化的传播，为地区文化建设注入了新的活力。这些举措充分展示了内蒙古电影界在公共文化服务领域的创新精神和责任担当，为构建和谐社会、促进文化繁荣作出了积极贡献。

二、创作与创新

（一）电影创作硕果累累，荣获国内多项大奖，彰显艺术实力

电影《片警宝音》《守望相思树》分别获得第十八届、第十九届中国电影华表奖优秀少数民族题材影片奖；电影《海的尽头是草原》荣获第四十一届香港电影金像奖最佳亚洲华语电影奖、第十八届中国长春电影节“金鹿奖”最佳编剧奖；电影《黄大年》荣获第十八届中国电影华表奖优秀故事片。电影《白塔之光》入围第七十三届柏林国际电影节主竞赛单元，获第十三届北京国际电影节最佳男主角、最佳男配角等奖项，同时获第十届丝绸之路国际电影节最佳影片、最佳摄影，提名第三十六届中国电影金鸡奖最佳女主角、最佳摄影奖。微电影《以心》荣获“金法槌奖”微视频类一等奖及最佳人气奖。

内蒙古民族语电影译制中心译制的影片《白蛇 2：青蛇劫起》荣获全国“2023 年少数民族语译制片优秀作品奖”，这是内蒙古民族语电影译制中心第 8 次获“少数民族语译制片优秀作品奖”殊荣。内蒙古民族语电影译制中心协助呼伦贝尔方言译制中心制作完成的《悬崖之上》荣获全国“2023 年少数民族语译制片优秀作品奖”。

内蒙古民族语电影译制中心译制的影片《我和我的家乡》荣获内蒙古自治区艺术“萨日纳”奖译制片奖，译制中心职工朝鲁门自编自导的电影《祈祷》荣获“萨日纳”奖微电影奖。内蒙古民族语电影译制中心译制的影片《捍卫者》荣获 2023 年首届大凉山西昌民族电影周优秀民族电影译制片。

内蒙古电影集团精选参投项目8个，投资总额5385万元。完成短片电影《言仰》、自创IP短剧《内影食堂》。电影《怒潮》于2023年12月16日上映，《非诚勿扰3》于12月30日分线发行；《七路半》正在进行后期制作；网络电影《地下深宫》等待广电总局公示；腾讯微短剧《重回1993之纵横人生》正在进行二审，预计于2024年春节档在腾讯视频平台播出；网络微短剧《竹马难猜》正在后期制作。

内蒙古电影集团2023年策划储备各类项目56个，包括电影24部、电影剧本12部，电视剧、网剧、网络电影各4部，网络微短剧3部，电视剧剧本、漫画剧本、动画电影各1部，综艺节目1个、短视频征集活动1个；与天津联瑞影业签署了战略合作协议，享有四部联合出品影片的挂名权；签署了呼和浩特、锡林浩特等城市形象IP系列宣传项目协议，协议资金约430万元。

从《片警宝音》《守望相思树》到《白塔之光》，这些影片不仅以深刻的内容和精湛的制作技艺赢得了观众的喜爱，也为内蒙古电影业赢得了荣誉。同时，内蒙古民族语电影译制中心在译制片领域也屡获殊荣，体现了其在传承和弘扬民族文化方面的重要贡献。内蒙古电影集团在项目投资和策划储备方面也展现出强大的实力和远见，为未来的电影创作奠定了坚实基础。

（二）民族语电影译制工作成绩斐然，助力民族文化传承与多元共融

截至2023年12月底，内蒙古民族语电影译制中心少数民族语译制电影上传100部，其中故事片70部，标准语故事片60部，方言故事片10部，科教片30部，标准语科教片10部，方言科教片20部；制成台词本、国际乐效80个。上传的成片和物料均已通过验收，影片一次性通过率96%，年度任务全部完成。

2022年度国家民委民族语言文字优质视频资源建设项目于2023年5月结项，6月完成成果交付工作，同时积极争取下一年度的优质影视资源制作项目落地。

内蒙古民族语电影译制中心平台运营部完成锡林郭勒、兴安盟、通辽、赤峰、鄂尔多斯、呼伦贝尔、呼和浩特 7 个区域放映员的业务培训工作。

2023 年 3 月，内蒙古民族语电影译制中心受邀参加基层党组织结对共建活动暨“石榴籽 e 起来”地方语言文字应用研究信息化科普与送政策送技术送服务推广培训；2023 年 4 月，为内蒙古师范大学翻译系培训三名实习大学生，指导实习生完成《人生大事》《一代宗师》两部电影的蒙古语翻译工作，打开校企合作新局面。

2023 年 8 月，内蒙古民族语电影译制中心开展 2023 年“少数民族语电影译制培训会”，邀请国内知名配音导演张美娟老师、中影电影数字制作基地有限公司译制中心资深录音师凌琳老师，围绕译制片中导演工作的发挥、译制电影声音制作工艺、检审常见问题和工作建议三个方面展开教学。培训强化了行业沟通协作能力，提高了内蒙古民族语电影译制事业的质量和实操能力。

内蒙古民族语电影译制工作在 2023 年取得了显著成绩，不仅完成了大量的译制任务，还积极参与了多个培训和项目，助力民族文化的传承与多元共融。通过与高校的合作，培养了新的人才，为未来的译制事业注入了新的活力。内蒙古民族语电影译制中心还积极开展对外交流与合作，提高了自身的专业水平，也为推动内蒙古电影译制事业的发展作出了重要贡献。

三、活动与交流

（一）电影展映、党课活动

自治区电影局积极开展优秀电影主题展映活动，结合主题党日、电影党课等形式，组织开展“礼赞新时代 奋进新征程”“中华民族一家亲 同心共筑中国梦”“爱我国防·共铸北疆”“弘扬雷锋精神，培育时代新人”等优秀主题材影片展映活动，一部部积极向上、感人至深、充满正能量的优秀爱国主义教育影片起到了感染人、教育人、引导人的良好作用。

内蒙古电影家协会开展“2023我的电影党课”活动，以电影作为党课的承载形式，将党史学习与电影艺术相结合，创新党课形式，生动展现党的光辉历程和伟大精神。主讲人内蒙古电影家协会张芸副主席先后在内蒙古各盟市讲授了12次电影党课，不仅增强了广大党员和观众对党的历史和理论的认识和理解，提高了党员的参与度和学习效果，而且有效扩大了党史教育的影响力和覆盖面。通过电影艺术这一喜闻乐见的传播方式让党史深入人心，也有助于提升内蒙古文联和内蒙古电影家协会在文艺界的影响力和声誉，推动自治区电影事业发展。

（二）国内交流活动

2023年2月24日至26日，内蒙古电影家协会召开内蒙古影人创作研讨暨制作洽谈会，参会人员围绕新时代新征程内蒙古电影事业及进一步繁荣发展的路径进行研讨，就电影人才培养、电影故事资源整合并建立资源库、打造内蒙古电影产业园和影视基地等方面建言献策；围绕电影《巴林塔娜》、悬疑剧《平原上的摩西》进行交流，聚焦青年电影工作者扶持和创作问题深入探讨。

2023年5月，中宣部电影局、中宣部电影数字节目管理中心、中影新农村数字电影发行有限公司到内蒙古民族语电影译制中心和星河院线有限责任公司开展调研工作。

2023年6月，内蒙古民族语电影译制中心工作人员参加中国电影电视技术学会2023年影视声音技术研讨会，与来自全国各地的电影译制工作者深化交流学习，共谋影视译制技术新发展。

2023年7月，云南省少数民族语影视译制中心一行到内蒙古民族语电影译制中心和星河院线有限责任公司调研学习声学装修录音棚设计及施工、设备技术、管理使用、民族语电影译制和农村牧区公益电影放映等。

2023年9月11日至20日，内蒙古电影家协会在兴安盟科尔沁右翼中旗开展电影编剧与创作培训。培训班采用理论授课 + 实操拍摄的创新方式，将理论与实践深度融合，给予广大编剧权威性、专业性和学术性的指导，极大激发了参训学员的创作热情。培训结束后，学员共提交作品26部，内容涵盖民族团结、乡村振兴、生态建设、家庭教育等题材，成果丰硕。此次培训对于繁荣区内电影创作，引领创作方向、夯实剧本质量，提升影视编剧政治站位、业务能力和实操能力起到积极作用。

2023年9月，内蒙古电影制片厂有限责任公司制作、出品的影片《踢球吧 少年》在全国影院上映。9月6日，电影制片厂在呼和浩特举办电影首映礼，邀请主管部门领导、影视从业人员、影片主创人员等600余人参加，组织主流媒体、网络媒体、自媒体等60家媒体对首映礼进行综合性报道。通过报纸、网站、客户端以图文、视频报道等多种形式宣传，发出宣传视频、图文160余条，参与互动量1.2亿次。活动后网络媒体持续发酵，创造二次传播，实现了快速传播、精准对接，加大影片曝光量，刷新内蒙古电影集团、内蒙古电影制片厂品牌影响力。

2023年，内蒙古电影界迎来了诸多重要时刻。从创作研讨、制作洽谈，到国内外调研交流，再到电影编剧培训与影片上映，每一项活动都彰显了内蒙古电影人对艺术的不懈追求和对行业发展的深刻洞察。这些举措不仅加强了内蒙古电影界的内部交流与合作，提升了电影创作与制作水平，还通过创新宣传方式，成功扩大了内蒙古电影的品牌影响力。

（三）国际交流活动

2023年4月，内蒙古电影制片厂有限责任公司获得内蒙古题材电影《脐带》的蒙古国海外发行权，为电影的海外发行找到了新的切入点。9月15日，电影《脐带》在蒙古国乌兰巴托市上映，共在10家影院排片。

借助电影《脐带》在蒙古国发行这一契机，内蒙古电影制片厂有限责任公司对蒙古国电影行业及市场开展实地考察和调研。重点对蒙古国发行资源、本土制作能力、优质影视资源等进行考察，对影院资源、观影上座率等进行市场调研，对未来国内影片在蒙古国发行的市场潜力进行评估。通过对蒙古国需求及中蒙优质影视资源进行盘点和比较，梳理出适合中蒙双方引入的影片类型和方式。本次活动还丰富了中蒙两国内容创作生产 IP 储备，孵化优质影视项目，为今后联合创作夯实了基础。

2023 年 5 月，蒙古国电影集团董事会成员和中蒙国际译制中心成员到内蒙古电影集团及内蒙古民族语电影译制中心进行考察访问。

2023 年 8 月 31 日，“感知中国”内蒙古文化周——中国电影展映活动在蒙古国乌兰巴托腾吉斯电影院拉开活动序幕，在蒙古国进行为期一周的展映。内蒙古民族语电影译制中心秉持“用本土语言讲述中国故事”的方针，以译制片形式展映 6 部近年来国内口碑票房双佳的影片。活动通过 Facebook、YouTube、Instagram 等国外主流媒体社交平台进行广泛宣传。截至 2023 年 9 月 5 日，参与本次活动话题讨论者共计 54800 余人次，相关讨论帖 107 篇。活动期间，院线观影人次达到 2400 余次，网络话题讨论点击达到 156 万余次。

2023 年，内蒙古电影界在国际交流方面取得了显著成果。通过电影《脐带》的蒙古国海外发行，内蒙古电影制片厂有限责任公司成功打开了国际市场的大门，并借此机会对蒙古国电影行业及市场进行了深入考察和调研，为未来更多国内影片在蒙古国的发行奠定了坚实基础。同时，“感知中国”内蒙古文化周——中国电影展映活动在蒙古国的成功举办，进一步推动了中蒙两国的文化交流与合作，让蒙古国观众通过电影这一艺术形式，更加深入地了解了中国文化和内蒙古的独特魅力。这些国际交流活动不仅增强了内蒙古电影的国际影响力，也为中蒙两国的友好关系注入了新的活力。

四、学术研究

内蒙古电影在 2023 年引发了广泛的学术关注，多篇研究论文凸显了该领域的重要性和研究价值。这一年，涌现了一系列关于内蒙古电影作品、内蒙古青年导演、内蒙古电影文化现象的研究成果，从作品评介到导演创作风格分析，再到电影题材、电影中的内蒙古形象传播和文化意义的探讨，学者们展开了多角度、多层次的研究。

内蒙古电影作品研究方面，《脐带》和《海的尽头是草原》两部电影成为学术界关注的焦点。田丽坤在《电影文学》杂志 2023 年第 18 期发表了《三线叙事下新草原电影的现代性表达》一文，深入探讨了该片采用的三线叙事手法如何将草原电影的传统元素与当代社会文化相融合，从而拓宽了草原电影的现代性表达。崔国琪在《电影文学》杂志 2023 年第 21 期发表了《旅途叙事、倒置亲子、主观视听：内蒙古青年导演现象中的〈脐带〉》一文，对该片的剧作结构、视听处理等方面进行了深入分析，探讨了其中倒置的亲子关系、阿尔茨海默病引发的伦理关系等主题。宋东旭在《喜剧世界》2023 年第 12 期《内蒙古电影中地域形象的跨文化传播——以电影〈脐带〉为例》一文，从地域文化和形象传播的角度探讨了该片对内蒙古地域形象的塑造和传播。郭佳盈在《名家名作》杂志 2023 年第 33 期发表的论文《少数民族电影营销策略研究——以蒙古族电影〈海的尽头是草原〉和〈脐带〉为例》以及王玥在《喜剧世界》2023 年第 5 期发表的论文《视听艺术视阈下电影民族符号分析——以〈海的尽头是草原〉为例》对电影的的营销策略和影像符号也进行了较为全面的研究。

内蒙古青年导演研究方面，也有论文涌现出令人耳目一新的观点。侯[illegible]昱和程鹏伟发表在《戏剧之家》2023 年第 22 期的《内蒙古新生代青年电影导演创作风格浅析》一文围绕忻钰坤、周子阳、德格娜、张大磊等内蒙古青年导演的创作，分析了他们电影作品的思想内涵和作者风格，为电影从业者提供了借鉴和启发。李鹏飞在硕士论文《个人化“故乡”的影像书写——图绘中国青年导演及可能》一文中提出了个人化“故乡”的影像书写概念，并以内蒙古青年导演张大磊为研究对象，深入探讨了他对故乡的书写方式及其背后的文化内涵，以及对现代化进程中个人生命经验的回顾和反思。

也有论文从不同角度探讨了内蒙古电影的题材、形象传播以及文化意义，为推动内蒙古电影发展提供了参考。努民在硕士论文《21世纪中国电影中内蒙古形象传播研究》中通过内容分析、个案分析和数据分析系统地总结了21世纪以来内蒙古电影的传播情况，探讨了其呈现的生态环境、民族团结、精神特质等主题，揭示了内蒙古电影在传播过程中的文化价值和影响力。郭鹏飞、高昕发表在《上海视觉》2023年第1期的《边疆想象与文化肖像：内蒙古题材电影的美学立场实践》一文则从美学的角度出发，分析了内蒙古题材电影的命名方式及其对边疆文化和民族肖像的塑造，强调了内蒙古电影在展现自然景观、民风民俗和文化肖像方面的重要作用。曹存有发表在《声屏世界》杂志2023年第4期的《新世纪以来内蒙古电影的叙事时间特征》一文从叙事角度出发，探讨了内蒙古电影在不同历史时期所呈现的文化特征，强调了其在文化叙事功能上的艺术逻辑和价值。李晓宇、张芸在《文化创新比较研究》杂志2023年第2期《共同体美学视域下内蒙古电影题材研究》一文中从共同体美学的视角出发，分析了内蒙古电影在不同历史阶段对共同体美学的表达，揭示了其在环境、家庭、边防等方面与观众形成的情感共同体和精神共同体。

这些研究从作品评介、导演风格、电影题材、内蒙古形象传播及文化意义等多个角度展开，呈现出内蒙古电影的丰富内涵和重要价值。这些学术成果不仅丰富了内蒙古电影的理论研究，也提升了内蒙古电影的文化影响力和艺术地位。

五、问题与建议

（一）存在问题

1. 市场拓展不足

虽然 2023 年内蒙古电影市场逐步回暖复苏，但尚未充分利用互联网和社交媒体等新型宣传渠道，导致市场知名度和影响力有限，电影消费模式未能完全适应消费环境的变化，仍需进一步加强市场拓展，提升票房收入和观影人次，以全面恢复甚至超越疫情前水平。

2. 创作主题和类型单一

内蒙古电影在表现区域人文特色时，过于依赖传统元素，缺乏在现代都市、科幻、喜剧等更多元化题材上的探索，与现代观众的审美需求存在一定距离，限制了观众群的扩大。

3. 技术和人才短板

随着电影技术的快速发展，内蒙古电影行业在技术创新和人才培养方面还面临一定挑战，人力物力投入不足，新技术的尝试和应用有待加强。本地电影学院及培训机构未能充分满足电影人才提升专业技能和创作能力的需求。

4. 国际交流与合作有限

内蒙古电影在国际电影节、展览和交流活动中的参与度不高，导致国际影响力有限。与国内外知名电影机构和导演的合作机会尚未充分挖掘，与国际先进水平的交流合作有待加强，国际化发展步伐有待加快。

5. 产业布局和发展规划不明确

内蒙古电影产业尚未明确其核心优势，如北疆文化资源、地域特色等，并未围绕这些优势进行充分的产业布局和发展规划。与其他产业的融合与合作不够深入，影响了文化产业品牌的打造和整体竞争力的提升。

6. 基础设施和观影体验待提升

电影拍摄基地、后期制作中心、影院等基础设施尚需进一步投资和完善。电影院线的升级改造滞后，影响了观众的观影体验。

7. 市场开发与多元化不足

内蒙古电影缺乏多元化的营销活动，未能有效提升其在国内外的知名度和影响力。电影与旅游、文化产业的深度融合以及电影周边产品和衍生品市场的开发尚不充分。

8. 法规与版权保护问题

电影行业相关的法规和政策尚不完善，无法充分保障电影产业的规范发展。电影版权保护存在漏洞，盗版和侵权行为有待更严厉的打击。

9. 行业协作与交流平台缺乏

内蒙古电影行业尚未建立有效的行业协会或联盟，业内资源的共享与协作有待加强。定期的电影论坛、研讨会等活动不足，较少为业内人士提供交流的平台。

（二）发展建议

1. 市场拓展策略

持续优化营商环境，加大市场推广力度，利用互联网和社交媒体等新型宣传渠道，提升内蒙古电影的知名度和影响力。同时，开发和完善新型电影消费模式，以适应消费环境变化。

2. 政策扶持与资金注入

设立专门的电影发展基金，支持内蒙古地区电影项目的孵化、制作和发行。给予税收优惠，鼓励内外资企业来内蒙古投资电影产业。建立政府与金融机构的合作机制，为电影产业提供低息贷款或担保服务。

3. 多元化创作

在保持内蒙古特色题材优势的基础上，探索更多元化的电影创作主题和类型，如现代都市、科幻、喜剧等，以吸引不同年龄和背景的观众。

4. 技术创新与人才培养

加大对电影技术创新的投入，支持电影企业和创作者尝试新技术和新手法。支持利用现代技术手段（如 CGI、VR/AR 等）融合传统文化元素，创新电影表现形式。创办或扩建电影学院及培训机构，提升本地电影人才的专业技能和创作能力。与高校和研究机构合作，培养具备专业素养和创新能力的电影人才。与国内外知名电影学院、机构建立交流合作关系，引进先进的教学模式和师资力量。实施人才引进计划，为电影行业吸引更多国内外优秀人才。

5. 国内外交流合作

积极参与国内外电影节、展览和交流活动，展示内蒙古电影的魅力。寻求与国内外知名电影机构和导演的合作机会，共同打造具有国际影响力的电影作品。同时，也可以引进国外优秀的电影资源和经验，推动内蒙古电影行业的国际化发展。

6. 多元产业布局

明确内蒙古电影产业的核心优势，如北疆文化资源、地域特色等，并围绕这些优势进行产业布局和发展规划。通过深化与其他产业的融合与合作，共同打造具有内蒙古特色的文化产业品牌，提升整体竞争力。

7. 基础设施建设与优化

加大对电影拍摄基地、后期制作中心、影院等基础设施的投资力度。推动电影院线的升级改造，提升观众的观影体验。建设电影数据中心，利用大数据技术为电影产业决策提供支持。

8. 市场开发与多元化

开展多元化的电影营销活动，提升内蒙古电影在国内外的知名度和影响力。探索电影与旅游、文化产业的深度融合，开发电影周边产品和衍生品市场，支持内蒙古电影走向国际市场，参与国际电影节展，拓宽国际发行渠道。

9. 法规完善与版权保护

完善电影行业相关的法规和政策，保障电影产业的规范发展。加强电影版权保护，严厉打击盗版和侵权行为，保护创作者的合法权益。

10. 行业协作与交流平台

建立内蒙古电影行业协会或联盟，促进业内资源的共享与协作。定期举办电影论坛、研讨会等活动，为业内人士提供交流平台。

六、数据统计

2023 年内蒙古电影总票房 6.34 亿元，其中，国产影片票房 5.53 亿元，占比 87.17%。

全区影院电影总放映场次 131 万次，观影总人数 1698 万人次。

2023 年上映影片中，《满江红》居全年冠军，全区累计票房 6406 万元；《流浪地球 2》《孤注一掷》全区累计票房分别为 4123 万元、3742 万元，位居第二、第三位。

全年校园影院共计放映商业场次 402 场，公益放映场次 114 场，观影人数 11937 人次，总票房收入 104100 元。

内蒙古星河院线有限责任公司全年建设拓展影院 7 家，分别是内蒙古消防总队店、城川民族干部学院店、呼和浩特市党校店、人民解放军空军店、内蒙古军区店、内蒙古武警总队两家店。

内蒙古电影集团全年实现营业收入 14247 万元，较任务指标超额完成 1247 万元，较上年同期增长 103%，净利润较上年减亏 1361 万元。

内蒙古电影集团影院建设及收入整体回稳向好，全年实现票房收入 1.03 亿元，营业收入 6225.18 万元，单片发行收入 57.26 万元。新增广东省汕头市、汕尾市和鄂尔多斯市、包头市等地区的加盟影院 7 家、28 个放映厅。

主持人：

张　芸　内蒙古师范大学新闻传播学院教授

参与撰写：

王钰文　内蒙古师范大学硕士研究生

王　玥　内蒙古师范大学硕士研究生

黄霆昊　内蒙古师范大学硕士研究生

杜　珊　内蒙古师范大学硕士研究生

电视艺术

2023年，内蒙古自治区电视艺术深入贯彻习近平新时代中国特色社会主义思想和党的二十大精神，推动习近平新时代中国特色社会主义思想主题教育走深走实，以铸牢中华民族共同体意识为主线，展示内蒙古各族人民凝心聚力谋发展，踔厉奋发向未来的精神风貌。内蒙古自治区的电视作品以完成习近平总书记交给内蒙古的五大任务、全方位建设“模范自治区”两件大事为主要动力，围绕“生态文明建设”“民族团结进步”两大主题为主要目的构建。这一年，内蒙古自治区继续推出一批具有中华文化底蕴、汲取各民族文化营养、融合现代文明的文艺精品，题材涉及革命历史、民族团结进步、绿色生态建设、乡村振兴、抗日战争等重大现实主题的电视节目。内蒙古自治区电视艺术将进一步研究探讨内容创新，增强文化自觉，勇担文化使命，深入贯彻落实习近平总书记对宣传思想文化工作作出的重要指示精神，奋力讲好北疆故事，打造“北疆文化”品牌，传承发展中华优秀传统文化，让更多根植于北疆大地的优秀文化在新时代活起来、火起来，为提升内蒙古的正面形象提供有力支撑，为推进现代化建设注入强大精神力量。

2023年，内蒙古电视艺术在深入学习贯彻习近平文化思想的指导下，紧密围绕自治区发展大局，以饱满的热情和不懈的努力，在多个领域取得显著成绩。这些成绩彰显了内蒙古电视艺术界的创新实力和担当精神，为行业发展注入了新活力。2023年正值习近平总书记提出“加快传统媒体和新兴媒体融合发展”重要指示十周年，电视媒体融合发展迅速，探索出了独特的融合路径。内蒙古电视艺术工作者坚守正确导向，创作了以人民为中心的精品力作，为繁荣发展电视与视听艺术、建设社会主义文化强国作出了重要贡献。

一、电视剧

（一）年度发展概述

电视剧兼具艺术性和娱乐性，同时也是传递社会价值观的关键手段。内蒙古的电视剧展现了地区文化和历史，增进了民族理解和文化交流，提升了国家形象。尤其是2023年推出的《大盛魁》展现了中国近代商业成就，凸显了东方智慧，激发了国民自豪感。此外，内蒙古重视电视剧的翻译质量和数量，推动了国际文化沟通和交流。

（二）电视剧梳理

《父亲的草原母亲的河》由康洪雷、刘翰轩执导，康洪雷担任总编剧，在中央电视台电视剧频道播出。叙述了南方青年在内蒙古草原的成长历程，融入草原历史和文化，充满了时代的质感与悠扬的诗意，草原的质朴包容与人性的纯良向善统一在知识青年“扎根草原，建设边疆”的青春誓言中。作品借助生动的画面和音乐，揭示了城市与草原、汉族与蒙古族之间的互动，展现了时代多样性，且富含深情与社会洞察。

《父辈的荣耀》由康洪雷担任总导演，在中央电视台综合频道播出，讲述了东北林场的变迁与林业改革。这部作品通过具体的林场、家庭和人物，真实地展现了林业工作的历史进程，以及父辈们的宝贵精神品质和对改革的历史贡献。作品以小家庭的故事为切入点，反映了国家林业改革的重大阶段，彰显了人与自然和谐共生的理念。康洪雷凭借电视剧《父亲的草原母亲的河》《父辈的荣耀》两部作品荣获CMG第二届中国电视剧年度盛典“年度导演”。

《大盛魁·第一部：东方商魂》以1.971%的平均收视率和43万观众数，

位居内蒙古广播电视台电视剧年度收视榜首。这部由王新民执导的剧集，在四家卫视和地面频道播出时均创造了高收视记录。故事以清朝大盛魁商号为背景，讲述商人王相卿的传奇经历。他性格拧巴、古怪，却独具商业智慧。通过王相卿遇到的挑战和冲突，展现了人道与商道的较量，强调诚信与责任。电视剧在娱乐的同时，为观众提供了深刻的思考，使人对商业与人性之间的关系有了更为深刻的认识。剧中多样化的方言不仅推广了地方文化，也精确地重现了历史，突显了各族群间相互融合的命运共同体，加强了中华民族的共同体意识。

2023 年，内蒙古自治区积极译制各类电视剧共 33 部，包括历史、职场、家庭等多个类型。根据电视剧播出的表现和观众评价挑选作品，这有助于吸引更多观众，加深不同文化间的理解，增强民族团结和进步。

在译制剧集中，革命历史剧占据重要地位，包括九部各具特色的剧集。《山海情》聚焦脱贫攻坚，展现中国人民的奋斗精神，收视喜人。《父亲的草原母亲的河》等五部剧集则围绕新中国建设、民族团结等主题，深受观众喜爱，取得不俗收视。另有《虎胆巍城》《秘杀名单》等聚焦战争或谍战题材的剧集，同样吸引大量观众。

都市情感剧在译制剧中占第二位，共计八部。这类剧集多聚焦女性职场与生活挑战，强调女性自我成长及解决问题的能力。例如，《小敏家》开播即获高人气，连续 13 次收视破 1%。另外，《小幸福》《大考》《小欢喜》等剧集通过描绘家庭内外的复杂关系和情感纠葛，如高考压力下的家庭故事，引发观众共鸣，收视和口碑均表现优异。

排在第三位的是都市剧集，共六部作品，它们真实地反映了现代社会问题。《县委大院》和《我们的新时代》等剧集深受观众喜爱，涉及了民生、从政和商业运营等话题。其他如《运河边的人们》《温州三家人》和《国家行动》同样引人注目。

都市职场剧和当代农村剧各占四部，分别关注行业挑战和农村生活。《安家》《理想之城》突出女性职场困境，引人深思；《幸福到万家》《平凡的世界》则描绘农村变迁和人物品质，深受观众喜爱。这些剧集传递了坚持和勤劳的价值观。

2023年，内蒙古广播电视台译制中心还进行了两部反黑剧集《巡回检查组》（原《人民的正义》）和《扫黑风暴》的翻译工作。剧集播出后广受欢迎，热度极高。这些扫黑反腐剧集不仅赢得了观众的喜爱，也体现了人民群众对扫黑反腐工作的坚定支持，有力地推动了廉洁廉政风气的传播，对社会和谐稳定起到了积极作用。

2023年，内蒙古译制剧以革命历史与现代生活为主题，融合农村与反腐元素，提供多样化观看选择，增强剧情深度，吸引更广泛的观众，提升品质，促进审美交流和民族团结。它们既是娱乐产品，也是文化交流和民族团结的媒介。

二、电视纪录片

（一）年度发展概述

纪录片记录当下社会状态和人类文明，肩负着不同的历史任务和社会角色。2023年，内蒙古自治区的纪录片致力于打造本土文化符号，真实再现生产生活、文化习俗、历史传统、时代变迁等，彰显内蒙古的地域特色。在根植文化传统的同时，创新时代表达，将文化故事化叙事，体现人文与时代、地域、民族、国家血脉相连。同时，根据真实的人物写照，可以让观者感受到新时代的昂扬精神。内蒙古自治区纪录片发展对弘扬北疆文化、打造文化高地有重要意义。

（二）电视纪录片梳理

内蒙古广播电视台蒙古语栏目《纪录中国》系列中的《我们的家园》《赛罕乌拉》《丰收北疆》《足迹》《文物保护驼峰队》等纪录片，用独特的视角展示了内蒙古的自然美景和民族特色，深入探索了民族文化和生态关系。它们关注社会现实，通过个人故事传递人文价值，使观众深入了解这片土地及其居民。

《岩羊爸爸》由鄂尔多斯市融媒体中心出品，是大型人文纪录片《黄河在这里转弯》九个故事之一，讲述了在阿尔巴斯深山里，一位蒙古族老人十年如一日为岩羊送水的感人故事，反映了位于黄河“几字弯”里的鄂尔多斯以习近平生态文明思想为核心，构建人与自然和谐共生的生命共同体的重大主题和生动实践。影片荣获第十届亚洲微电影艺术节纪录片单元“金海棠”奖及最佳纪录影像作品奖。此外，《黄河在这里转弯》入围了中国纪录片学院奖，被国家广电总局评为2022年度优秀国产纪录片，2023年荣获内蒙古自治区艺术“萨日纳”奖。

《百态流凌话安澜》是乌海广播电视台出品的纪录片，展现黄河流域乌海段的壮丽景象，讲述沿岸人文故事。该片在多个方面均有创新，结合递进式叙事和诗意话语，解读人与自然和谐共生的主题，展示黄河流域的变迁和治理艰辛，以及新时代沿黄省域的辉煌成就。

《呼伦湖畔》是呼伦贝尔广播电视台出品的纪录片，以包黎明和巴图道尔吉的合作研究为线索，展现了鸟类在特殊环境下的挑战及解决方案。该片时长50分钟，通过生动的画面和叙述，既描绘了呼伦湖的自然风光，又深入展现了环保工作者的日常和付出，是一部兼具美感和教育意义的作品。

《归期已至 诸鹤回家》是由呼伦贝尔广播电视台出品的微纪录片，讲述了在一起非法盗猎案件中，幼鸟从被救护到放归自然的过程。纪录片详细记录了工作人员照顾幼鸟，帮助幼鸟成长，最终将幼鸟成功放归自然的全过程。

影片精巧的视听语言和真实的人物故事反映了生态文明与人民福祉休戚相关，折射国家对生态文明保护的重视。

《罕山守护者》（蒙古语）是一部自然生态保护主题纪录片，记录了在通辽市扎鲁特旗西北部罕山国家级自然保护区担任野生动植物监测员的白巴君那的工作生活情况。

在“河套人”发现100周年之际，内蒙古日报社联合鄂尔多斯市文化和旅游局启动遇见“河套人”大型全媒体传播活动，推出三集系列微纪录片《遇见“河套人”》，用历史事实、考古实物、文化遗存等全景式呈现内蒙古黄河“几字弯”区域远古文化与现代文化交相辉映的唯美画卷，展现“北疆文化”，深入实施中华文明探源工程，坚定文化自信自强，推动文化传承发展。

内蒙古广播电视台卫视节目制作传播中心与奔腾融媒客户端联合推出的纪录片《大河脉动——药之味·廉之道》结合了中医和廉政理念，探讨了两者间的相似之处，以及如何利用这种联系推动反腐败工作。此片采用先进制作技术，深入研究药材知识和廉洁文化的关联，促进了文化遗产保护和道德观念提升。

《天赋河套·二十四节气》是一部历时一年完成的系列纪录片，共24集，每集约7分钟，以高水准的视听效果展示了河套地区的自然美景和人文风情。这部作品在全球范围内受到好评，其中《立夏》和《大雪》两集被选为年度网络佳作。它通过独特的摄影技术和叙事风格，描绘了巴彦淖尔人民如何应用传统知识来改善生活，促进文化的保存和发展。

《敖特尔的一天》（蒙古语）由通辽广播电视台拍摄，将镜头对准广袤的科尔沁草原腹地、秀美的霍林河之滨、壮丽的查干特莫罕山草原，巧借牧民鸿格尔额吉视角，记录她和家人在扎鲁特旗格日朝鲁苏木霍林河夏营地游牧生活的一天。导演通过真实的生活碎片，小中见大，表现牧民遵循生态规律，与自然和谐相处，发展家乡经济，为民族和国家发展注入新的生机。

《走敖特尔》是一部反映内蒙古牧民传统游牧生活和草原生态保护的纪录

片，摄制组深入牧民生产生活，与牧民同吃同住，跟踪拍摄了五天时间，记录了满都呼那仁家的转场过程，展现了牧民的辛勤和传统游牧文化，以及政府在生态保护方面的努力。纪录片不仅呈现了优美的景色，还再现了牧民的生产生活，体现了牧民敬畏自然、尊重自然、保护自然，并将保护生态的习俗继续传承。

《草原“丰收会”》由呼伦贝尔市陈巴尔虎旗融媒体中心制播，以第一人称视角，带领观众走进陈巴尔虎旗伊德日胡家，通过对牧民给自家当年的小畜们割势、打耳记、剪马鬃、烙马印等活动的细致刻画，描绘了牧民们举办“伊慕纳”（丰收会）的喜悦，勾勒出初夏草原一派繁忙的丰收画卷。

《驯马》由鄂尔多斯市融媒体中心出品，讲述蒙古族汉子都荣与汉族妻子乔继梅因马结缘，并将从父亲那里继承而来的驯马技术和精神传承给儿子的故事。纪录片画风朴实，充满温情与力量，是一部体现民族融合团结，弘扬“蒙古马精神”的作品。

《卓拉的嫁期》采用双线叙事的方式，既关注民族手工艺的传承与创新，也将镜头聚焦掌握传统技艺的人，将文化遗产放置于火热的现代生活中，凸显了纪录片的社会情怀与价值担当。影片入选国家广电总局2023年第二季度37部优秀国产纪录片。

系列纪录片《遗·冀》由内蒙古广播电视台拍摄，讲述内蒙古自治区级非物质文化遗产代表性传承人的传承经历，展现非遗项目的核心技艺，传播非遗世代相传的精神内核。该系列纪录片将传统文化和流行趋势、现代审美相结合，在生动的细节中折射中华文化的优秀内核。透过镜头，观众不仅能够看到非遗传承人对传统文化技艺的热爱，更能看到他们在热爱中的坚持，在坚持中的突破与成长。

《北疆放歌》是一部由内蒙古汉鼎影视文化传媒有限公司出品的四集纪录片，通过《敕勒川》《草原上升起不落的太阳》《草原晨曲》《站在草原望北京》四首民歌，展现了内蒙古历史上各民族交流、和谐、团结斗争及改革开放的成就。

《祖孙三代守边防》是阿拉善盟融媒体中心出品的8分钟微纪录片，通过尼玛一家三代的故事展现他们为国守边的坚定信念和无私奉献。纪录片分为“受命”“坚守”和“守望”三个板块，凸显他们的爱与责任，以及形成的“骆驼精神”。

《守望最北疆——恩和哈达 我们的故事》是一部11分钟的纪录片，由额尔古纳市融媒体中心出品，展现了民警们在216公里的边境线和5895平方公里大兴安岭的守防生活。他们常年面对严酷环境，用责任和担当筑起坚不可摧的“蓝色堡垒”。纪录片通过色彩对比和精美画面，展现了恩和哈达边境通透优美、质感极佳的冰雪圣地，间接刻画恩和哈达驻疆警察的艰辛与坚毅，以及对祖国的忠诚。

《大漠梭梭女人宝花》是一部阿拉善广播电视台出品的纪录片，讲述了阿拉善盟阿拉善右旗的党员宝花在大漠戈壁人工造林，带领农牧民发展产业、改善生活的经历。影片通过个体叙事和“宝花入党”的叙事线索，展现了宝花治沙和带领村民共同致富的动机。同时，影片通过画面和声效表现出沙漠的苍茫与残酷，展现了新时代女性的力量和新时代楷模的形象。

《长城内外固阳》，时长30分钟。镜头跟随两位长城研究专家——中国长城学会副会长董耀会、内蒙古博物院副院长张文平，以行走的方式，了解固阳秦长城的古往今来，领略固阳长城2200余年壮阔的历史文化。

纪录片《走西口与呼和浩特》由呼和浩特市融媒体中心出品，通过三集内容展现了呼和浩特的历史文化底蕴。全片围绕“走西口”主题，记录了晋地区的自然景观和历史变迁，以及日常生活。三集分别聚焦美食、晋剧与二人台艺术，以及历史文化遗产，全方位展现了呼和浩特的地域特色和文化传承。该片不仅呈现了历史的深度，也反映了现代生活的繁荣，彰显了内蒙古中西部地区丰富多彩的文化风貌和“北疆文化”的独特魅力。

《铸牢中华民族共同体意识·“物”相望》以“微记录”的方式，选取内蒙古出土的文物与区外同时期出土的文物，表达了玉石之文化血脉、文简之律法初心、祭天之探索求知、瓷器之交流融合四个深刻主题。影片由内蒙古广播电视台拍摄，让沉静的国宝有了展示的舞台，挖掘蕴藏在文物中的深邃历史和精彩故事。片中诙谐幽默的口吻、直白易懂的话语搭配精致优美的风景画面、生动活泼的手绘动画，让文物故事“接地气”、易“出圈”，打破文物冰冷生硬的刻板印象，让观众换一种视角感知历史和文化。

由乌海市委宣传部、乌海市文学艺术界联合会共同策划推出的大型纪录片《大河书风——中国书法城·乌海建设历程》讲述了乌海与书法文化的不解之缘。从乌金之海到风雅书城，乌海在黑色中萃取出哲理与思想，墨色赋予“乌海”新的文化寓意，在乌海从发展重工业到发展文化旅游产业的转型升级中，“中国书法城”成为乌海最具特色的城市名片之一。

由呼伦贝尔市文学艺术界联合会出品的专题纪录片《艺行·呼伦贝尔》记录了呼伦贝尔市文联履行职能，带领各专业艺术家协会和广大文艺工作者守正创新，踔厉奋发，开创文化强市新局面，分别展出在文学、美术、音乐、舞蹈、书法等多个艺术领域的作品和获得嘉奖的情况。

《原味乌兰察布》是一部介绍地区特产和美食的纪录片，由乌兰察布市委宣传部制作，共4集，每集30分钟。该片旨在探索民间美食的起源和食材秘密，以及人与自然的关系。采用长镜头和慢镜头，结合讲述文化和民间大厨的故事，将信息融入画面。通过追踪和品尝，展示乌兰察布的历史文化和城市魅力。

三、电视综艺节目

（一）年度发展概述

内蒙古广播电视机构在2023年大胆创新综艺晚会，运用数字技术如XR、AR和裸眼3D等前沿视频特技，融合虚拟演播室与现实场景，推出《黄河魂》、《北疆文化·青城文脉》、《长城长》（第二季）、《铸魂》等大型融媒体节目，充分彰显新时代内蒙古各族干部群众的担当作为和精神风貌。此外，“千年胡杨·百年姻缘”主题创意活动通过集体婚礼宣传额济纳胡杨林，促进旅游业发展。

（二）电视综艺节目梳理

节庆晚会以昂扬欢快的节目和出新出彩的艺术表达，展示出新时代的美好光景，抒发中华儿女的自信豪情，如《2023 内蒙古广播电视台春节联欢晚会》《“中国娃向春天 萌兔贺新春”2023 年内蒙古广播电视台少儿春晚》《2023 黄河九省区春晚》《“春暖草原百花开”内蒙古文学艺术界 2023 迎春联谊会》《暖城鄂尔多斯 2023 元宵晚会》《黄河九省区民歌演唱会》《“七彩童梦 欢乐童年”2023 内蒙古六一儿童节晚会》，等等。

《黄河魂》（第一季）是内蒙古广播电视台的大型文化综艺节目，节目口号是“以黄河述中国，以非遗呈华夏”，4 月 29 日起每周六 19:35 分在内蒙古卫视播出。节目组从 4500 多项黄河流域非物质文化遗产项目中精挑细选出 21 组进行展示，历经 19600 公里的拍摄行程，通过非遗，带领观众再次认识黄河，了解黄河，感受黄河。田青、刘仪伟、吴彤作为文化摆渡人，将非遗背后蕴含的黄河文化进行了深入浅出的解读，高屋建瓴。《黄河魂》节目通过非遗，向观众展示出了黄河这一中华文明独有的精神符号，通过文艺、技艺、厨艺的展示，凸显了黄河对中华民族多元一体文化融合、中华文明一脉相承进程的重要作用，这在中国传媒领域尚属首次。《黄河魂》在宣传上采取多策略，包括利用多个平台联动，如结合社交媒体和多地卫视，实现广泛的网络传播。节目组采用年轻化的表达方式，结合新媒体技术，使内容更具吸引力。此外，该节目通过主题化的内容推送，突出非遗项目的特色，吸引更多观众关注。节目荣获广电总局“2023 年第二季度广播电视创新创优节目”。

表 1 《黄河魂》第一季收视数据表

项目	收视数据
相关的信息总量	1.12 万条
节目曝光量	9.21 亿次
每期节目上新前后产生的互动声量	10 万次
互动声量总计	136.77 万次
原创类短视频	150 余条
客户端和短视频总观看量	1764.63 万次
话题阅读数	1674 万次
小平端单期节目传播覆盖人群最大值	3.07 亿人
电视端首播和重播观众总量	405.8 万人
单期节目最大观众总量	46.9 万人

《北疆文化·青城文脉》是一档由呼和浩特市人民政府主办，呼和浩特市文旅投集团协办，内蒙古电视台制作的八集文博类综艺节目，节目口号为“用文物演绎共同的家，用文明照鉴未来的路”。节目 10 月 15 日起播出，每集 60 分钟，每两周更新一次。节目邀请了纪连海、魏新等知名学者，以及李德戈景、张羽琪等舞蹈家参与，以舞台演出 + 文博纪录片 + 访谈的电视表达方式，以 XR 虚拟技术和 3D 动画制作等多种表现方式，力图营造时空穿越、古今对话、沉浸式感受的节目效果，提供一场集视觉与听觉享受于一体的文化盛宴，向观众展示呼和浩特深厚的历史文化。

蒙古语大型音乐综艺节目《天籁北疆》（第一季）于 2023 年 12 月 16 日起每周六 20:00 在内蒙古广播电视台蒙古语卫视和奔腾融媒客户端同步播出。节目以 PK 竞技的形式，由呼斯楞、娜日莎、乌兰巴特尔、孟根花等音乐人担任嘉宾，以寻找新面孔、新歌喉、新唱将为出发点，力推歌坛新秀的同时，有声有色地展示北疆文化的独特魅力，触摸梦想的温度与力量。

内蒙古卫视大型慢综艺访谈节目《时光·拾光》以海量经典文艺作品为

载体，还原时代创作精神，展现内蒙古文艺的发展历程以及在中国文化艺术史上的地位和贡献。蒙古语版同步录制播出。

《长城长》(第二季)由自治区党委宣传部指导，内蒙古广播电视台策划。该节目是国内首档以长城为主题的大型文化综艺节目，旨在全面展示长城的历史、文化和现状。第二季聚焦“北疆文化”，邀请葛剑雄、杨雨等专家和梁晓声等文化艺术名家，以及张明敏、方文山等飞行嘉宾，共同解读长城故事，传播中华优秀传统文化。通过知识答题和文化交流，让观众对北疆文化、长城文化有更深的理解和认同。

《铸魂》是由内蒙古自治区党委统战部、自治区民委和内蒙古广播电视台合作推出的七集节目，围绕习近平总书记交给内蒙古的五大任务和创建“模范自治区”，通过感恩、忠诚等七大主题，展示内蒙古各族人民的精神面貌和实干精神。该节目旨在弘扬党的民族理论和政策，推动铸牢中华民族共同体意识，实现社会主义现代化。播出后，节目在传播正能量方面取得显著成效，为内蒙古的社会发展和民族团结贡献了积极力量。

“千年胡杨·百年姻缘”主题综艺活动在内蒙古阿拉善盟额济纳旗举办。活动面向全国招募99对新人，共赴一场浪漫的胡杨林婚礼，同时倡导人与自然和谐相处。活动中，99对新人骑白骆驼参加集体婚礼，观看土尔扈特婚礼习俗，在胡杨秋色中留下最美身影，接受乌兰牧骑的祝福。媒体资源与景区和人文相结合，携手打造文化项目，做活内蒙古特色文化资源。

《美丽的草原我们的家》大型融媒体直播活动在内蒙古呼伦贝尔陈巴尔虎旗举行。中央媒体、13家省级广播电视台及各大网络平台同步直播，全网观看量超过7000万人次。第二场新疆博州博乐市、第三场青海海晏县，直播生动展示了中国草原的自然景观、人与自然的关系、人与人的关系以及人与社会的关系。在《美丽的草原我们的家》(第一季)推出的15个短视频中，呈现“非物质文化遗产”的内容占据很大比例，很好地展示了当地历史和风俗。

2023年跨年夜，内蒙古广播电视台奔腾融媒客户端与官网直播《新年音乐"云"派对康巴什焰火秀》，联动中央广播电视台、省级及地市级等30余家媒体，覆盖爱奇艺等主流平台，全网观看量达350.17万人次。2023年8月上半月在"NMTV文化"视频号直播"'星空草原2023'锡林郭勒盟正镶白旗第十三届那达慕""锡林郭勒盟镶黄旗第十三届人民那达慕大会""内蒙古自治区第十五届运动会开幕式"等23场活动，共计直播时长76小时，现场感与艺术感俱佳，观看人数达到30万，新增关注2724人，点赞128万。

四、动画片

（一）年度发展概述

内蒙古自治区在动画片方面注重传统文化、民族特色与先进制作技术的结合。如《国家的孩子》等作品展现"模范自治区"的担当作为。此外，还有许多优秀学子创作的动画作品，如《冲冲那年》等，发布在网络平台获得不错反响。同时，2023年内蒙古自治区在译制动画片方面更注重时代主题，以文化、教育为主，激发孩子们的学习兴趣。

（二）动画片梳理

《国家的孩子》是内蒙古自治区党委统战部会同内蒙古艺术学院制作的微动画，讲述了"三千孤儿入内蒙"的历史事件，传达了内蒙古自治区各族儿女的可贵品格和独特魅力。该片通过动画的形式阐述了时代和现实意义，展示了中华民族共同体意识的内涵和意义。

内蒙古高校学子在导师指导下，创作了多部优秀的动画毕业作品，并在新媒体平台上获得关注。内蒙古鸿德文理学院的《冲冲那年》，以真实感人的故事和母校建筑为原型，展现了专业才华和艺术创造力。《只此青绿》通过二维、三维及MG动画的有机结合，将戏曲、剑舞和太极融入动画，制作了一部展现中华文化的作品，创造出一个充满中国传统美学的幻想世界，体现了对多元文化的理解与传承。内蒙古艺术学院的《橘中叟》《隼》《我的专车司机》《兔子漫画家》《镇河大铁牛记事》《跳动的剪纸》等作品运用新媒体艺术手段，关注人文历史，对生活及生命体验进行着多样展现，诠释着对世界的认知与对未来的期待。

表 2　《冲冲那年》拍摄数据统计表

项目	拍摄数据统计
短片时长	10 分 32 秒
正片镜头	99 个镜头
片尾花絮	11 个镜头
场景	7 个
道具	267 个
人物模型	6 个
动物模型	1 个

2023 年，内蒙古继续译制动画片，涵盖冒险、亲子、成长等多个类别，共计 14 部。其中包括反映解放战争英雄主义的《林海雪原》、兼具娱乐性与教育意义的《故宫里的大怪兽》《疾风劲射》、启发孩子探索精神的《舒克贝塔 3》《猪猪侠之恐龙日记 2》、讨论成长问题的《成长这东西》《熊熊乐园 5》等作品。

纵观 2023 年，内蒙古自治区在动画方面依旧坚持初心，动画类型多样。以民族历史、传统文化为中心，加之亲情、梦想等积极主题，在潜移默化中弘扬了中华优秀传统文化，也向观众们传递了真情和正能量，对领悟民族团结和社会和谐有着重要积极作用。

五、趋势与展望

电视艺术推动文艺事业，满足精神需求，增强精神力量。科技融合为电视艺术带来新机遇，拓展表现力，如与旅游产业互补、传播非遗文化等。如“中华文化三部曲”等作品将电视艺术与文化、旅游相结合，以文塑旅，展示独特魅力。同时，结合自然景观和文化元素的活动，如“千年胡杨·百年姻缘”集体婚礼，进一步展示电视艺术的多元表现力。

未来，内蒙古自治区电视艺术还需紧跟数字技术，创新拍摄方式、视角和叙事模式，提升观者体验。在创作内容上，需要我们继续深入挖掘内蒙古自治区的文化内涵，展现民族团结的美好图景。同时，我们也不能忽视市场需求，要密切关注观众喜好和流行趋势，创作出既具有艺术性又具备市场潜力的电视作品。推动数实融合，通过数字化高清影像技术，将内蒙古的壮美风光、独特文化和民族团结的温馨场景呈现给全世界的观众，助力文化繁荣和社会主义建设。

最后，我们要坚持以人民为中心的创作导向，坚守创新，不断打磨和提升作品质量，展现内蒙古自治区的独特魅力和时代风采，贯彻党的二十大精神，打造“北疆文化”精品，实现新的发展突破。

主持人：

艺　丽　内蒙古艺术学院讲师

特邀专家：

李树榕　内蒙古文艺评论家协会顾问，内蒙古艺术学院教授

参与撰写：

黄隽瑾 内蒙古艺术学院学报编辑部编辑

张伟静 内蒙古大学硕士研究生

冯亦辰 内蒙古师范大学硕士研究生

张敬宜 中央戏剧学院本科生

摄影

2023年是内蒙古自治区发展极不平凡的一年。2023年6月，习近平总书记在内蒙古考察时强调："要牢牢把握党中央对内蒙古的战略定位，完整、准确、全面贯彻新发展理念，紧紧围绕推进高质量发展这个首要任务，以铸牢中华民族共同体意识为主线，坚持发展和安全并重，坚持以生态优先、绿色发展为导向，积极融入和服务构建新发展格局，在建设'两个屏障'、'两个基地'、'一个桥头堡'上展现新作为，奋力书写中国式现代化内蒙古新篇章。"[1] 习近平总书记的讲话精神为内蒙古发展指明了方向，给内蒙古带来了巨大的关怀和宝贵的发展机遇。在此背景下，内蒙古摄影艺术的发展也开创了新的局面，取得了一系列令人瞩目的成绩。

一、展览与活动

2023年，内蒙古开展了一批主题突出、内容丰富、各具特色的摄影艺术展览和相关艺术活动，积极推动了自治区社会摄影艺术的发展，产生了广泛的社会影响。

（一）积极创作，助力打造"北疆文化"品牌

"北疆文化"作为地域性文化的一种，是自古以来北疆区域内各民族共同创造的，属于中华文化的重要组成部分。2023年7月5日，内蒙古自治区第十一届委员会第六次全体会议通过的《内蒙古自治区党委关于全方位建设模范自治区的决定》中正式提出了"北疆文化"这一概念，具体内容是"着眼传承发展中华优秀传统文化、推动中华民族现代文明建设，充分挖掘和生动

1 《习近平在内蒙古考察时强调：把握战略定位坚持绿色发展 奋力书写中国式现代化内蒙古新篇章》，《人民日报》2023年6月9日，第1版。

展现内蒙古大地上的厚重历史文化和丰富人文资源，融红色文化和草原文化、农耕文化、黄河文化、长城文化等于一体，打造以各民族交往交流交融、守望相助、共同弘扬蒙古马精神和‘三北精神’、铸牢中华民族共同体意识为基本内容的‘北疆文化’品牌，教育引导各族群众牢固树立正确的国家观、历史观、民族观、文化观、宗教观”[1]。以内蒙古自治区为核心的我国北部边疆广大区域，在中华文明多元一体的格局下，在中华民族现代文明建设的过程中，逐渐形成了以铸牢中华民族共同体意识为主线，以红色文化为底色，多民族、多区域、多类型融合的北疆文化，其范围涵盖了红色文化、草原文化、农耕文化、黄河文化、长城文化、蒙古马精神、“三北精神”等方面的内容。“北疆文化”这一概念的正式提出，对当前铸牢中华民族共同体意识、建设中华民族现代文明、以中国式现代化全面推进中华民族伟大复兴具有重要的时代价值。“北疆文化”的丰富内涵和重大意义对内蒙古的文化艺术事业的发展，具有深刻而广泛的指导和引领作用。这一概念提出后，内蒙古摄影界工作者积极响应，开展了一系列摄影艺术创作活动，展现北疆文化风采，助力打造北疆文化品牌。

蒙古马精神是北疆文化的重要组成部分，象征着中华儿女吃苦耐劳、一往无前的奋斗精神和拼搏力量。2014 年，习近平总书记在内蒙古考察时指出：“蒙古马虽然没有国外名马那样的高大个头儿，但耐力强、体魄健壮，希望大家要有蒙古马那样吃苦耐劳、勇往直前的精神。”[2] 2019 年、2020 年、2023 年，习近平总书记在不同场合多次谈到“蒙古马精神”，这既是对内蒙古人民的亲切关怀和殷殷嘱托，也是对他们的深情激励和热切期望。2023 年 12 月 16 日，由中国美术馆、中共内蒙古自治区委员会宣传部共同主办的“蒙古马精神——内蒙古美术摄影作品展”在中国美术馆与观众见面。为深入贯彻落实习近平

1 《内蒙古自治区党委关于全方位建设模范自治区的决定》，《内蒙古日报》2023 年 7 月 10 日，第 1 版。

2 《蒙古马精神是什么》，2019 年 2 月 28 日，内蒙古新闻网（https://inews.nmgnews.com.cn/system/2019/02/28/012661411.shtml）。

总书记对内蒙古的重要指示精神，推进“北疆文化”建设，大力弘扬蒙古马精神，推动内蒙古优秀文艺作品“走出去”，更好地树立内蒙古形象，本次展览精选 130 余件反映蒙古马精神的优秀美术、摄影作品，以艺术的形式展现内蒙古风采，为“北疆文化”品牌的打造和传播起到了积极的推动作用。

为积极助力“北疆文化”品牌的打造和宣传，内蒙古自治区文学艺术界联合会于 2023 年 12 月 7 日至 2024 年 2 月 25 日在内蒙古美术馆主办了“艺美北疆——内蒙古自治区美术 雕塑 书法 摄影跨年大展”。其中“光影追风映北疆”以多姿多彩的摄影画面、丰盈视角，深入生活定格北疆风采。本次展览自启动以来得到了全区广大摄影人的热烈响应，共收到区内外 216 位摄影家投稿的 1068 幅作品，最终精选 200 幅入展。这些作品以铸牢中华民族共同体意识为主线，既有“感党恩、听党话、跟党走”的具象表达，又有办好“两件大事”的火热实践；既有传承和弘扬中华优秀传统文化的生动呈现，又有祖国北疆风采的精彩展示。展览积极反映出“为人民留影，为时代写真”的创作理念，以光影之美助力打响“北疆文化”品牌，为推动中华优秀传统文化创造性转化、创新性发展的影像演绎作出了有益的探索。

2023 年 11 月 1 日至 12 日，“亮丽北疆 · 美丽青城”主题摄影作品展，在内蒙古美术馆开展。此次展览由内蒙古摄影家协会、呼和浩特市文联主办，呼和浩特市摄影家协会承办。展览共展出 150 幅摄影作品，以首府高质量发展为主线，全面记录了首府在全力打造发展能级全面提升的“实力之城”、产业集群优势突出的“发展之城”、城市品质显著提升的“美丽之城”、创新动能蓬勃增长的“活力之城”和青年向往、老人安康的“幸福之城”等方面取得的辉煌成就，充分反映了新时代首府人民踔厉奋发、勇毅前行的精神面貌，从不同视角呈现出新时代首府高质量发展带给人民群众幸福感、获得感的喜人场景。此次展览是呼和浩特市文联聚力打造“北疆文化”品牌的一项具体举措，也是呼和浩特市广大摄影工作者用心用情用力记录“美丽青城 草原都市”亮丽风景线的生动实践。

2023年10月，打造“北疆文化”品牌赤峰市重大工程主题书法美术摄影作品展在赤峰开幕，本次展览共展示赴基层调研采风创作的美术、书法、摄影优秀作品103件，主题突出、特色鲜明。截止到当年12月，赤峰市文联系统组织当地摄影从业者，以讲好赤峰故事、树立赤峰形象为主基调深入12个旗县区基层进行调研创作，用心用情讲好北疆故事，围绕赤峰在中华人民共和国成立以来建设的重大工程（项目）采风创作，共推出摄影作品25件。

（二）大型展览，呈现多彩内蒙古形象

2023年，内蒙古开展了一批主题突出、内容丰富、各具特色的摄影艺术展览和相关艺术活动，积极推动了自治区社会摄影艺术的发展，社会反响热烈。这些展览活动力推新人新作，影响辐散全国，充分展现了内蒙古的亮丽风采。与此同时，几次大型展览为内蒙古摄影艺术的创作和发展搭建了广阔的平台，展示了内蒙古摄影的光彩，加强了摄影艺术的交流合作，推动了内蒙古摄影艺术的高质量发展。摄影展涌现出一大批优秀的摄影作品，积极记录、传播和推广了内蒙古自治区的良好形象，促进了内蒙古文艺事业和社会各项事业的繁荣进步。

2023年4月1日至11日，“内蒙古印象”摄影展在中国美术馆19、20、21号展厅成功举办。展览由中国美术馆、内蒙古自治区党委宣传部主办，包括“最·风光”“亮·印记”和“韵·北疆”三个板块，共展出额博、郎立光、张放等内蒙古摄影名家的摄影作品120余件（组），全面、立体、真实地宣传和展现了内蒙古各族干部群众落实习近平总书记交给内蒙古的“五大任务”和全方位建设“模范自治区”的火热实践，展现了壮美、和美、善美、可信、可亲、可爱的内蒙古形象。展览以饱满的艺术激情、精妙的摄影语言，在光影交错中呈现四季轮转的天地、民俗风情的乡韵、时代发展的乐章，从不同角度记录美好瞬间、反映时代变迁。此次在北京举行的“内蒙古印象摄影展”，受到了中央新闻单位、文化艺术界的领导及首都各界观众的高度评价，产生

了深刻广泛的文化艺术影响，对展现北疆形象和内蒙古人民精神风貌、宣传内蒙古发展建设成绩，具有十分正面和积极的意义。

2023 年 6 月 2 日至 11 日，内蒙古摄影家协会在内蒙古美术馆举办了第二届内蒙古“新人新作”摄影展。展览在作品征集期间得到了广大摄影爱好者的积极响应与踊跃参与，最终有 173 件获奖和入选作品在盛夏青城缤纷呈现。展览直观生动地反映内蒙古自治区经济发展、社会和谐、人民幸福的伟大变化，更加深刻体现激发内蒙古自治区各族人民爱党、爱国、爱生活的真挚情感，充分展示新时代内蒙古摄影新人的时代新貌和创作实力，用影像方式共同打造祖国北疆亮丽风景线，透过作品，让我们可以清晰地感受到摄影人对生活的热爱，对大自然的眷恋，对美的欣赏和执着，对美好未来的向往。展览中的新人新作不乏奇思妙想、创意精彩的佳作，或大气，或温暖，或精心，或张扬。有些作品虽然简单，但很纯净动人；有些作品虽然单薄，但能看出拍摄者闪亮的思想。本次展览是一个新人新作展示的平台，大量的新人用新创意、新画面亮出了自己的新形象，也用新作品为奋进中的内蒙古摄影事业增添了新色彩。

2023 年 7 月，内蒙古自治区文化馆、内蒙古摄影家协会联合举办“视觉影像”——内蒙古自治区第二届女摄影家作品展。展览自 2023 年 2 月开始征稿，共收到全区各盟市选送的作品 3000 余幅，经过专家评选，共有 120 幅优秀作品参展。其中金奖 2 幅，银奖 6 幅，铜奖 10 幅，优秀奖 20 幅。参展作者是来自农村牧区、企业高校、社团协会、机关事业单位等不同领域的专业人员和摄影爱好者。这些女性摄影家以镜头为眼，以光影为笔，用镜头捕捉山川河流、自然风光，抓取人民幸福安康的精彩瞬间，传递温暖，讴歌时代。她们以女性独特的视角，多角度、全方位呈现新时代中国人民的精神风貌与独特魅力，生动体现摄影家深入生活、扎根人民的优良传统和实践成果。参展作品通过温馨、浪漫的女性视角反映出新时代、新女性、新生活的动人画面，生动再现了城乡面貌、文明风尚、民风民俗及自然风光。透过这些精彩的画面，我们不仅能看到光与影、事与物、人与情的图像语言，还能体会到其背后丰富的精神世界，感受到其中毅力、智慧和心灵的交融。本次展览为全区广大女摄影人搭建了一个全新的创作平台，展示她们辛勤的创作成就，对内蒙古自治区摄影艺术的繁荣发展起到了一定的推动作用。

2023 年 7 月 16 日，“时代光影中的内蒙古——庆祝内蒙古摄影家协会成立 60 周年：十年百幅摄影艺术精品展”系列巡展，在松山区文化展览馆拉开帷幕。展览由内蒙古文学艺术界联合会指导，内蒙古摄影家协会及相关盟市的文联和政府部门主办。展览以学习宣传贯彻党的二十大精神为主题，以庆祝内蒙古摄影家协会成立 60 周年为契机，以赞颂内蒙古文化传承、社会发展、城市建设、生态环境保护等方面成就为主线，共展出近十年来内蒙古自治区优秀获奖作品 107 幅。展览分为发展内蒙古、生态内蒙古、文明内蒙古三个展区，光影之处，方寸之间，表达了摄影人培根铸魂、守正创新的艺术追求，呈现了内蒙古各族人民牢记习近平总书记嘱托，感恩奋进、昂扬向上的万千气象。展览后续还在二连浩特、乌海等地进行了巡回展出。

2023 年 8 月 12 日至 27 日，内蒙古自治区文学艺术界联合会在内蒙古美术馆举办了“四个 100”中华优秀传统文化符号系列作品展。展览征集精选雕塑、篆刻、摄影和剪纸四个艺术类型的原创作品各 100 件进行集中展示，以多元艺术形式展现中华文化符号和中华民族形象，全面呈现内蒙古文艺界在推动中华优秀传统文化创造性转化、创新性发展的火热实践中取得的丰硕成果。

2023 年 12 月 8 日，“第二十八届全国摄影艺术作品巡回展暨乌兰察布‘冰雪之恋’摄影作品展”于 2023 年 12 月 8 日在凉城滑雪场拉开帷幕。本次摄影展以“相约山水凉城 共享激情冬运”为主题，分为两大板块。第一板块为聚焦建党百年、新中国成立 70 周年、脱贫攻坚等重大事件和反映时代精神的国展摄影作品。第二板块是以凉城县城乡建设面貌、民族团结、自然风光、农牧业生产、人文历史、全市冰雪体育运动等为主题的内蒙古自治区摄影作品。广大摄影人坚持“为人民留影，为时代写真”的创作理念，勇担新的文化使命，为提升内蒙古的美誉度和影响力、谱写中国式现代化内蒙古新篇章作出新的贡献。中国摄影家协会大力支持本次摄影展，选送国家级优秀摄影作品首次落地内蒙古凉城县，与内蒙古摄影家协会、乌兰察布市摄影家协会和凉城县摄影家协会四级联动，共同为第十四届全国冬季运动会营造浓厚氛围，为凉城县开创文化和旅游赋能高质量发展的工作新局面。

（三）盟市活动，活跃当地文化艺术氛围

2023年，内蒙古自治区各盟市为丰富人民精神文化生活，推广本地区良好的文化形象，促进地方社会文化繁荣发展，举办了一系列摄影艺术活动。这些活动中涌现出一大批反映当地人民日常生活，体现当地人民精神风貌，表现当地人民美好愿景的摄影作品，在群众中间营造了充实的艺术氛围。各地方的摄影展览活动，带动了各地摄影从业者、爱好者的创作积极性，以喜闻乐见的形式让摄影艺术深入人民群众中间，为人民群众共享，对内蒙古摄影艺术的发展有着不可忽视的促进作用。

2023年8月18日至26日，“相约草原避暑之都　爱上多彩乌兰察布”摄影大赛作品展在乌兰察布市美术馆展出。摄影展自6月征稿以来，得到了全广摄影爱好者和摄影组织的积极响应。经内蒙古摄影家协会等评审组专家评审，共选出138幅（组）优秀摄影作品入展。作品以鲜明的光影色彩、独特的视角构图、丰富的艺术语言，展现了乌兰察布独特的自然风光、人文景观和精神风貌，全面展示了乌兰察布市各族干部群众全力推动内蒙古完成好“五大任务”、全方位建设“模范自治区”见行见效的火热实践，为观众呈现了一场遇见乌兰察布、走进乌兰察布、爱上乌兰察布的视觉盛宴。

2023年8月30日，“天赋河套·最美葵乡”内蒙古巴彦淖尔第四届全国向日葵摄影展在巴彦淖尔市美术馆开展。此次摄影展受到了全国广大摄影爱好者的广泛关注和大力支持，共征集到作品600余幅，评选出75幅（组）优秀作品进行展览。这些作品展现了巴彦淖尔市以向日葵为特色的旅游资源及

山水林田湖草沙一体化保护和系统治理成果。此次展出的作品以独特的视角，用镜头捕捉巴彦淖尔和谐美好的生态环境、多姿壮美的自然风光、丰富浓郁的人文景观，全方位展现了大美巴彦淖尔的良好形象。

2023年9月23日，“最美丰收季·和美通辽人”主题摄影展在通辽隆重开幕。本次展览响应了在通辽同日举办的“中国农民丰收节”，营造了城乡共庆共享丰收成果的浓厚氛围，增强了农牧民群众的荣誉感、幸福感、获得感，推动了全市“三农三牧”的工作高质量发展。展览共征集摄影作品近2000幅，经过组委会认真组织评选，共评选出100幅摄影作品进行展览。通过摄影师的镜头，本次展览生动展现了通辽市农牧业的喜人丰收场景和人民群众的幸福生活。

2023年9月27日，首届“多美包头”全国摄影大展在包头市奥林匹克公园与市党政大楼同步开展。本次展览共收到来自全国各地的5025幅（组）作品，通过评审专家公平公正的评审，选出了100多幅优秀摄影作品进行展出。在西部地区首创公园户外展览形式，变“等群众来看”为“给群众去看”，吸引了超过十万人次观展。在展览现场，充满包头风韵、城市温度、人文情怀的摄影作品均匀排开，集中体现了新时代包头的宏阔画卷和真实影像。展览吸引了众多专业摄影师、摄影爱好者和市民驻足观展，并在包头的党政单位及各旗县区进行巡展。此次展览丰富了包头市人民文化生活，促进了当地摄影事业的发展，对宣传包头发展成就，展现包头多彩形象具有重要的意义。

2023年11月26日，由自治区摄影家协会、陕西省摄影家协会、呼伦贝尔市委宣传部、呼伦贝尔市文化旅游广电局等单位联合主办的“美丽草原呼伦贝尔”摄影作品展，在西安市土门工人文化宫圆满落幕。本次摄影作品展共展出120幅作品，以呼伦贝尔高质量发展为主线，展现了城乡发展变化、各民族团结进步、人民安居乐业的美好场景，同时推介了呼伦贝尔独特的自然风光和民俗文化，用图片讲述呼伦贝尔故事，用镜头描绘祖国北疆建设。

在摄影作品展示区，数幅表现呼伦贝尔大草原四季风光的摄影作品吸引了众多游客拍照打卡。这一次，呼伦贝尔凭颜值、凭实力，吸睛又“吸粉”，“自匿”又出彩。展览为打造北疆文化品牌，宣传亮丽内蒙古形象，促进呼伦贝尔与西安两地的文化经济交流作出了有益的探索，对呼伦贝尔地区的发展起到了积极作用。

二、创作与获奖

本年度，内蒙古众多优秀摄影人在各自的创作道路上勇猛精进，精益求精，取得了令人瞩目的佳绩。2023 年 12 月 2 日，在由中国文学艺术界联合会、中国摄影家协会主办，厦门市人民政府承办的第 29 届全国摄影艺术展览上，内蒙古自治区共有 6 位摄影艺术家的 6 幅（组）作品入展，这是近 20 余年来内蒙古自治区摄影工作者在全国影展历史上入展作品最多的一次，也是涵盖入展单元最多的一次。内蒙古摄影家在此次国展中斩获了前所未有的成就，更在自然风光、人文历史、经济建设等多个方面展现了内蒙古自治区的发展成就，为打造北疆文化品牌，推进内蒙古艺术事业发展作出了积极的贡献。

表 1　第 29 届全国摄影艺术展览内蒙古作品入选名单表

类别	作品名称	获奖者
纪录类单幅入选作品	同框	杨鑫
纪录类长期关注单元	布里亚特人	于德龙
	十三年自驾飞机拍火山	诺敏·何
艺术类单幅入选作品	金甲曜日	程伟
艺术类组照入选作品	原上草	陈虹屹
短视频类入选作品	娜仁托娅	孙茂新执导、冯星皓摄影

杨鑫的《同框》拍摄于土左旗海流水库，当时由于空气能见度高，作者偶然抓拍到了天空中候鸟、月亮、飞机的同框美景，也体现了人与自然的和谐共生。于德龙的《布里亚特人》表现了布里亚特人的生产、生活情景，表

达了蒙古民族热爱生活、敬畏自然、崇尚科学的理念，是草原游牧民族传统文化传承、发展的再现。诺敏·何的《十三年自驾飞机拍火山》以航拍的方式拍摄了呼伦贝尔市鄂伦春旗的火山四方山，传递了绿水青山就是金山银山的理念，将内蒙古地区的火山景观呈现在了世人面前。程伟的《金甲曜日》捕捉到蒙古族搏克手披挂上场时的生动一幕，展现了内蒙古人民宽厚博大的胸怀和昂扬奋进的精神，给观者带来了强烈的视觉冲击和艺术震撼。陈虹芝的《原上草》聚焦于草原的牧民生活场景，风格化的光影摇曳出浓烈的人文情怀，反映了内蒙古草原的苍茫辽阔以及草原文化的炽热深沉。孙茂新执导、冯星皓摄影的短视频作品《娜仁托娅》围绕布里亚特蒙古族的家庭日常展开，呈现了沐浴在草原阳光中的原生态牧民生活。作品对牧民生活的记录细腻而生动，在光影中折射了草原文化的悠扬和厚重。

在第五届全国青年摄影大展中，张旭的作品入选“家乡故事主题摄影作品”。作者满怀对草原家乡和蒙古马的眷恋深情，将蒙古马本身的温柔情怀，以及作者对家乡的所感所思融入作品，展现了蒙古马的柔情情怀，丰富了蒙古马的艺术形象。此外，河南籍摄影家申云峰的作品《呼麦》将镜头聚焦于黄河流经的内蒙古地区，从中华文明多元一体，黄河文化一脉相承的格局视野出发，把内蒙古地区的文化特性与山河地貌、古代文明与现代文明这些不同元素结合在一起，使一幅平淡无奇的自然肖像变为一种奇特、神秘的时空。凭借该作品，申云峰荣获第十四届中国摄影金像奖。该作品的艺术价值和思想深度，为内蒙古摄影人塑造北疆艺术形象、讲好内蒙古故事提供了有益的启示和借鉴。

三、评论与出版

在内蒙古地区，摄影艺术评论的发展长久以来有所欠缺，这为内蒙古摄影事业的发展带来了一定程度的限制。2023 年，在内蒙古摄影人的努力下，内蒙古的摄影评论事业有了新的发展和突破。如王凤展撰写的多篇摄影评论文章在区内外主流媒体平台发表，其中，《用影像呈示“北疆文化”的时代内涵》在《中国摄影报》发表并收录在内蒙古文联“北疆文艺论坛论文集”，《摄影艺术与产业结合的时代思考》在《中国摄影报》发表，《与马对话 听马诉说——王争平“马语者”主题摄影展的文化思考》在《内蒙古日报》发表，《第二届内蒙古“新人新作”摄影展随感》等多篇文章在中国摄影家协会官网以及内蒙古文艺平台发表推出。王凤展的一系列摄影评论文章，展现了内蒙古摄影家对打造“北疆文化”品牌的思考和认识，阐释了内蒙古摄影艺术精品的艺术内涵和时代价值，推广了亮丽的内蒙古形象，对内蒙古艺术评论和内蒙古摄影艺术的发展起到了不可忽视的促进作用。

此外，本年度内蒙古的摄影作品出版也展露了一些值得注意的成绩，部分盟市围绕本市的主题文艺创作，出版了多部摄影集。如巴彦淖尔出版了《内蒙古・巴彦淖尔摄影作品集》，生动展示了巴彦淖尔的自然风光、人文历史、产业发展、群众生活。满洲里立足以弘扬本土地域特色、中俄蒙风情、口岸风光等为主旨内容的摄影活动，出版图集《魅力满洲里》。这些摄影集的出版，使摄影作品得到了较为系统的记录和成果转化。

四、问题与建议

（一）问题

1．创作主题较为单一

尽管内蒙古摄影家在全国摄影艺术展览中取得了令人瞩目的成绩，但也必须正视内蒙古摄影艺术创作中存在的问题。以 2023 年国展的入展作品为例，内蒙古地区入围的 6 幅（组）作品中，除两幅（组）作品反映的是内蒙古地区的自然风光，其他四幅（组）作品都在反映游牧民族的草原生活。这反映出长久以来内蒙古艺术创作对草原文化和草原生活主题的过度依赖。从艺术创作角度来讲，这种长期依赖已然导致当下内蒙古摄影作品的创造力和表现力受到了一定程度的限制，内蒙古在中国式现代化的建设过程中的伟大成就以及内蒙古人民日新月异的社会文化生活并未在这些优秀的艺术作品里有突出的表现。从文化发展的角度看，艺术主题和艺术形象的单一化、片面化，必将导致内蒙古人民的对外形象和自我认识走向固化和窄化。这样的艺术创作趋向如不改变，或很难符合以铸牢中华民族共同体意识为主线，以红色文化为底色，多民族、多区域、多类型融合的“北疆文化”的发展需要。

2. 作品版权不受保护

《中华人民共和国著作权法》早在1990年便已颁布，并在2020年得到第三次修正。近年来，在相关法律法规的规定和社会各界的努力下，文学、影视、美术等艺术门类的著作权侵权行为得到了有效的遏制，全社会的知识产权保护观念得到了有效的改善。然而，不可否认的是，摄影艺术作品的版权保护还有待加强。在内蒙古地区，摄影艺术作品的版权保护问题较为突出。由于历史、地理、经济等多方面的原因，社会各界对摄影作品版权保护的意识也相对薄弱。在制度落实层面，摄影家的著作权益得不到有效维护。再加上摄影作品在互联网时代具有易复制、易传播的特点，摄影侵权的成本极低，而维权成本极高。

摄影艺术作品的版权保护不仅关系到摄影家的切身利益，更关系到内蒙古摄影艺术的健康发展。如果摄影作品的版权得不到有效的保护，那么摄影家的创作热情将受到打击，创新的动力也将被削弱。更为严重的是，如果版权保护问题得不到解决，那么内蒙古的摄影艺术将很难在全国乃至全球的摄影艺术领域中获得应有的地位和影响。

3. 专业梯队青黄不接

2023年，内蒙古地区入围国展的摄影作品共有6幅（组），新增入选中国摄影家协会的摄影艺术家共有 7 人，两项成绩在全国各省中都可以说名列前茅。然而，2023 年内蒙古地区申请加入中国摄影家协会的人数仅为 22 人，这与其他省份申报人数动辄成百上千的“拥堵”相比，显得极为“惨淡”。在成果喜人的繁荣局面之下,内蒙古摄影艺术发展存在着不可忽视的隐忧。近年来，内蒙古摄影事业缺乏青年后备力量，摄影艺术在青年群体的社会文化影响较为有限。如今，摄影专业人才青黄不接的危机已经迫在眉睫。如果不能尽快扭转摄影队伍逐渐老龄化的趋势，扩大摄影艺术在青年群体中的影响，吸引扶持更多青年才俊投入摄影艺术创作，内蒙古摄影事业的发展很可能出现断崖式下滑。

（二）建议

1．深化北疆文化认知，打破摄影创作瓶颈

为了突破内蒙古摄影艺术现有的创作瓶颈，内蒙古的摄影艺术家需要深化对北疆文化的研究和认知，拓宽摄影创作主题，挖掘更多元化的创作元素，包括内蒙古的历史、民俗、自然风光等多个方面。通过对北疆文化的深入挖掘，摄影家可以发现更多元化的创作元素和主题，从而避免对草原文化和草原生活的过度依赖。同时，也可以更好地展现内蒙古在中国式现代化建设过程中的伟大成就以及内蒙古人民日新月异的社会文化生活。

内蒙古摄影界也需积极探索与其他地区和民族的文化交流和合作，拓宽创作视野。通过与其他地区和民族的文化交流和合作，摄影家可以汲取更多的创作灵感和元素，丰富自己的创作内容和形式。这不仅可以拓宽内蒙古摄影的创作主题，也可以促进不同文化之间的交流和融合，推动内蒙古文化的多样性和包容性发展。

政府和相关管理部门应鼓励扶持更多切合“北疆文化”的摄影艺术创作，提供资金支持、创作平台和展示机会。在推广和宣传方面举办摄影展览、出版摄影作品集、开展摄影采风等活动中，积极鼓励引导相关从业者，围绕铸

牢中华民族共同体意识这一主线，以红色文化为底色，呈现多民族、多区域、多类型融合的北疆文化形象。

2. 打击侵权盗版行为，树立正确版权观念

为落实摄影家合法权益，促进内蒙古摄影事业的健康发展，加强内蒙古摄影艺术作品的版权保护刻不容缓。这既需要摄影家自身提高版权保护意识，也需要社会各界，特别是政府部门的重视和支持。

摄影家自身应树立正确的版权观念，对自己的作品进行及时登记，保存原始创作证据。在面对侵权行为时，应敢于维权，积极利用法律武器保护自己的合法权益。同时，摄影家可以通过组织或参与相关的版权保护活动，提高社会对摄影作品版权保护的认识和重视程度。

政府和相关管理部门应加大对摄影作品版权保护的力度，完善相关法律法规，加大对侵权行为的处罚力度。同时，可以设立专门的版权保护机构，为摄影家提供版权登记、维权指导等服务。此外，还可以通过举办版权保护培训、开展版权保护宣传等活动，提高全社会的知识产权保护观念。

社会各界也应积极参与摄影作品版权保护工作，尊重摄影家的创作成果，不侵犯他人的版权。在互联网时代，更应加强对网络平台的监管，防止摄影作品被非法复制、传播。

3. 加强人才队伍建设，培养摄影后备力量

摄影艺术利用镜头探索着人类视觉艺术的未来，在文化发展中有着不可替代的意义，从内蒙古发展的角度看，摄影艺术为内蒙古主流意识形态宣传、为内蒙古文旅经济发展、为内蒙古文化形象塑造都起到了不可替代的重要作用。内蒙古摄影艺术的延续和发展是“北疆文化”赓续繁荣不可或缺的一部分。针对内蒙古摄影艺术专业梯队青黄不接的问题，有关部门应从多个方面入手，积极采取措施加强人才队伍建设，培养后备力量。

高校和摄影培训机构应加强对摄影人才的培养，提高摄影教育的质量和水平。通过优化课程设置、加强实践教学、引进优秀师资等措施，为内蒙古摄影艺术事业培养更多高素质、高水平的摄影人才。同时，一些专业的摄影院校和机构应面向社会开设更多群众喜闻乐见的摄影展览、讲座和体验活动，吸引更多群众参与到摄影艺术的创作中，扩大摄影人群的基数。

政府和社会团体应加大对摄影人才的扶持力度，设立摄影人才基金，为优秀摄影人才提供资金支持、创作平台和发展机会。同时，还可以通过举办摄影比赛、展览等活动，发现和挖掘更多的摄影新秀，为内蒙古摄影艺术事业注入新的活力。尤其是在各类展览和奖项评比中，对新人新作应给予更多的倾斜。

此外，各级协会还应加强对摄影人才的培训和交流，提高他们的业务水平和综合素质。可以通过组织摄影采风、创作研讨、技能提升等活动，为摄影人才提供更多的学习和交流机会，促进他们的成长和进步。

回顾这一年的内蒙古摄影艺术事业，成果丰硕，日益繁荣。习近平总书记的重要讲话精神，为内蒙古的发展注入了强大的精神力量。内蒙古自治区在办好完成总书记交给的五大任务和全方位建设模范自治区这两件大事的过程中，也迸发出了十足的干劲和创新的活力。“北疆文化”的提出，为内蒙古摄影艺术的发展厘清了主线，指明了方向，拓宽了视野。相信在党和国家的正确领导下，在内蒙古勇闯新路的鼓舞引领下，内蒙古摄影艺术事业必将克服困难，把握机遇，为“北疆文化”的打造作出应有的贡献。

主持人：

苑　恺　内蒙古艺术学院讲师

特邀专家：

王鹏瑞　内蒙古艺术学院教授、中国文艺评论基地（内蒙古）特聘专家

参与撰写：

包　璐　内蒙古艺术学院讲师

石可晗　内蒙古艺术学院讲师

吴　娜　内蒙古艺术学院助教

戏剧

一、发展概况

2023年是全面贯彻党的二十大精神的开局之年，也是党的宣传思想文化事业发展历史上具有里程碑意义的重要一年。全国宣传思想文化工作会议指出："习近平总书记在新时代文化建设方面的新思想新观点新论断，内涵十分丰富、论述极为深刻，是新时代党领导文化建设实践经验的理论总结，丰富和发展了马克思主义文化理论，构成了习近平新时代中国特色社会主义思想的文化篇，形成了习近平文化思想。"[1]一年来，内蒙古戏剧人以习近平新时代中国特色社会主义思想为指导，以铸牢中华民族共同体意识为主线，全面学习贯彻落实党的二十大精神、习近平文化思想和自治区党委政府重大决策部署，把满足人民精神文化需求作为出发点和落脚点，以艺术创作践行"第二个结合"，将马克思主义基本原理同中华优秀传统文化相结合，在创作中注重融入时代精神，观照基层生活，从内蒙古大地正在发生的广泛而深刻的变化中汲取营养、获取灵感，努力打造"北疆文化"品牌、推动内蒙古戏剧艺术事业高质量发展，创作和推出了儿童剧《童年马克思》、歌舞剧《守护》《乌兰牧骑走边关——望远镜》、歌舞剧《我的家乡》、话剧《马走日》、歌剧《江格尔》等一批新作，举办了多项大型展演活动，让人民群众享有更加充实、更为丰富、更高质量的精神文化生活，以文化人、以艺通心，使人们在美的享受中得到启迪，在情感的共鸣中获得教益，坚定文化自信，弘扬中华优秀传统文化。

1 《习近平对宣传思想文化工作作出重要指示强调 坚定文化自信秉持开放包容坚持守正创新 为全面建设社会主义现代化国家 全面推进中华民族伟大复兴提供坚强思想保证强大精神力量有利文化条件 蔡奇出席全国宣传思想文化工作会议并讲话》，《人民日报》2023年10月9日，第1版。

二、大型展演活动

（一）第二十届中国·内蒙古草原文化节成功举办

2023 年 7 月至 8 月，第二十届中国·内蒙古草原文化节成功举办，本届文化节以“相约北疆 文颂中华”为主题，坚持“艺术的盛会 人民的节日”办节宗旨，共设置了 6 大板块、28 项活动，打造了主题突出、精品丰富、群众认可、交流互鉴、文化共享的盛会，满足了人民群众多样化、多层次、多方面的文化需求。戏剧演出作为本届草原文化节的主要内容，以优秀剧目展演、“艺苑撷英”折子戏作品汇演、中华戏曲名家名段演唱会、中国黄河流域戏剧红梅大赛、特邀作品展演等多项活动博得观众好评。

内蒙古自治区入选优秀剧目展演剧目有音乐剧《人民楷模都贵玛》、漫瀚调音乐剧《同心记》、评剧《忠诚》、东路二人台《战地黄花》、话剧《为正义辩护》《玉龙街九号》《赤子长歌》《钢铁是怎样炼成的》、歌舞剧《荞麦花开》、舞剧《骑兵》，区外特邀作品展演包括歌剧《白毛女》、昆曲《牡丹亭》（传承版）、豫剧《程婴救孤》、舞剧《青衣》、京剧《穆桂英挂帅》《四郎探母》、话剧《画画艺术家》《哥本哈根》。通过引进国家直属院团、各省区院团创作的经典剧目、保留剧目等，改善剧（节）目演出结构，提升剧场演出作品层次，满足广大群众高层次的精神文化需求。

自 2004 年 8 月第一届中国·内蒙古草原文化节举办，至今已经走到了第二十届这个关键节点上，过去这二十年间，我们经历了中国高速发展的历史进程，通过举办草原文化节，成功实现了“打造内蒙古草原文化品牌，推进民族文化建设”的目标，并在此基础上，将其内涵扩大为“艺术的盛会、人民的节日”这一办节宗旨。

在新时代，草原文化节必然要承载更为丰富的内容，体现与时俱进的时代性。习近平总书记在文化传承发展座谈会上指出："中华文明的包容性，从根本上决定了中华民族交往交流交融的历史取向。"[1] 草原文化作为中华文明的重要组成部分，在其发展过程中也始终体现交往交流交融的特质，近几届草原文化节也在展现自治区优秀文艺作品成果的同时，引入中央及各省区院团的经典作品，不断推进文化交流交融、互学互鉴，以此增强国家认同、彰显人文精神、共建精神家园。这个转变，是草原文化节走向新阶段的标志，让这个文化品牌拥有了更为厚重的历史感和更加鲜明的时代感。

（二）2023 年内蒙古优秀剧目展演月成功举办

2023 年 5 月 10 日至 6 月 14 日，由内蒙古自治区文化和旅游厅、包头市人民政府共同主办，包头市文化旅游广电局承办的"2023 年内蒙古优秀剧目展演月"活动在包头成功举办。

内蒙古优秀剧目展演月是在举国上下学习贯彻党的二十大精神之际举办的一次艺术盛会，活动为期 36 天，集中展演了从全区精心遴选出的 10 台优秀舞台剧目，除漫瀚剧《都贵玛》外，还有内蒙古艺术剧院演出的红色题材交响乐《旗帜》、二人台现代戏《山那边》、民族管弦乐《蒙古马》，乌海市乌兰牧骑演出的舞剧《山高水长》，锡林郭勒职业学院演出的话剧《钢铁是怎样炼成的》，兴安盟乌兰牧骑演出的歌舞剧《赞歌》、呼和浩特市晋剧院演出的晋剧《青山英烈》，鄂尔多斯市鄂托克旗乌兰牧骑演出的民俗音画《婚》和包头市艺术剧院演出的话剧《为正义辩护》。这些是近年来由内蒙古各级艺术院团创作、演出，并获得业界专家及广大观众认可的佳作。为响应中宣部等五部门《关于加强新时代文艺评论工作的指导意见》有关要求，推动创作与评论有效互动，每部作品演出结束后，"一剧一评"活动随之展开。来自自治区

1　习近平：《习近平在文化传承发展座谈会上强调 担负起新的文化使命 努力建设中华民族现代文明》，《人民日报》2023 年 6 月 3 日，第 1 版。

和各盟市的专家与剧目主创团队展开面对面的交流，在充分肯定已有成绩的同时，对该剧下一步修改、提升提出中肯的意见和建议。

本次展演活动旨在弘扬时代精神、引领时代风尚。参加展演的作品主题鲜明，艺术形式多样，题材广泛，具有示范引领作用，展现内蒙古舞台艺术创作、演出方面取得的最新成果，折射出内蒙古各民族人民奋发向上的精神面貌，并从一个侧面显现自治区社会发展盛况。通过展演，发现、推出内蒙古优秀舞台艺术作品的同时，也将培养、推介高层次舞台艺术人才，满足新时代人民群众日益增长的精神文化需求。

（三）第六届中国黄河流域戏剧红梅大赛暨中华戏曲名家名段演唱会成功举办

2023 年 7 月 20 日至 25 日，由内蒙古文联主办，内蒙古戏剧家协会、呼和浩特市文联共同承办的“第六届中国黄河流域戏剧红梅大赛暨中华戏曲名家名段演唱会”在内蒙古呼和浩特市成功举办。中国黄河流域戏剧红梅大赛作为黄河流域最具影响力的戏剧盛事之一，聚焦灿烂的黄河文明，以戏剧艺术的形式讲好中国故事、弘扬中华优秀传统文化，以舞台艺术的交流与碰撞推动传统中华戏曲文化的传承与发展。参赛作品涉及京剧、昆曲、豫剧、川剧、秦腔、二人台、漫瀚剧、蒙古剧、河北梆子、曲剧等多个剧种，来自沿黄流域的 15 个省、自治区、直辖市及新疆建设兵团的 140 余名选手以精湛的表演技巧和深厚的艺术内涵，让更多人领略到中华戏曲的博大精深，推动中华戏曲事业的繁荣发展。

中华戏曲名家名段演唱会上，来自全国的 12 位“梅花奖”演员同台亮相，表演涵盖黄梅戏《夫妻观灯》、京剧《太真外传》、川剧《梅花绝句》、吕剧《三拉房·郭素贞房中笑嘻嘻》、秦腔《天女散花》、昆曲《牡丹亭·寻梦》、评剧《刘巧儿·争一对模范夫妻立业成家》、晋剧《大登殿》、豫剧《七品芝麻官》选段等十多个节目，以强大的演员阵容、经典的艺术唱段、华丽的舞台视觉、充分展现戏曲艺术历久弥新的永恒魅力，在一个个精彩节目的呈现下，为戏曲艺术在新时代、新征程上持续发力掀起音浪，用中华戏曲守正创新的壮志豪情诠释中国故事、中华气派，唱响梨园盛事，彰显中华戏曲百花园的繁茂蓬勃。

本次演唱会受到《人民日报》、腾讯新闻、今日头条、搜狐新闻、网易新闻、一点资讯、百度新闻、新浪新闻、腾讯微视、抖音、快手、微博等多家媒体、平台的关注报道。演出期间，腾讯平台全程同步直播，创下历届戏曲演唱会在线收看新纪录。此次活动的圆满成功最大化传播了戏曲艺术，展现了当代内蒙古戏曲的凝聚力、号召力，体现了中华戏曲百花齐放、千姿百态的繁荣景象。

（四）“菊苑流芳”——第八届辽吉黑蒙四省区地方戏曲优秀剧目展演成功举办

2023 年 9 月 5 日至 23 日，由内蒙古自治区文化和旅游厅、赤峰市人民政府主办，赤峰市文化和旅游局、宁城县人民政府承办，宁城县文化旅游体育局协办的“菊苑流芳”——第八届辽吉黑蒙四省区地方戏曲优秀剧目展演在赤峰市举办。来自辽宁省、黑龙江省、吉林省及内蒙古自治区的 8 台地方戏曲优秀剧目在赤峰市国际会展中心、宁城县文化中心剧场进行为期 19 天的集中展演，参演剧目包括辽宁省阜蒙县文化体育旅游服务中心蒙古贞乌兰牧骑的蒙古剧《乌银其其格》、吉林省戏曲剧院的吉剧《大唐女巡按》、黑龙江省绥化市北林区龙江剧艺术中心的大型现代龙江剧《在希望的田野上》、内蒙古自治区赤峰市宁城县乌兰牧骑的现代评剧《忠诚》、鄂尔多斯市准格尔旗乌兰牧骑的漫瀚调音乐剧《同心记》、呼和浩特市晋剧院的晋剧《武汉鼎》、锡林郭勒盟镶黄旗乌兰牧骑的蒙古剧《爱在草原》、乌兰察布市艺术剧院东路二人台艺术团的二人台《大榆树下》。这些作品将从不同层面、不同角度充分展现辽、吉、黑、蒙四省、自治区地域的历史文化、人文风情和社会发展成就。

本次展演旨在全面学习贯彻落实党的二十大精神和习近平总书记在文化传承发展座谈会上的重要讲话精神，落实习近平总书记关于东北全面振兴的重要讲话和指示批示精神，促进内蒙古自治区、辽宁省、吉林省、黑龙江省四省、自治区地方戏曲传承发展与交流合作，巩固四省、自治区“菊苑流芳”活动品牌建设成果，展现四省、自治区地方戏曲继承与创新的优秀成果，进一步推进文旅深度融合发展，全面推进地方戏曲的繁荣发展。活动采取线下惠民演出和线上媒体平台同步直播的方式进行，为广大人民群众带来精彩纷呈的戏曲文化视听盛宴。

三、戏剧创作与演出

（一）多部新作登上舞台

经过长期的酝酿，本年度有多部大型原创舞台剧正式首演，涵盖了话剧、歌剧、歌舞剧等多种戏剧形式，出品单位也全面覆盖了旗县级、盟市级、自治区级的艺术团体，展现出内蒙古自治区戏剧创作的蓬勃生机。

5 月 31 日，儿童剧《童年马克思》在呼和浩特乌兰牧骑剧场登台首演，该剧由呼和浩特市文化旅游投资集团出品，内蒙古自治区文化和旅游厅、呼和浩特市文化旅游广电局大力支持，中央歌剧院沈亮执导，中国歌剧舞剧院董妮担任编剧，中央戏剧学院边文彤担任舞美设计，作曲家、音乐制作人马学东担任作曲，以市文旅投集团二人台艺术研究剧院为班底精心打造。全剧用戏中戏的方式营造出现实、故事和神话三份递进的层次，以伟人马克思的童年趣事为切入点，与中华优秀传统文化和价值观融会贯通，用中国化的艺术语言讲述伟人马克思充满童真和富有想象力的童年，塑造了不拘泥成法，不崇尚权威，非惯性思维的小卡尔，与此同时也揭示了善良、富有同情心、喜欢探求真理的童年马克思形象。

6 月 18 日，苏尼特左旗乌兰牧骑原创歌舞剧《乌兰牧骑走边关——望远镜》在苏尼特博物馆会议中心迎来首演。该剧以望远镜为线索，生动讲述了邻国草原火灾蔓延至我国边境，正在演出的乌兰牧骑队员们与边防军民一起救出被困黄羊群的感人故事，乌兰牧骑民兵排与嘎查民兵排一起参加军事训练的故事，乌兰牧骑帮助老退役军人孙波（松波尔）建立红色革命教育基地的故事。歌舞剧展现出边防军警民一家亲，为促进民族团结，铸牢中华民族共同体意识，接续守边防，打造祖国北疆亮丽风景线所付出的不懈努力和充满朝气的精神面貌。

2023 年 7 月 21 日，由乌拉特中旗乌兰牧骑创作排演的音乐剧《我的家乡》在乌拉特中旗市民中心影剧院首演。该剧讲述了乌拉特草原某嘎查青年驻村干部赵存毅和返乡高学历人才敖登带领乡亲们在互联网大潮中走出一条独具特色的乡村振兴之路的故事，是乌拉特中旗乌兰牧骑继《鸿嘎鲁》之后打造的又一部以乡村（牧区）振兴为题材的大型舞台剧，获得国家艺术基金 2023 年度大型舞台剧项目资助。

2023 年 7 月 25 日，由中共通辽市委宣传部、中共科尔沁区委员会、科尔沁区人民政府主办，中共科尔沁区委宣传部、中共科尔沁区委组织部、科尔沁区文化和旅游局承办的科尔沁区原创话剧《马走日》首演活动在通辽铁路文化宫举行。全剧以棋盘对弈为串联线索，通过对主角马成钢的刻画，将主人公马成钢与相学泽一生的跌宕起伏，尽置于棋盘的方寸之间，展现了老一辈革命者“感党恩、听党话、跟党走”的坚定信仰，点明了“做人要守正心、行正道”的思想主题，以话剧形式赓续红色血脉，传承红色基因。

2023 年 8 月 4 日，由乌审旗乌兰牧骑原创的歌舞剧《守护》在伊金霍洛旗大剧院首演。该剧讲述了“北疆楷模”绿色乌审背后的奋斗故事，颂扬了乌审儿女 60 多年来坚守初心、绿化家园的感人事迹，抒写了一曲“敢把沙漠变绿洲”的英雄赞歌，为动员广大人民群众打好黄河“几字弯”毛乌素沙地歼灭战、铸牢我国北方重要生态安全屏障凝聚起磅礴精神力量。

2023年12月25日，大型原创歌剧《江格尔》在呼和浩特首演，该剧由内蒙古艺术剧院出品，联合作家克明、著名导演陈蔚、作曲家色·恩克巴雅尔、指挥家杨力共同打造，获得2022年国家艺术基金资助。通过演绎英雄江格尔的传奇一生，展现其热爱家乡、热爱和平的民族精神，调动多元艺术表现手段，音乐创作上融合了内蒙古地域元素长调、呼麦等艺术形式，用内蒙古北疆文化符号谱写宏大壮丽的英雄史诗。

（二）《国家的孩子》：京蒙协作新案例

儿童舞台剧《国家的孩子》由内蒙古自治区党委统战部、民委与北京演艺集团联合出品，内蒙古自治区党委宣传部指导，中国木偶艺术剧院、中国杂技团、北京市国际艺术学校创作演出。2023年6月20日在北京首演，9月2日至23日完成内蒙古自治区12个盟市巡演，15场演出的观演人数达到了1.5万余人次。

该剧以“三千孤儿入内蒙”的历史事件为题材，以“人民楷模”荣誉称号获得者、“草原母亲”都贵玛在20世纪60年代养育28个孤儿的真实故事为原型，生动演绎了一段民族团结的佳话。较之由成人演绎的诸多版本，该剧最大的看点和创新在于大胆起用一批没有舞台剧演出经验的杂技专业小演员，让孩子们把民族团结的故事演给孩子们看，进一步拉近和小观众的距离，用一个个生活细节构筑起可亲可信的人物形象，潜移默化地将民族团结的种子播撒进孩子心中。以历史故事为原型的文艺创作如何出新出彩、感染观众，如何将观众耳熟能详的老故事讲出新味道、新风采？《国家的孩子》提供了一种尝试和探索。

作为距离北京最近的自治区，北京和内蒙古自新中国成立以来始终保持着密切的交流，近年来，随着京蒙协作不断深入，在文化建设方面也多有建树，此次京蒙合作出品的儿童舞台剧《国家的孩子》作为一个成功案例，展示了京蒙两地如何通过共享优秀文化资源、实现红色资源的创造性转化和创新生发展，使老IP不断焕发新光彩，最终达到有形、有感、有效地铸牢中华民族共同体意识这一目的。

（三）多部作品入选国家级展演并获奖

包头市艺术剧院出品的原创歌剧《双翼神马》成为自治区首部入选中国歌剧节的剧目，于5月赴浙江演出并获优秀剧目奖。每三年举办一届的中国歌剧节，是我国由政府主办的歌剧领域最高级别艺术活动。

包头市艺术剧院出品的原创儿童音乐剧《魔幻那达慕》入选第九届全国优秀儿童戏剧展演，于5月赴四川参加闭幕式演出并获参演剧目奖。

呼和浩特市晋剧院有限公司出品的晋剧《武汉鼎》入选全国戏曲（北方片）会演暨梆子声腔优秀剧目展演，于5月赴河北参加演出荣获优秀剧目奖。

内蒙古艺术学院出品的话剧《战士·战马》入选第八届中国校园戏剧节，于11月赴深圳演出并获优秀剧目奖，该剧是内蒙古原创话剧首次入围中国校园戏剧节。

四、人才培养、资金支持与理论研究

（一）持续加强戏剧人才培养

1．开展内蒙古戏曲表演人才培养计划当代戏曲名家收徒传艺工程“青年艺术表演人才培养”项目

2023年7月，内蒙古戏剧家协会开展“当代戏曲名家收徒传艺工程——青年艺术表演人才培养”项目，从京剧、晋剧、二人台、漫瀚剧、评剧5个剧种中选拔具有一定表演经验的优秀青年演员，通过课堂教学与表演实训相结合的方式，培育推出一批青年戏曲表演领军人才。本次培训时间为2023年7月3日至7日，共计五天。培训采取线下形式，共邀请9位知名戏曲表演艺

术家亲临现场，担任导师。课程内容涉及角色塑造、唱腔特点、身段形体等多个方面。来自全区各地的近 40 名戏曲表演人才参加了此次培训。培训综合运用了理论讲解、现场示范、研讨交流、学员展示等多个环节，将理论与实践充分融合，让学员收获最好的培训效果，为自治区培养更高水平的戏曲表演人才积聚力量。同时，为检验学习成果，展现学员风采，7 月 26 日，“艺苑撷英”折子戏作品汇演作为第二十届中国·内蒙古草原文化节活动之一精彩上演，来自自治区 6 个剧院（团）的 32 名优秀演员亮相，充分展示项目成果，对凝心聚力打造“北疆文化”品牌起到积极的推动作用。

2. 举办内蒙古戏剧编导骨干培训班暨采风创作活动

2023 年 9 月 16 日，由内蒙古自治区文学艺术界联合会主办，内蒙古戏剧家协会、呼和浩特市文联承办的内蒙古戏剧编导骨干培训班暨采风创作活动在呼和浩特市启动。培训为期七天，共有来自全区 20 余名编创人才参与培训，通过开展学习研讨、创作交流、基层采风等活动内容，激发创作热情，明确创作方向。深入挖掘内蒙古“北疆文化”蕴含的时代价值，坚定文化自信，努力打造一批叫得响、立得住的戏剧作品，为建设“北疆文化”品牌贡献戏剧力量。

建设内蒙古戏剧编创队伍是戏剧家协会的一项长期性工作，回顾十年发展，党中央高度重视文化建设，文艺工作者的文化自信和文化担当意识在社会飞速发展阶段显得尤为重要，作为具备“团结引导、联络协调、服务管理、自律维权”工作职能的群团组织，重视剧目打造和人才建设是工作的核心内容，协会在举办培训班的过程中，聘请区内外戏剧专家为学员开展授课，促进戏剧人才的政治理论与专业素养的提升，注重理论与实践的结合。

（二）实施 2023 年度内蒙古自治区文艺作品质量提升工程

内蒙古自治区文化和旅游厅实施的内蒙古自治区文艺作品质量提升工程，把反映新时代新征程的重大现实题材创作放在最核心、最重要的位置抓紧抓实抓细，实施资源倾斜、大量倾斜、政策倾斜，向创作用力，把出精品作为立身之本。加强统筹协调，建立滚动扶持项目库，科学管理、滚动调整，定期核减、新增、撤销和更新规划项目，努力形成“策划一批、生产一批、储备一批”的梯次推进格局，提高创作质量和创作效率。2023 年度共下达扶持资金 2850 万元。其中扶持歌舞剧《乌兰牧骑走边关——望远镜》、儿童剧《童年马克思》、话剧《大岭之魂》等 9 部新创剧目，扶持歌舞剧《我的乌兰牧骑》等复排剧目 3 部。另外，扶持鄂尔多斯市鄂托克旗乌兰牧骑等重点创演扶持乌兰牧骑 15 支。其中舞剧《乌兰牧骑走边关——望远镜》、儿童剧《童年马克思》等剧目成功首演。

（三）国家艺术基金助推戏剧发展

2023 年正值国家艺术基金设立 10 周年，8 月 31 日，由文化和旅游部组织的国家艺术基金设立 10 周年主题活动专题新闻发布会在京召开，内蒙古自治区文化和旅游厅党组成员、内蒙古艺术剧院党委书记、院长李莉出席并答记者问，以舞剧《草原英雄小姐妹》《骑兵》等剧目为例讲述国家艺术基金在促进少数民族艺术发展和民族地区艺术院团发展方面发挥的作用。舞剧《骑兵》也入选了国家艺术基金设立 10 周年优秀资助剧目会演，于 10 月 14 日至 15 日在中央歌剧院演出。

2023 年，内蒙古自治区在申报国家艺术基金项目统计中，共有 19 个项目主体申报了舞台艺术创作项目，申报项目数量为 51 项，申请资助资金总额为 5166.5 万元。最终内蒙古自治区共有 5 个类别的 10 个项目获得立项，其中 3 个戏剧类项目，分别是呼和浩特市歌剧舞剧院有限公司立项的传播交流推广资助项目舞剧《昭君》巡演、包头市艺术剧院立项的大型舞台剧和作品创作资助项目漫瀚剧《都贵玛》、内蒙古乌拉特中旗乌兰牧骑立项的大型舞台剧和作品创作资助项目音乐剧《我的家乡》。立项的传播交流推广资助项目与大型舞台剧的剧目在题材上的总体特点表现为：剧目素材深挖历史人文资源，展示地域文化特色。有根据英模先进事迹创作的现实主义题材剧作，如漫瀚剧《都贵玛》，以铸牢中华民族共同体意识为创作主旨，通过别出心裁的切入角度与精心设计的艺术表达，用漫瀚剧的形式塑造了“草原母亲”都贵玛的舞台艺术形象，再现了“三千孤儿入内蒙”这段民族团结的历史佳话，讲述了“中华民族一家亲”的宏大主题。舞剧《昭君》仅选取“和亲”“出塞”“贺婚”“守边”四个骨干板块作为主体结构，以及和亲场景、出塞路上、贺婚大典、守边情境等典型叙事场景，主题集中、主线连贯，辅之以背景描写、梦幻渲染，舞台叙事与抒情凝练、真挚、饱满、绚丽。这些剧目紧紧围绕时代话题，以人带戏、以情感人，弘扬了真善美，传播了核心价值观，担当起时代赋予的文化责任，在社会上引起了一定反响。国家艺术基金作为公益性基金，特别支持这些具有基础性、原创性的艺术创造，对内蒙古自治区戏剧的创作起到了“发动机”和“孵化器”的作用，不仅展现了原创成果、挖掘了原创力量，也聚焦时代、反映当下，推出了一大批原创性的精品力作。

（四）戏剧理论研究不断深入

2023年在学术期刊上公开发表的内蒙古戏剧相关研究文章有30余篇，围绕内蒙古地区舞剧、戏曲、音乐剧进行研究。

在舞剧方面，由融合其他艺术形式到现实题材的创作，由宏大叙事到个体人物描写的创作，涵盖了内蒙古地区丰富的舞剧发展样态，体现出新时代内蒙古在富有民族语汇的艺术表现基础上构建舞剧的崭新面貌的趋势。如毛菲琛的《内蒙古大型舞剧创作中的英雄叙事与民族认同》，总结了内蒙古地区近百年的舞剧创作历程，为中国少数民族舞剧的建构与发展所作出的巨大贡献。

在戏曲方面，研究多围绕北疆地区富有特色的二人台、漫瀚剧等戏曲形式展开。二人台作为内蒙古地区地域特色鲜明的地方性剧种，在内蒙古中西部农耕地区以及山西省、陕西省等沿黄河流域地区具有广泛影响力。有以探讨东、西路二人台为基础的《论东路二人台现代戏〈大榆树下〉的乡土气质》，民间文艺东路二人台凝聚着地方特色的艺术表现，也体现着多民族交流交往交融的历史轨迹。以描绘新时期二人台创新为主的《革命历史题材戏剧的创新表达——兼谈二人台剧目〈王老太太〉》，通过展现个体在战争年代洪流中的多种选择，呈现新时期革命历史题材的创作对微观人物描写的新思路。有以二人台为出发点，探讨内蒙古整体民间发展问题的《内蒙古民间文艺发展困境及解决路径探索——以土默特二人台为中心的讨论》，意在有针对性地解决教育、传承过程中所遇到的问题，并借助乡村振兴等政策落地，推动整个内蒙古民间多样文艺表演形式的发展。漫瀚剧是较为“年轻”的剧种，朱睿的《浅析漫瀚剧〈都贵玛〉的艺术特色》通过对《都贵玛》的舞台演绎分析以及戏剧结构阐释，分析了漫瀚剧独特的艺术表现力。

在歌剧方面，研究文章也多围绕新时期内蒙古音乐剧、歌剧的本土化改进以及创新。高雨的《新时代内蒙古本土化音乐剧对社会变迁与人类文明的回响》阐释了新时代创作者的审美视角影响着内蒙古本土化文艺创作的方向。创作者不仅可以借鉴文学作品、民间传说等传统元素，还可融入科技发展、社会变迁、人文思考等多种元素。近年来，内蒙古涌现出了一批优秀歌剧，如由内蒙古艺术剧院创作研究中心、演出管理中心等合力打造的实验剧场歌剧《江格尔的雄狮》，此歌剧是以民间文学《江格尔》为蓝本，选取其中《西拉·胡鲁库败北记》一章为故事题材而编创的歌剧。叔嘎拉、赵香连对此歌剧从史诗母体的“守正”与传播方式的“创新”方面进行阐述，此剧在音乐创作上借鉴西方歌剧的作曲技法，将史诗音乐要素与西洋作曲技法巧妙结合，为内蒙古歌剧创作注入了新的生命力。戈琳娜的《内蒙古歌剧 70 年：构筑中华民族共有精神家园的艺术实践》中，阐释了内蒙古歌剧作品在从诞生至今的 70 余年中，始终以赓续红色血脉、反映新中国辉煌发展历程、歌颂杰出人物、反映时代性和人民性、展现内蒙古人民精神风貌、弘扬中华优秀传统文化为依托，歌剧创演人用心、用力、用情创作出一批不忘党恩、不忘祖国温暖、不忘各族人民团结奋斗历程的精品佳作。其中一些文章还与现代科技相结合，如宋姝一的《Citespace 数据分析模型下“蒙古族歌剧”与“蒙古剧”研究现状分析》一文，以 Citespace 数据分析模型为研究方法，对中国知网 1993—2022 年以“蒙古族歌剧”与“蒙古剧”为研究对象发表的研究论文进行信息可视化的定量研究，描绘我国学术界近 30 年来对“蒙古族歌剧”和“蒙古剧”相关研究的关注维度和研究前沿，为该领域相关研究现状提供数据支撑。

五、问题、思考与建议

2023 年，全区戏剧在创作、演出、获奖方面均有全面提升的态势，但之前存在的诸多问题仍未完全解决。一是专业编剧数量少且后备力量不足；二是完成的作品缺乏发表平台，难以与院团匹配；三是缺乏激励机制，编创积极性不足；四是演员和剧团缺少大型优秀剧目来冲击国家级奖项，这一问题在内蒙古自治区主要地方戏剧种二人台上表现格外突出；五是理论评论工作需要进一步加强。

据此，提出以下改进建议：

（一）加强创作机制顶层设计

由戏剧家协会或自治区文联向自治区党委、政府等决策部门提出建议，建议明确由谁来主管创作工作，宣传部文艺处、文旅厅艺术处、戏剧家协会、剧院等单位需要形成合作机制，共同推动戏剧创作向良性发展。

努力申请设立或恢复自治区级戏剧奖项，并落实到职称评审、人才项目申报等各项具体工作中，提升编剧的创作积极性。

配合自治区党委宣传部工作安排，明确每年的戏剧创作主题并发布选题，从征集作品中遴选优秀作品，形成作品库。

通过建立剧本网上交流平台的形式，为已完成的剧本和院团牵线搭桥。

（二）创新编剧培养模式

编剧是戏剧创作的基础，任何二度、三度创作都必须以剧本为基础展开。加强编剧培养、让有积极性的年轻人尽快成长为职业编剧是推动戏剧创作的关键。

现行的编剧培养多为导师授课制大型培训班，针对目前存在的编演脱节问题，建议在设立编剧培训计划时，尝试采取以下新模式：

跟团制，为院团培养相对固定的创作班底，让编剧长期深入剧团，通过跟团活动熟悉演员特点，从而做到根据演员的风格特点量身打造剧目，以此充分发挥演员长处。

导师制，完成主题创作任务时为青年编剧匹配资深导师，开展合作创作，在创作过程中通过导师的及时修改来提升剧本的质量。根据导师和学员的数量比例，可以采取“一对一”或小组制。

（三）以名角带动剧种发展

戏剧特别是传统戏曲是一种“角儿的艺术”，梅兰芳等表演艺术家对剧种乃至戏剧艺术的发展起到了关键推动作用。当前，戏剧在影视等新的艺术门类冲击下，影响力和观众群体都有所萎缩，优秀演员对剧种发展更加至关重要，内蒙古戏剧界近年来缺少有影响力的演员，目前急需培养“名角儿”来提升知名度，获取年轻观众，进而实现市场价值。近几年内大力扶持有潜力的年轻演员冲击“梅花奖”等国家级奖项，以此扩大内蒙古戏剧的知名度和影响力。为此，应尽快组织创作几部优秀大型剧目，以此磨炼和展示演员的表演功底。

（四）加强理论评论工作

1．加强理论研究，摸清家底

按照4—2—1的层次，对列入全国戏曲剧种集成里的具有内蒙古地域特色的4个原生剧种（蒙古剧、二人台、东路二人台和漫瀚剧）、具有跨区域影响力的2个外来剧种（京剧和晋剧）及在东部区有影响力的1个外来剧种（评剧）这7个剧种进行深度研究。

2．强化评论工作，加强宣传

加强对戏剧创作成果的宣传推广，在全国性学术会议、报纸、期刊上发表相关理论评论文章，让全国戏剧界了解内蒙古自治区近年来的戏剧创作成果，为今后进一步开展深度合作交流提供基础。

主持人：

刘尧晔　内蒙古自治区艺术研究院二级艺术评论

特邀专家：

刘新和　内蒙古自治区艺术研究院一级艺术评论

参与撰写：

张海楠　内蒙古自治区文化和旅游厅艺术处二级主任科员

张雅然　内蒙古自治区艺术研究院三级艺术评论

肖　瑶　内蒙古自治区艺术研究院四级文艺评论

胡　娟　包头市艺术剧院舞美中心主任、二级演员

刘　佳　呼和浩特市文化旅游投资集团文化艺术发展部四级艺术评论

蒙　丹　中国艺术研究院2022级戏曲学硕士研究生

舞蹈

2023年，内蒙古舞蹈界在深入学习贯彻党的二十大精神的基础上，以习近平文化思想为指引，以助力完成“五大任务”和“两件大事”为目标，高举高质量发展大旗，积极传承弘扬中华优秀传统文化，认真坚持以人民为中心的创作导向，担当作为，守正创新，以创演舞蹈精品为主要抓手，加强舞蹈创作支持，开展精彩纷呈的舞蹈活动，持续建设舞蹈人才队伍，努力推动内蒙古舞蹈事业高质量发展，创作、演出、人才培养均取得了显著成果，为传承和弘扬北疆文化作出了积极贡献。

一、发展概况

2023年，内蒙古演出行业踏上了全面恢复、蓬勃发展的快车道。1月5日，由内蒙古自治区文学艺术界联合会主办、内蒙古自治区舞蹈家协会承办、内蒙古舞蹈界共庆新年的保留节目——“时代节拍 人民舞步”2023新年舞蹈晚会在内蒙古文艺微信公众号、内蒙古舞蹈家协会微信公众号、内蒙古舞蹈家协会抖音号开播，全区专业艺术院团的舞蹈工作者们欢聚一堂，以喜悦的心情、精彩的舞姿、昂扬的姿态，拉开了2023年内蒙古舞蹈欣欣向荣的序幕。

这一年，群舞《马铃儿摇响幸福歌》获得了第十四届中国舞蹈“荷花奖”，古典舞《红山玉龙谣》获得了第十三届“荷花奖”古典舞第七名，使内蒙古成为连续十二届获得“荷花奖”的大赢家；舞剧《骑兵》参演了享有中国舞蹈界最高荣誉的“舞典华章”中国舞蹈盛典，向社会展现了内蒙古舞蹈行业的辉煌成就与蓬勃生机；少儿舞蹈作品《卫拉特》《风之马》荣获第十二届“小荷风采”全国少儿舞蹈展演“小荷之星”，《太空你好》《小小搏克手》荣获“小荷新秀”，内蒙古艺术学院附属中等艺术学校的原创群舞《绣在穿引间》，荣获第十三届“桃李杯”全国青少年舞蹈教育教学成果展示群舞项目最高奖——优秀剧（节）目及编导奖，突显了内蒙古舞蹈的薪火相传、生生不息；群众舞蹈《塔林毕斯贵》《阿雅根布吉格》两部作品入选 2023 年第三届“戴爱莲杯”人人跳全国群众舞蹈展演，成为内蒙古舞蹈普及教育卓越成就的有力证明。

这一年，自治区继续实施文艺作品质量提升工程，内蒙古文联发布了《内蒙古文联关于推进文艺精品创作的十条激励机制》，进一步推动内蒙古文艺创作高质量发展，全面助力“北疆文化”品牌建设。全区舞蹈工作者以创作舞蹈精品为目标，深入生活、扎根人民，除创作了《红山玉龙谣》《马铃儿音响幸福歌》两部获奖作品外，乌海市的原创舞蹈诗剧《山高水长》，乌兰察布市的舞剧《挂红灯》《母亲》，巴彦淖尔市的群舞《月上河套川》，内蒙古艺术剧院的歌舞剧《昭君出塞》、舞蹈《风之马》《情系绿草地》等作品也表现优异，备受瞩目。这些作品均围绕贯彻落实习近平总书记交给内蒙古的“五大任务”和全方位建设模范自治区，围绕“北疆文化”品牌建设等主题，探索更现代、更多元的表达方式，显示了内蒙古舞蹈人与时代接轨的不俗创作能力。

一年来，内蒙古举办了第十四届全国舞蹈展演，舞动北疆——2023 内蒙古舞蹈家协会环境舞蹈展演，舞动北疆——内蒙古舞蹈家协会舞蹈教学成果展演，第二十届中国·内蒙古草原文化节舞蹈专场等全国、全区范围的舞蹈展演活动以及草原文化节优秀剧目展演，2023 年内蒙古优秀剧目展演等包括舞剧在内的优秀剧目展演活动，不仅集中呈现了近年来全国尤其是内蒙古的舞蹈艺术成就，还促进了全国、全区各地舞蹈艺术的交流互鉴，更探索了舞蹈艺术时代化的发展路径。同时，对于提高内蒙古舞蹈的创新创造能力、提升内蒙古舞蹈艺术的品牌形象也具有重要意义。

这一年，第六届内蒙古舞蹈大赛、第九届内蒙古自治区舞蹈比赛、2023“舞动青城”内蒙古第十七届国际标准舞（体育舞蹈）精英赛暨内蒙古第六届青少年（省队）选拔赛、舞动北疆——内蒙古自治区第五届广场舞大赛等区级顶尖赛事及第十三届内蒙古自治区艺术“萨日纳”奖（舞蹈奖）评选等评奖活动，使得呼和浩特市歌剧舞剧院有限公司、鄂尔多斯市伊金霍洛旗乌兰牧骑、贾国柱、张宁、包蕊、纪昊然等一大批优秀的创作、表演群体和个人以及《红山玉龙谣》《马铃儿摇响幸福歌》《浪漫草原》《曲盅人》《绽放》《心灵之光》等优秀舞蹈作品在得到行业和群众的认可后脱颖而出，成为代表内蒙古舞蹈艺术最高水平的闪耀明星。

2023 年，内蒙古舞蹈界继续以公共文化服务开展文艺惠民，助力乡村文化振兴。除常规的“百团千场下基层”活动外，内蒙古舞蹈家协会携手鄂尔多斯市伊金霍洛旗乌兰牧骑在第六届内蒙古舞蹈大赛期间举行的“送欢乐·下基层”慰问演出活动，携手四子王旗乌兰牧骑组织策划的“军民鱼水情，文艺进军营”慰问演出活动，中国文联、内蒙古文联等单位共同举办的“与人民同行——文艺进万家 健康你我他”新时代文明实践文艺志愿服务等活动，是“规定动作”外的有益补充，形成了公共文化服务的多层次和全覆盖，对于推进文化强基工程和乡村文化振兴，培育文明乡风，建设文艺新村均发挥了积极作用。

2023 年，内蒙古的舞蹈理论研究继续向前发展。第六届内蒙古舞蹈大赛召开之际举办的内蒙古舞蹈创作发展研讨会，对内蒙古舞蹈的选题把握、技法应用、情感升华、传承创新、创作发展等方面进行了深入讨论。对于丰富完善内蒙古舞蹈创作发展的理论体系，推动内蒙古舞蹈创作发展的具体实践具有指导意义。与此同时，伴随着内蒙古艺术学院等艺术类高校舞蹈史论人才的培养，内蒙古舞蹈理论研究人才队伍也在逐渐壮大，呈现出一种后继有人的可喜局面。

这一年，内蒙古舞蹈人才培养工作持续深化，更加多元。内蒙古文联继续开展文艺家协会新入会会员教育培训工作，分类、有序推进文艺领军人物、文艺骨干人才、中青年文艺人才、“文艺两新”优秀人才的专业培训；各地舞蹈家协会不定期举办民族民间舞、古典舞、国风舞蹈等培训班；自治区文化和旅游厅举办了 2023 年全区国有文艺院团及乌兰牧骑舞蹈编创、表演人才培训班。这些专业培训，对于提高全区舞蹈人才的综合业务能力，完善舞蹈人才队伍结构，提升全区舞蹈工作者整体水平意义深远。此外，由内蒙古舞蹈家协会承办的中国舞蹈家协会“中国舞”暑期考级在多个盟市举行，对加强青少年的舞蹈普及教育，全面培育舞蹈教育人才，推动自治区舞蹈艺术事业高质量发展同样具有积极影响。

2023 年，内蒙古舞蹈演出市场开始逐渐升温。乌兰恰特剧院引进了《只此青绿》《永不消逝的电波》《孔雀》《青衣》《天鹅湖》等国内外一流的舞蹈精品，让内蒙古的观众享受了一场又一场精神盛宴。《骑兵》《如见》《蓝·印》等内蒙古本土优秀舞蹈剧目，也不再“墙里开花墙外香”，成为内蒙古观众常看常谈的节目。《骑兵》《如见》《昭君》等剧目还开启了巡演模式，不仅将内蒙古舞蹈带到全国各地，更进一步检验了管理者的宣传推广和盈利能力。

二、焦点与热点

（一）连续十二届夺得中国舞蹈“荷花奖”，彰显内蒙古舞蹈整体实力

中国舞蹈“荷花奖”始于 1998 年，是由中国文学艺术界联合会、中国舞蹈家协会共同主办的全国性舞蹈艺术专业奖，以表彰和奖励在全国舞蹈艺术领域中涌现出来的优秀舞蹈工作者和优秀舞蹈作品，繁荣当代舞蹈创作，促进舞蹈艺术事业的健康发展，被誉为中国舞蹈最具权威性的专家奖，评奖周期为两年一次。“荷花奖”共设民族民间舞、古典舞、现代舞、当代舞、舞剧五类奖项。

从第三届“荷花奖”评选开始，内蒙古的舞蹈作品连续十二届获奖，获奖作品包括《伊茹勒》（第三届，内蒙古艺术学院）、《额吉》（第四届，包头市歌舞剧团）、《飞鬃马》（第五届，内蒙古艺术学院）、《盛装舞》（第六届，内蒙古军区政治部文工团）、《塔林毕斯贵（草原妇女）》（第六届，内蒙古艺术学院）、《草原酒歌》（第六届，内蒙古艺术学院）、《东归兄弟》（第七届，内蒙古民族歌舞剧院）、《大漠驼影》（第七届，东方路桥·蒙古风情园艺术团），

《盅·碗·筷》（第八届，内蒙古民族歌舞剧院）、《马背上的女人》（第八届，内蒙古艺术学院）、《月光下的萨日娜》（第八届，内蒙古艺术学院）、《戈壁沙丘》（第九届，呼和浩特市民族歌舞团）、《巴林·德布斯乐》（第十届，赤峰市巴林右旗乌兰牧骑）、《奶茶飘香》（第十届，内蒙古艺术学院）、《草原英雄小姐妹》（第十一届，内蒙古艺术学院）、《顶碗舞》（第十一届，鄂尔多斯民族歌舞剧院）、《爷爷们》（第十一届，呼和浩特民族演艺集团）、《马背交响》（第十一届，内蒙古艺术剧院）、《骑兵》（第十二届，内蒙古艺术剧院）、《黑缎子坎肩》（第十二届，鄂尔多斯民族歌舞剧院）、《浪漫草原》（第十三届，呼和浩特民族演艺集团）等[1]，囊括民族民间舞、舞剧两类奖项，涉及国有和民营艺术院团及专业艺术院校等 8 家创作集体，充分彰显了内蒙古舞蹈艺术进入新世纪以来的辉煌成就。尤其是民族民间舞作品，更是回回上榜，明显处于国内同行业领先水平。

2023 年，内蒙古舞蹈工作者在继承优秀传统的基础上，持续发力，再创佳绩。由鄂尔多斯市伊金霍洛旗乌兰牧骑创作表演的民族民间舞《马铃儿摇响幸福歌》在众多作品中脱颖而出，荣登第十四届中国舞蹈“荷花奖”榜首，再次印证了内蒙古舞蹈界受时代感召，“为人民起舞”的决心与努力。同年，由著名编导孔德辛编创、呼和浩特市歌剧舞剧院有限公司表演的古典舞作品《红山玉龙谣》，在第十三届“荷花奖”古典舞终评中获得第七名的优异成绩，打破了内蒙古地区从无古典舞作品入围“荷花奖”的历史，实现了内蒙古地区古典舞创作的“零”突破。古典舞入围“荷花奖”的现象，充分体现了内蒙古舞蹈工作者牢固树立精品意识，勤奋耕耘创作，勇攀艺术高峰的精神，同时也反映出内蒙古舞蹈艺术由民族民间舞独撑门面到民族民间舞与舞剧比翼齐飞，再到古典舞开始崭露头角的发展足迹。内蒙古的舞蹈艺术开始迈上

1　获奖剧目由课题组查阅相关文件、网络资料后整理而成。

了多舞种共同发展的道路。

（二）承办顶级舞蹈展演，持续提升内蒙古的品牌形象

“全国舞蹈展演”的前身，是创办于1980年的“全国舞蹈比赛”。全国舞蹈展演由文化和旅游部主办，文旅部艺术司承办，每两年举办一届，每届均会与某个省、自治区、直辖市政府合作，在其所属城市开展。全国舞蹈展演是我国舞蹈艺术领域规格最高、影响最大、水准最高的国家级艺术盛会，近40年来已举办了13届，推出了一大批优秀舞蹈作品，发现、培养了一大批创作、表演人才，为提高我国舞蹈创作和表演水平，促进我国舞蹈艺术事业繁荣发展发挥了重要作用。

2023年7月6日至21日，第十四届全国舞蹈展演在内蒙古鄂尔多斯市隆重举办。本届全国舞蹈展演共有70个优秀舞蹈节目和13部舞剧、舞蹈诗参加，同时特邀“为人民而舞——纪念贾作光诞辰100周年舞蹈专场演出”、舞剧《冼星海》等节目参演。来自全国30个省（自治区、直辖市）的76个舞蹈院团、3000多名演职人员参加了此次展演，线下演出38场，线上＋线下观众约1.3亿人次，创下参演单位、作品和人数最多、赛事规模最大的纪录，充分体现了我国近年来舞蹈艺术全面发展、蓬勃向上的良好态势，同时也向世人证明了内蒙古各级政府及文艺界的组织领导能力和内蒙古舞蹈的影响力、号召力。

第十四届全国舞蹈展演参演作品主题鲜明、题材丰富、风格各异，集中展现了全国舞蹈艺术领域的最新成果。来自全国各地文艺队伍的精彩节目和亮丽风采，不仅给内蒙古的广大观众带来了艺术的盛宴，极大地丰富了内蒙古人民群众的精神文化生活，同时还为内蒙古舞蹈界、舞蹈人提供了一个绝佳的交流机会，为内蒙古自治区学习全国艺术发展先进经验、繁荣内蒙古自治区文化艺术精品创作起到了极大的促进作用。举办这样一场规模盛大的展演活动，是内蒙古自治区文化建设的一大盛事，对打造内蒙古舞蹈艺术品牌、促进高质量文化强区建设、促进区内外文化艺术交流、推动内蒙古文旅融合

发展具有重要意义。

此次全国舞蹈展演，内蒙古的单人舞《不落的太阳》、群舞《马铃儿摇响幸福歌》《过河》《盅舞》《沙嘎·沙嘎》《铁姑娘》《第一束阳光》《蒙古马》、舞剧《骑兵》《鄂尔多斯婚礼》10 部作品入选，位居全国各省（自治区、直辖市）入选数量首位。这些作品与来自全国各地的优秀节目同台竞技，集中展现了内蒙古舞蹈的独特风采及近年来的优异成绩。

（三）举办全区舞蹈赛事，推动舞蹈创作演出迈上更高台阶

1. 第六届内蒙古舞蹈大赛

内蒙古舞蹈大赛创立于 2004 年，由内蒙古文学艺术界联合会主办，内蒙古舞蹈家协会承办，每 3 年举办一届，是内蒙古自治区级别最高、影响力最大、权威性最强的舞蹈赛事活动。通过舞蹈大赛，一大批优秀舞蹈演员和舞蹈佳作成长、成熟起来，多部作品荣获中国舞蹈最高奖“荷花奖”。

2023 年举办的是第六届内蒙古舞蹈大赛。本届大赛由鄂尔多斯市文学艺术界联合会承办，伊金霍洛旗文学艺术界联合会、伊金霍洛旗文化和旅游局协办。大赛以“舞动新征程 团结向未来”为主题，旨在深入贯彻落实党的二十大精神，推出更多增强人民精神力量的优秀作品，推动内蒙古舞蹈事业高质量发展。大赛分专业组、群文组两大组别，设立创作奖、表演奖、组织奖、作曲奖、服装设计奖等奖项。来自全区 12 个盟市的 58 家院团、院校、乌兰牧骑以及群众团体的 91 部作品，近 3000 名专业和业余、少儿舞蹈演员参加了比赛。

大赛共颁发各类奖项 186 项。《红山玉龙谣》《马铃儿摇响幸福歌》《英雄少年》等作品荣获专业表演一等奖，《铁姑娘》《幸福家园》《英雄辈出》等作品荣获专业创作一等奖，《冬天的童话》等作品荣获群文少儿表演一等奖，《太阳你好》等作品荣获群文少儿创作一等奖，《收获》等作品荣获群文中老年表演金奖，《撒楚里》等作品荣获群文中老年创作金奖，《红山玉龙谣》等作品

荣获作曲奖，《安代》等作品荣获服装设计奖，呼和浩特市歌剧舞剧院有限公司等单位荣获组织奖。

此次舞蹈大赛，不仅让内蒙古的专业和业余舞蹈工作者们获得了展示风采、同台切磋技艺的机会，同时还大饱了群众的“眼福”，更让内蒙古的舞蹈声名大振，得到了史无前例的关注，产生了良好的社会反响。据媒体报道，此次舞蹈大赛引发新华网、人民网、新华社客户端、“学习强国”学习平台、中国新闻社、中国 COSTFOTO、中国日报亚洲新闻网、《欧洲时报》、奔腾融媒等近千家媒体的报道，点击量突破 1 亿。截至闭幕式第二天，抖音关于“内蒙古舞蹈大赛 · 推精品出人才”累计话题播放量达 1.5 亿次。同时，近 30 万人通过“内蒙古舞蹈家协会”央视频和哔哩哔哩官方账号“内蒙古文艺”视频号等平台观看了大赛直播。

2. “相约草原 恋上暖城”——第九届内蒙古自治区舞蹈比赛

内蒙古自治区舞蹈比赛是内蒙古另外一大专业舞蹈赛事，由内蒙古自治区文化和旅游厅主办，是全区性高规格、高水平、高标准的专业评奖活动，也是全区舞蹈艺术的最高荣誉，被誉为内蒙古舞蹈最具权威的“专家奖”。自 20 世纪 80 年代创办以来，比赛已成功举办 8 届。2023 年 5 月，由内蒙古自治区文化和旅游厅、鄂尔多斯市人民政府主办，鄂尔多斯市文化和旅游局承办的“相约草原 恋上暖城”——第九届内蒙古自治区舞蹈比赛在鄂尔多斯市康巴什区举行。

本次舞蹈比赛有来自全区各专业艺术院团和院校的近百部舞蹈作品以及来自自治区文化和旅游厅、院校、盟市文旅局及参赛队伍等的 1500 多人参加，线上线下观众共计 220 多万，是历年来参演作品和人数最多、规模最大的舞蹈赛事，且参赛作品主题鲜明、风格多样，集中呈现了全区舞蹈艺术领域的最新成果，反映出新时代、新征程的恢宏气象。比赛共评出编导类、表演类、作曲类、服装类等 85 个奖项，其中二连浩特市乌兰牧骑带来的群舞《游猎鹰魂》和鄂尔多斯市伊金霍洛旗乌兰牧骑编排的群舞《马铃儿摇响幸福歌》等节目获得表演金奖。比赛又一次为全区的舞蹈艺术家们提供了一个展示自己、取长补短的平台，进一步加强了全区各艺术院团、院校的交流合作，对于激发全区艺术工作者的创作热情，打造内蒙古舞蹈艺术品牌，推动全区文化旅游高质量发展具有强化作用。

3．“舞动北疆”内蒙古自治区第五届广场舞大赛

广场舞蹈是由广大群众自发而形成的集体舞蹈，源于社会生活，产生在人民群众之中，群众是广场舞的创作者和表演者。广场文化活动的兴起，很大程度上满足了现代人多方面多层次的精神文化需求。“舞动北疆”全区广场舞大赛由内蒙古自治区党委宣传部指导，内蒙古自治区文化和旅游厅主办，自 2018 年以来每年举办一届。该活动已成为内蒙古自治区公共文化服务领域弘扬中华优秀传统文化，构筑中华民族共有精神家园，开启百姓美好生活的导向性、示范性的大型群众文化品牌活动。

“舞动北疆”内蒙古自治区第五届广场舞大赛于 2023 年 6 月 27 日至 29 日在锡林郭勒盟举办。大赛包含千人广场舞展演开幕式、广场舞比赛及颁奖仪式等活动。全区 12 个盟市共 15 支参赛代表队 500 多人齐聚锡林浩特市，通过线上线下相结合的形式，为全区观众呈献了一场精彩的群众文化盛宴。

历届广场舞大赛的举办，带动了全区广场舞活动的蓬勃发展，丰富了群众的文化生活，展示了人民群众蓬勃向上的精神面貌，对于促进群众文艺创作，锻炼群众文艺队伍，进一步推动优秀文艺作品深度惠民，让文化惠民更好地贴近基层、融入百姓，不断满足人民群众对美好生活的新需求、新期待，从而凝聚起奋进新征程的磅礴力量具有重要的意义。

基于以上积极作用和示范引领效应，“舞动北疆”内蒙古自治区广场舞大赛入选了首届全国优秀群众文化活动品牌提名案例。这是继 2022 年该活动入选文化和旅游部“百姓大舞台”全国群众文化活动“最具人气品牌活动”及“十大广场舞品牌活动”后的又一项殊荣。

除全区性舞蹈赛事外，部分盟市也积极举办舞蹈比赛，如呼和浩特市的“亮丽北疆·舞跃青城”2023专业舞蹈大赛，呼和浩特首届“童心向党·舞跃青城”青少年舞蹈大赛等。这些常规性舞蹈赛事的集中举办，为内蒙古的舞蹈工作者们提供了一个又一个相互学习、取长补短、锻炼提升的平台，有助于他们在比赛中提升和成长，有利于打造舞蹈精品，进而弘扬内蒙古的舞蹈艺术，繁荣内蒙古的舞蹈事业。

（四）加大精品力作扶持力度，推动内蒙古舞蹈艺术由“高原”走向“高峰”

文艺要繁荣，创作必先行。近年来，内蒙古自治区党委宣传部、内蒙古自治区文化和旅游厅、内蒙古自治区文学艺术界联合会等党政群文化管理机构，制定和出台了一系列繁荣文化艺术、扶持文化艺术精品创作的指导性政策措施，如发布《内蒙古自治区重大主题文艺精品创作指导意见》，成立内蒙古自治区文艺创作基金会，实施文艺作品质量提升工程，发布《内蒙古文联关于推进文艺精品创作的十条激励机制》等，积极鼓励、支持、推动内蒙古的文学艺术精品创作。

各盟市也相继推出基于自身发展的文艺创作扶持、激励政策，如呼和浩特市制定了《呼和浩特市文联重大题材文艺精品创作生产2023—2025年规划》《呼和浩特市文联关于推进文艺精品创作的八项措施》《呼和浩特市重点题材文艺创作扶持办法（试行）》，引导文艺工作者聚焦重大现实题材、新时代发展题材，助力打造“北疆文化”品牌，努力推出文艺精品；鄂尔多斯市建立前端扶持+后端激励+全过程保障的文艺激励扶持体系，每年投入360万元，从文艺创作、文艺成果、文艺活动三个方面进行扶持激励；锡林郭勒盟紧扣“推进文艺创作”中心环节，召开全盟文联推进文艺创作工作会，印发《锡盟文联文艺创作重点选题指南》，出台《锡林郭勒盟优秀文学艺术作品再奖励办法》，指导、激励全盟文艺创作；乌海市制定了《乌海市文艺创作三年规划》，围绕学习宣传贯彻党的二十大精神、铸牢中华民族共同体意识、打造“北疆文化”等重大主题，组织引导广大文艺工作者进行创作；等等。

在此背景下，内蒙古的舞蹈工作者牢固树立精品意识，勤奋耕耘创作，勇攀艺术高峰。他们坚持以人民为中心的创作导向，把铸牢中华民族共同体意识、中华文化、中国式现代化、五个认同、人民生活等主题融入作品，在深入生活、扎根人民中进行艺术创新创造，创作出一大批思想精深、艺术精湛、制作精良的精神食粮，继续推动内蒙古的舞蹈艺术由“高原”走向“高峰”。

2023年，将中华文化符号与古典舞完美融合的创新作品《红山玉龙谣》经过不断修改提升，入围第十三届中国舞蹈“荷花奖”古典舞终评并获得第七名的好成绩，在内蒙古舞蹈史上书写了新的一笔。获得多个奖项的群舞《马铃儿摇响幸福歌》将蒙古族传统舞蹈与走马竞技文化相融合，大量运用勒马、骑马、耸肩、硬肩、碎抖肩、踏步、碎步、提压腕等蒙古族舞蹈动作，再现“驯马、引马、逗马、赛马”等走马竞技特点，来表现蒙古族舞蹈的形态之美以及蒙古马精神的动态意象，是一部回归舞蹈本体，技艺性、观赏性极强的作品。乌海市的原创舞蹈诗剧《山高水长》讲述了两位大学毕业生返乡创业，积极投身家乡建设的故事，以人与自然和谐共生为主线，融入岩画、四合木、岩羊、黄河等元素，音、舞、诗、画、美高度契合，形象展示了乌海自然生态的多样性。在2023年“内蒙古优秀剧目展演月”活动中，荣获优秀剧目奖、表演奖、导演奖等5项大奖。内蒙古艺术剧院的舞蹈工作者们努力从生产生活中积累艺术创作素材、汲取艺术创作灵感，开展“深入生活，扎根人民”采风活动，除新创排歌舞剧《昭君出塞》外，还围绕贯彻落实习近平总书记交给内蒙古的“五大任务”、全方位建设模范自治区及“北疆文化”品牌建设，创作和修改提升了《阳光·森林》《黄河之子》《森林知音》《阳光下的生活》《山林上的人》《踏雪巡边》《风之马》《情系绿草地》8部舞蹈作品，真正体现了国有大团的创作实力。

（五）重视理论研究和评论的指导意义，助力内蒙古舞蹈艺术创作更上一层楼

内蒙古的舞蹈理论研究和舞蹈评论队伍包括两类人员：一类是内蒙古本

土研究舞蹈艺术的人员，另一类是研究内蒙古舞蹈艺术的人员。有赖于内蒙古艺术学院“音乐与舞蹈学”国家级一流本科专业建设点的舞蹈理论研究与评论人才培养与中央民族大学、北京舞蹈学院等高校的部分师生对内蒙古舞蹈的持续关注，以及内蒙古本土文艺理论评论人才的不间断培训，内蒙古舞蹈理论研究和舞蹈评论队伍继续发展壮大。据不完全统计，2023 年度，《舞蹈》《艺术教育》《内蒙古艺术》《内蒙古艺术学院学报》等专业期刊、中国知网等学术平台、“内蒙古文艺”等微信公众号上刊载的内蒙古舞蹈理论研究和评论文章、硕士学位论文等不少于 50 篇，涉及舞蹈创作、表演、舞蹈作品评论、舞蹈教育、舞蹈传播等多个领域。[1]

“赛事 + 评论”是内蒙古舞蹈理论研究与评论的传统模式之一。2023 年 3 月 31 日，伴随第六届内蒙古舞蹈大赛，同时举办了内蒙古舞蹈创作发展研讨会。来自中国舞蹈家协会、内蒙古舞蹈家协会的 10 余位专家、艺术家及 100 多位舞蹈艺术界人士会聚一堂，就内蒙古舞蹈创作和未来的发展进行了深入探讨，涉及舞蹈选题把握、技法应用、情感升华、传承创新等。专家、艺术家们一致认为：内蒙古舞蹈创作在全国始终保持前列，特别是民族舞方面具有深厚坚实的基础。但如何在新时代呈现新的面貌，由高峰走向新的高峰，走向更辉煌的未来，需要进行深入的思考和探索。研讨会突出了在内蒙古舞蹈创作发展理论方面的创新性和前瞻性，具有鼓舞行动、振奋人心的重要作用，对于丰富完善内蒙古舞蹈创作发展的理论体系，推动内蒙古舞蹈创作发展的具体实践具有直接指导意义。

6 月 27 日，2023“舞动青城”内蒙古第十七届国际标准舞（体育舞蹈）精英赛暨内蒙古第六届青少年（省队）选拔赛举行之际，以“新时代、新起点、新征程”为主题的国际标准舞发展论坛同时举行。参与论坛的业内人士

1　数据来源于课题组对知网资源和相关期刊的人工统计。

和专家共同就如何有效培养国标舞人才，解决国标舞师资短缺问题，如何发展、壮大国标舞事业，提升国标舞人的群众形象，如何改善内蒙古国标舞事业现状等议题展开深入讨论，无疑对国标舞的发展具有积极的推动作用。

此外，文艺评奖评优活动对于指导和促进文艺创作、推动文艺理论研究具有不容小觑的作用。2023 年，内蒙古文联精心组织了第十三届内蒙古自治区艺术“萨日纳”奖评奖活动，推出 69 部获奖作品。其中舞蹈领域评出《浪漫草原》《绽放》《曲蛊人》《心灵之光》《安代》《盅舞》6 部获奖作品，以高质量的文艺评论评奖工作为舞蹈事业的发展提供强劲基础和保障。

（六）多途径培养培训舞蹈专业人才，提升内蒙古舞蹈的创新创造能力

人才培养，学校肩负核心使命，社会则作为有力补充。2023 年年底，内蒙古艺术学院按照新调整的学科目录，开始正式招收舞蹈专业硕士。这不仅有助于提升舞蹈专业教育的层次和水平，还意味着将为内蒙古舞蹈艺术事业培养一批具有更高专业素养，兼具一定研究能力的人才。未来，这些人才能够在舞蹈创作、表演、教育、研究等多个领域发挥重要作用，助力内蒙古舞蹈艺术事业不断向前发展。

内蒙古自治区文学艺术界联合会与内蒙古自治区文化和旅游厅也肩负了文艺人才培训的责任使命。内蒙古文联以“培育造就大批德艺双馨的文学艺术家和规模宏大的文化文艺人才队伍”为目标，持续深化内蒙古文艺人才培养工程，全面开展文艺家协会新入会会员教育培训工作，分类有序推进文艺领军人物、文艺骨干人才、中青年文艺人才、“文艺两新”优秀人才的专业培训。尤其在采风创作、教育培训、资金资助、项目扶持、评奖推优等方面对“文艺两新”进行帮扶，鼓励引导他们参与到自治区各类文艺实践中来，全面打通“文艺两新”成长发展通道，为内蒙古文化文艺人才队伍补充新鲜血液。2023 年，为加强自治区文艺评论队伍建设，提升内蒙古文艺评论工作水平，内蒙古文联文艺评论家协会举办了内蒙古文艺评论骨干培训班，全区 60 多位

文艺评论工作者参加了培训。阿拉善盟舞蹈家协会举办了民族民间舞蹈培训班，为提升阿拉善盟的舞蹈艺术水平夯实基础。

与此同时，内蒙古文旅厅在赤峰学院举办全区国有文艺院团及乌兰牧骑舞蹈编创及表演人才培训班，为全区国有文艺院团持续培养培训舞蹈工作者，帮助他们不断提升业务能力。各艺术院团也通过以赛促学、以老带新、业务考核等形式，搭建自身的人才培养体系。2023 年，内蒙古艺术剧院为加强古典舞创作表演能力，开展了为期 30 余天的中国古典舞身韵课、中国汉唐古典舞基础课的培训学习，培训结束后还进行了成果汇报及业务考核。

此外，由内蒙古舞蹈家协会承办的中国舞蹈家协会“中国舞”暑期考级在多个盟市举行，5720 名考生顺利完成考级。承办中国舞蹈家协会在内蒙古的“中国舞蹈考级”工作，对加强内蒙古自治区青少年的舞蹈普及教育，培育更多热爱舞蹈、学习舞蹈的青少年人才，全面培育舞蹈教育人才，推动自治区舞蹈艺术事业高质量发展具有积极的影响。

三、创新与突破

（一）首次举办内蒙古环境舞蹈展演

环境舞蹈，顾名思义就是舞蹈走出剧场，与建筑、自然、城市空间等环境因素相融合，探索舞蹈艺术的表现形式与表意空间，挖掘人与环境之间关系的一种舞蹈文化形态，旨在利用开放自由的空间环境，激发创作者的想象力、创造力，探索舞蹈创作与表演的各种可能，拉近舞蹈与观众间的距离，为观众带来不同的艺术审美体验。由中国舞蹈家协会主办，中国文联舞蹈艺术中心承办的“全国环境舞蹈展演”活动已连续举办了 6 年，武汉美术馆等艺术机构也在积极探索以环境舞蹈为核心的全新的互动沉浸式文旅项目。环境舞蹈已和舞蹈影像、舞蹈现场、数字舞蹈等全新的舞蹈艺术表达方式一起，成为检验一个地区或艺术机构舞蹈创新能力的元素之一。

2023 年 9 月，由中国舞蹈家协会指导，内蒙古文学艺术界联合会主办，内蒙古舞蹈家协会承办的“舞动北疆——2023 内蒙古舞蹈家协会环境舞蹈展演”在鄂尔多斯市伊金霍洛旗苏泊罕大草原举行。参加展演的《初见》《绣在穿引间》《恰似生命中的阳光》《归处是故乡》《遍地柳荫》《心灵之光》《游走的旅人》《一家人》《马铃儿摇响幸福歌》《走在阳光下》《暖暖的背》等舞蹈作品，既有对昭君“宁边思倾国，请缨赴塞上”家国情怀的讴歌，也有通过舞蹈对“蒙绣”这一中华优秀传统文化的创造性转化、创新性发展，更有以故乡、亲情为主题的作品对人类深层情感的挖掘，思想内涵精深、内容丰富多样、表达新颖别致，精彩的舞蹈在草原美景的映衬下更显看点十足。

此次环境舞蹈展演的意义，不在于演出了什么样的作品，而在于对舞蹈表现形式的创新性突破。脱离传统剧场空间的束缚，舞蹈艺术真正深入了生活、走进了人民、融入了自然，以舞入景，寄情于舞，情、景、舞交融，真正达到了《诗大序》所言的“情动于中而形于言，言之不足故嗟叹之，嗟叹之不足故永歌之，永歌之不足，不知手之舞之足之蹈之也”的至高境界。此次环境舞蹈展演更重要的意义还在于，内蒙古新一代舞蹈人借鉴吸收、勇于尝新、追赶超越、争先进位，在舞蹈创作路上不断前进的探索姿态，让我们看到了内蒙古舞蹈艺术高质量发展的无限可能。

（二）舞蹈表现形式更加新颖独特

2023 年，由呼和浩特文化旅游投资集团歌剧舞剧院创排完成的舞蹈剧场《如见》，在国家大剧院首演后，迅速惊艳了观众的目光，打破了人们对内蒙古舞蹈的固有印象。摒弃了传统意义上的美学，极简的舞美元素、诗意的创作手法、现代的舞蹈语汇、灵动的肢体语言是该剧对舞蹈表现形式的创新探索。全剧并未讲述一个连贯的故事，而是使用近乎蒙太奇的手法将极致的浪漫幻想、乌托邦式的美好、自我审视的思考、冷漠孤寂的迷惘、前行路上的奋进、互相扶持的温暖等碎片化的场景通过主人公的出现串联在一起，在时间的长河里，在现实的淬炼中，对人以及人性、人类情感进行挖掘，进而表达了一个完整的主题。

同年,古典舞《红山玉龙谣》这匹“黑马”也杀了出来。从内容题材来看，这部作品是中华优秀传统文化之一——红山玉龙文化创造性转化、创新性发展的成果，通过舞蹈语言将源远流长的龙的精神娓娓道来，传达出一种意气风发、神采飞扬、昂扬向上的中华民族精神。在表现形式上，这部作品融合了古典与现代的创作手法，同时包含了太极拳、呼麦、口弦、蒙古筝等多种艺术元素，形成了多元化的舞蹈风格。对结构空间、视角转换以及人物设定，包括考古专家和玉龙的关系、和红山的关系等，都创新性地进行了融合，既有内蒙古的特色地域文化，又不失古典舞的韵味。

以上两部作品均出自呼和浩特市文化旅游投资集团（前身为呼和浩特民族演艺集团）。近年来，呼和浩特市文化旅游投资集团歌剧舞剧院有限公司在舞蹈创作方面一直表现不俗，舞剧《驼道》《昭君》，舞蹈《爷爷们》等作品均是国内现象级作品。探寻其成功密码，也许可以用“大胆创新，现代表达，多元表现”十二个字概括。

其实，掌握这十二字“密码”的还有鄂尔多斯市各支乌兰牧骑队伍。在第十四届中国舞蹈“荷花奖”民族民间舞评奖中，共45部作品进入终评，其中就包括鄂尔多斯市伊金霍洛旗乌兰牧骑创排的《马铃儿摇响幸福歌》《走走光里》和鄂托克前旗乌兰牧骑创排的《遍地柳荫》3件作品。这些作品以独具特色的舞蹈风格与立意深厚的表现内容，彰显出民族文化在传承保护、创新交融中的蓬勃生命力。除此之外,在为期36天的“内蒙古优秀剧目展演月”中，鄂托克旗乌兰牧骑的原创歌舞剧《婚》也以上佳的表现获得“优秀剧目奖”“导演奖”“舞美奖”“音乐奖”“表演奖”等7项大奖。该剧将传统民族元素用现代的手法进行包装，对演唱、舞蹈、乐器等表演形式进行了巧妙编排。表演中采用民歌、民曲结合情景表演的跨界融合的综合形式来呈现，达到一种听觉、视觉同步的艺术效果，使观众既入眼又入耳，从而实现了艺术共鸣。

（三）舞蹈演出市场开始升温

内蒙古舞蹈艺术的蓬勃发展，既提升了内蒙古的品牌形象，使更多区内外的艺术团体关注内蒙古的演出市场，同时，也为内蒙古舞蹈演出市场培育了一批忠实观众。在此背景下，2023 年，内蒙古舞蹈演出市场开始逐渐升温。主要表现在以下几个方面：

第一，内蒙古演出市场中的舞蹈剧目、节目演出场次明显增加。2023 年，乌兰恰特剧院专门策划了“精品舞蹈演出季”，利用其保利院线的资源优势，举办了舞剧、舞蹈诗剧、舞蹈剧场、舞蹈专场等各类舞蹈演出不下 20 场[1]，其中不乏近两年“大火”的“文华奖”“荷花奖”获奖剧目，如舞蹈诗剧《只此青绿》、舞剧《永不消逝的电波》《孔雀》《运河》等，也有莫斯科芭蕾舞剧院带来的经典芭蕾舞剧《天鹅湖》等，此外还有一些创新性剧目，如舞蹈剧场《25m^2 狂想曲》。优质的剧目吸引了大批的观众，形成了“一票难求”“场场满座”的现象，带火了内蒙古的演出市场。

第二，内蒙古本土的口碑舞蹈剧目，如《骑兵》《昭君》《如见》等，不再保持“墙里开花墙外香”的姿态，开始重视本地的演出市场。在外出巡演的同时，这些剧目也利用草原文化节、舞蹈展演等节庆、展演时机，面向本地的观众演出，虽然演出的场次还不多，演出的盟市、旗县还不广，但毕竟意识到了“金杯银杯，不如当地老百姓的口碑”的发展根本，也真正开始体现“文艺为民”“文艺惠民”的艺术宗旨。

第三，旅游演艺项目《千古马颂》牢牢抓住旅游旺季，满足外地游客的观赏需求。2023 年，全景式大型马舞剧《千古马颂》在原作基础上经过再次

1　数据来源于课题组对呼和浩特保利剧院官方网站演出信息的人工统计。

提升和修改，于5月26日开演，至10月4日演出季结束时，共演出80场。自2014年首演以来，这部文旅深度融合的剧目已累计演出500余场，接待20多个国家及地区游客近50万人次，成为内蒙古旅游演艺的“金名片”。

第四，内蒙古的优秀舞蹈作品在全国巡演，“引爆”当地的演出市场。2023年，舞剧《骑兵》在长沙、南京、重庆、石家庄、哈尔滨等地开展了两轮巡演，共演出27场，赴北京参加新时代舞台艺术优秀剧目展演2场，参加“国家艺术基金设立十周年优秀资助剧目汇演”2场。每到一处，无不受到热烈欢迎和高度评价。舞剧《昭君》2016年一亮相就备受关注，截至2023年已演出近80场。2023年，该剧在北京、南宁、上海、永州、江门等地继续巡演，同样出现了“一经开票，马上售罄”的场面，受欢迎程度不亚于明星演唱会。舞蹈剧场《如见》，2023年在国家大剧院开启首演后，先后赴广州、上海、福州等地巡演，以其别具一格、与时俱进的内容与表现形式，深受年轻人的喜爱和追捧。

好的舞蹈作品，一定是能够讲好中国故事，构筑中国精神、中国价值、中国力量，同时能够经受市场检验，产生经济效益的产品。无疑，内蒙古的舞蹈已经具备了前者。但在市场化方面，虽然已经有了一些可贵的探索，但与北京、上海、广州、深圳等地相比，内蒙古的舞蹈市场化程度还不高，所占演出市场份额还达不到全国平均水平，舞蹈演出市场还有待进一步开拓。

四、问题与思考

（一）各舞种之间还需均衡发展

“一花独放不是春，百花齐放春满园。”分析中国舞蹈“荷花奖”内蒙古的获奖作品后不难发现，代表内蒙古舞蹈最高成就的始终是传统的民族民间舞蹈，在22个获奖作品中占据19个，占比86%；舞剧3部，占比14%。“可花奖”评奖以来，内蒙古只有一个古典舞作品入围终评，现代舞和当代舞无一入选，形成了各舞种之间发展不均衡的现象。虽然从表面上看，内蒙古的舞蹈依然风光无限，声名远扬，但却不利于接轨当代生活，表达更丰富而广阔的思想情感，影响了内蒙古舞蹈整体的长远发展。

民族民间舞之所以一枝独秀，其一，蒙古族舞蹈以节奏鲜明、动作欢快为主要特点。女子舞蹈多以抖肩、翻腕来表现蒙古族姑娘优美奔放、热情开朗的性格；男子舞蹈舞姿造型挺拔豪迈，步伐轻捷洒脱，表现出蒙古族男性剽悍英武、刚劲有力之美。这些舞蹈动作不仅要求舞者具备良好的身体柔韧性和协调性，更需要精湛的技艺和准确的节奏感。因此，蒙古族民间舞蹈技艺性高，观赏性强。其二，蒙古族民间舞蹈几乎是内蒙古所有专业舞蹈演员的“童子功”“必修课”，也是内蒙古的舞蹈编导们最熟悉、最擅长运用的创作手段，更容易体现他们的精湛技艺和专业水平。其三，蒙古族民间舞蹈有深厚的传统，可学习和借鉴的成功范例也很多，更容易打磨成优秀的作品。因此，民族民间舞独领风骚实属正常，无可厚非。

能够考验一个院团集体创作能力并久演不衰的是舞剧。内蒙古的民族舞剧创作一直处于领先地位。20 世纪，内蒙古的舞蹈工作者就创作了《东归的大雁》《森吉德玛》等一批有情怀、高品质的舞剧。进入 21 世纪后，自从舞剧《额吉》获得第四届中国舞蹈“荷花奖”，内蒙古的民族舞剧创作和制作进入了蓬勃发展期。呼和浩特民族演艺集团歌舞剧院编创的《马可·波罗传奇》《驼道》《昭君》等舞剧,引领了内蒙古民族舞剧创作的潮流。与此同时，一些旅游景区也在打造能够吸引游客的综合性舞台表演艺术，如《鄂尔多斯婚礼》等。直至《草原英雄小姐妹》和《骑兵》出现，内蒙古的民族舞剧正式走上了创作的巅峰。目前，虽然内蒙古的舞剧数量不是很多，但几乎部部都是精品，代表了内蒙古舞蹈在此领域的综合创作实力。

在时代语境下对中华优秀传统文化进行创新表达、实现当代转化，反映当下生活、贴近年轻观众，回应人民群众的现实情感和精神向往，满足群众的多元审美需求，是当代内蒙古舞蹈的主要任务。然而，内蒙古的古典舞、现代舞和当代舞创作，一直处于疲弱的状态。古典舞《红山玉龙谣》和舞蹈剧场《如见》，是内蒙古舞蹈人在古典舞和现代舞创作方面的积极探索和有益尝试，希望以此为契机，开启内蒙古民族民间舞、古典舞、现当代舞蹈均衡发展的新时代。

（二）传统舞蹈的现代表达能力还需继续提升

受民族舞蹈表现能力和手段的限制，内蒙古舞蹈一直以来以表现草原人民的生产生活为主题，难以摆脱“风情展示”的枷锁。即使进入新时代，在经济与科技不断发展，社会生活的各个领域都出现了新变化、新现象、新趋势的时代背景下，近几年的内蒙古舞蹈作品中，草原题材依然占据主流。《浪漫草原》《黑缎子坎肩》《马铃儿摇响幸福歌》《风之马》《曲盅人》《一匹马的悲伤》《初升的太阳》《顶碗舞》《苏和与小白马》《美》《盅舞》《飞扬》《孟克珠拉》《幸福家园》《走在阳光下》《捣炒米》等舞蹈作品，无论表现何种主题，都将叙事背景放到了一望无际的广阔草原，似乎离开草原就不会跳舞、不会讲故事了。长此以往，内蒙古的舞蹈创作不可避免地会出现同质化，观众也会审美疲劳，不利于其可持续发展。

如何运用传统民族舞蹈语汇讲好当代的“中国故事”，是目前内蒙古舞蹈界亟待解决的问题，同时对内蒙古的舞蹈编导们也提出了要求和挑战。首先，要能够有效促进传统舞蹈艺术更好地面向当下、面向大众。当前，对于传统舞蹈的现代表达，内蒙古的一些编创者们已经作出了很多成功的尝试。舞蹈作品《爷爷们》在蒙古族传统舞蹈欢快明亮的风格基础上，加入了诙谐幽默的元素，创新性融入现代街舞的舞步，生动刻画了草原上一群“老顽童”的日常生活、劳作情景，展现了当代牧民生活的富足安定与精神生活的丰富多彩。虽然舞蹈语言是传统的，但表达的主题和表现风格却是现代的。促进传统舞蹈艺术更好地面向当下、面向大众，除了表现手段的创新融合，还可以在传统舞蹈环境设计中增加现代化的光影技术和 VR 技术等的应用，能够让传统舞蹈艺术更具科技感，从而给观众带来更好的视觉体验。

其次，要能够赋予传统舞蹈艺术现代化的主题价值。舞剧《草原英雄小姐妹》虽然也是草原题材，但该剧却采用了多时空并置的表达手法，将同龄却不同时代的当代小学生与小姐妹置于同一时空，通过两代人的心灵碰撞与共情交融，给当代青少年上了一堂生动的爱国主义、集体主义精神“思政课”，弘扬了社会主义核心价值观。内蒙古的舞蹈编创必须要打破传统的固式思维，更加注重和强调在题材选择上的丰富多彩，展现出舞蹈编导自身的艺术追求和情感价值。同时，还要融合内蒙古当代民众的需求，表达的主题思想要更加多姿多彩、开放包容，例如对于大自然、对于自由的向往以及追求生态平衡等主题。

（三）打造“爆款”的能力还需进一步加强

目前国内“爆款”舞剧《永不消逝的电波》和《只此青绿》，与明星参演带“火”的剧目不同，这两部剧均靠“优质内容 + 成功运作”成为万众瞩目的“爆款”。《永不消逝的电波》从故事情节、舞美呈现，到服装道具都是亮点，首演至今，这一舞蹈品牌已演出 400 多场，豆瓣评分高达 9.5 分。经营运作上，《永不消逝的电波》开启驻演版、巡演版双线并进模式，吸引更多的观众走进剧场。《只此青绿》由故宫博物院、中国东方演艺集团有限公司、人民网股份有限公司、域上和美文化发展有限公司等单位共同出品，在文化内涵、演出水准、宣传推广、营销策划等方面具有强大的资源支撑。该剧通过文化讲座、非遗教学、曝光排练照片、召开新闻发布会、发布绝美定妆照、人民网等媒体支撑发力、举办粉丝见面会等一系列传播、营销措施，加之国家大剧院首演后的口碑发酵，票房飞速上升。自 2021 年首演以来，该剧已在中国近 60 座城市巡演近 500 场。

内蒙古的舞剧《草原英雄小姐妹》《骑兵》不乏打造为“爆款”的品质基

础。但《草原英雄小姐妹》的出品单位为内蒙古艺术学院，既缺乏经营运作能力，又无法解决巡演与教学的冲突，首演以来，演出场次不足百场。且随着一届届学生的毕业离校，复排的难度也在相应增加。《骑兵》从首演以来，一直在积极修改提升，不断提高品质，并参加各种评奖评优活动，借助国家大奖的品牌号召力，同时辅以线上线下相结合的宣传方式，来提升自己的知名度，从而开展全国的巡演。但首演至今，商演场次不过几十场，且部分场次的票价远远低于市场平均票价。宣传方面也明显后劲不足，无法让观众形成长期的关注。从投入产出效益和长远发展来说，还需与有演出市场运营经验的文化公司、艺术机构合作，引进更强有力的经营运作力量，真正“盘活”这两部剧目。

纵观2023年内蒙古的舞蹈艺术，成果突出，特点鲜明。舞蹈作品连续获得大奖，彰显了内蒙古舞蹈的创作实力；举办大型展演和比赛，继续巩固内蒙古舞蹈的品牌形象；舞蹈理论研究和评论在数量上有了提升；舞蹈人才培养更加开放和多元；举办了环境舞蹈展演，创新、创造能力明显增强。

未来，面对新的时代和新的需求，内蒙古的广大舞蹈工作者还需以习近平文化思想为指引，以铸牢中华民族共同体意识为主线，努力突破舞蹈语汇的局限性，增强舞蹈作品的表现力，创作出更多无愧于时代和人民的好作品，为内蒙古文艺事业的繁荣发展，为建设“亮丽内蒙古”作出更大的贡献。

主持人：

刘筠梅　内蒙古艺术学院文化艺术管理学院教授

参与撰写：

张姝娜　内蒙古艺术学院文化艺术管理学院讲师

曹　洋　内蒙古艺术学院艺术学理论专业硕士研究生

书法

2023年是全面贯彻党的二十大精神的开局之年，也是实施“十四五”规划承前启后的关键一年，更是为全面建设社会主义现代化国家奠定基础的重要一年。2023年，内蒙古书法界在疫情之后重启，进一步弘扬传统文化、推动书法艺术创新发展，可谓成果丰硕，可圈可点。2023年，内蒙古书法界聚焦中心工作，引领创作、推出人才，推动网络阵地建设，组织各类展览、研讨会、培训班、会员日、评奖等活动，内蒙古书法家协会等组织积极为书法家们提供了广阔的交流和学习平台。加强与其他地区的书法交流，不断提高创作水平和艺术境界，为传承和弘扬中华优秀传统文化作出了积极贡献。

一、年度焦点与亮点

（一）扎根基层，着力做好公益活动

2023年元旦春节期间，内蒙古书法家协会、内蒙古山东商会共同主办的“我们的中国梦”内蒙古书法家协会“送万福 进万家”志愿服务公益活动举行。活动开展以来，内蒙古书法家协会组织书法创作团队，先后开展多场“送万福 进万家”志愿服务公益活动，让群众感受年味，提高了群众对传统年俗文化的了解度、认同度，彰显了书法工作者的使命担当。内蒙古书法家协会组织书法家和会员走进呼和浩特回民区公安分局，呼和浩特市金川顺丰、圆通物流集散地现场，新城区中山东路社区，振华购物广场，中国银行内蒙古分行营业部5场“送万福 进万家”书法志愿服务公益活动，共书写对联1600余副、福字1800余个、书法作品140余件。此项活动也得到了十二盟市书法家协会的积极响应。2023年1月10日，呼和浩特市书法家协会举办的“我们中国梦——文化进万家”文艺志愿活动走进土左旗滨河社区，送出100副春联和100个福字。1月14日，兴安盟书法家协会在乌兰牧骑宫举行的“兴乡集市”大型活动中为群众义务书写春联，协会6位书法家参加活动，义务书

写春联 200 副。2023 年 1 月 17 日，兴安盟书法家协会赴阿尔山 32107 部队写福字送春联，为边防部队战士书写了近 220 副春联。春节之前，各盟市、旗县区，此类公益活动数不胜数。

在以往传统线下活动的基础上，内蒙古书法家协会创新文艺志愿服务和公益活动形式，与自治区总工会合作，印制 15 位书法家书写的春联福字 150000 套送到全自治区各级工会及职工群众手中；通过“内蒙古文艺”微信公众平台举办了“翰墨飘香添年味，迎新纳福写新春”内蒙古百名书法家春联赠送活动，通过线上点单的形式向全自治区广大书法爱好者赠送春联福字 1000 余副。

5 月 19 日，内蒙古书法家协会组织书法家参加“美好生活・民法典相伴”进社区主题宣传活动。现场书写法治金句等书法作品 100 余件。8 月 28 日，组织书法家参加走进中铁六局呼和浩特铁建公司重点工程项目部“翰墨传情”慰问活动。现场送出书画作品 40 余幅。

10 月 19 日下午，组织书法家参加在内蒙古自治区胸科医院（第四医院）举办的“杏林挥毫扬济世，翰墨飘香暖人心”书法活动。现场向第四医院职工送出了书画作品 40 余幅。10 月 20 日，赤峰市书法家协会秉持老有所学，书法让老年生活有“知”有味的理念，在一年一度的重阳节到来之际，弘扬尊老、敬老、爱老的传统美德，举办“爱满重阳节 情暖九月九”系列活动。赤峰市书法家协会走进克什克腾旗，协会老师们围绕“汉字溯源、书体演变、书法常识、历代名家”等方面内容为书法爱好者进行了深入浅出的讲解，加深了大家对汉字书写要领和技巧的理解。

（二）薪火相传，书法教育持续加温

2023 年，内蒙古书法界各类书法教育活动得到进一步的繁荣发展。协会、高校、中小学、艺术类企业、培训机构、社团等多种形式、多种层面的书法教育持续加温，遍地开花，书法公益培训、讲座蔚然成风，惠及各盟市旗县

大量的书法爱好者。

这一年，内蒙古书法家协会发挥“两个优势”，推动协会服务能力稳步提升，全年主办、承办公益书法讲座、培训十一场，培训广大书法爱好者2600余人。4月8日至9日，5月5日至6日，内蒙古书法家协会举办了两期第二届内蒙古自治区妇女书法篆刻作品展展前网络培训班。线上参加培训人员累计1100余人。5月1日至3日，由内蒙古书法家协会教育培训委员会和学习学术委员会共同主办了内蒙古中小学书法教师公益研修班，来自全区各地60余位中小学书法教师共同参加了培训。7月16日至18日，内蒙古书法家协会主席、秘书长李力，副主席乔雁赴巴彦淖尔市进行基层书法组织建设专题调研期间举办了书法讲座，来自巴彦淖尔市临河区及周边旗县的书法家和书法爱好者100余人共同学习。7月22日，内蒙书协主办的中国书法名家讲堂第六期学术讲座，来自呼和浩特及周边地区的内蒙古书协会员、书法篆刻爱好者线上线下140余人参加了活动。7月24日至27日，内蒙书协主办“铸牢中华民族共同体意识”内蒙古书法培训班，来自全区十二盟市的30名学员共同参加培训。8月14日，内蒙书协主办的“新时代文明实践文艺志愿服务呼伦贝尔书法创作骨干培训班”在牙克石市开班，来自牙克石及周边的书法爱好者30余人参加培训。8月29日，内蒙书协承办的中国书协2023年全国基层书法创作类会员培训班（第一期）在鄂尔多斯开班，来自全国30个省、自治区、直辖市的100名基层书法骨干学员和部分鄂尔多斯市书协会员参加了此次培训。9月6日，内蒙书协主办的新时代文明实践文艺志愿服务书法专题讲座在锡林郭勒盟正式开讲，锡林郭勒盟文联全体干部职工、书法家协会会员及书法爱好者等60余人参加了讲座。9月16日上午，内蒙书协主办的新时代文明实践文艺志愿服务暨民族团结进步活动月书法专题讲座在四子王旗实验小学举行，四子王旗中小学书法教师和全旗书法爱好者60余人参加了专题讲座。10月8日，内蒙书协主办全国第十三届书法篆刻作品展览投稿策略讲座，来自呼和浩特周边、鄂尔多斯、乌海等地的内蒙古书法家协会会员、书法爱好者线上线下180余人共同参加讲座活动。11 月 6 日起，内蒙书协组织四位专家分两组对十二盟市进行公益看稿、巡讲，盟市团体会员单位积极响应，通力配合。十天时间里，东西跨越 2400 公里，专家们足迹遍布内蒙古自治区十二个盟市，活动吸引了所在盟市及周边旗县的近 700 位书法创作骨干及书法爱好者。

5 月 1 日至 3 日，内蒙古中小学书法教师公益研修班在呼和浩特墨庐书法艺术馆举办，来自全区各盟市的 50 名中小学教师参加培训。

2023 年 5 月 24 日，内蒙古艺术学院的书法专业本科生毕业展在内蒙古美术馆开幕，这是该校书法专业毕业的首届本科生，展出作品受到社会各界的广泛关注。

（三）异彩纷呈，助力“北疆文化”品牌建设

1. 丰富多彩的展览活动

本年度，区书法展览比以往更为繁荣，可谓热闹非凡。3 月 1 日，内蒙古书法家协会主办了“第二届内蒙古自治区书法临帖展”。4 月下旬，内蒙古书协参与协办“扎实开展主题教育、建功自治区两件大事——2023 内蒙古自治区政协书画作品展”。6 月 3 日、10 月 8 日、11 月 24 日，内蒙古自治区青少年书法作品展·全区巡展分别在鄂尔多斯、包头、乌海进行巡展。6 月 15 日至 7 月 15 日，内蒙书协承办的“翰墨学思想 丹青建新功——内蒙古书法美术主题作品展”在内蒙古美术馆展出。7 月 20 日上午，内蒙书协主办“建功新时代 方寸见精神”——第六届内蒙古自治区篆刻作品展，展出篆刻作品 77 件，特邀作品 11 件。《第六届内蒙古自治区篆刻展作品集》同步发行，展览全程都进行了线上宣传跟进，推出了评审纪实、展讯通知、第六届内蒙古自治区篆刻作品展微展、评委有话说（上、下）等栏目，此次展览在形式和内容上着力创新，引人注目。7 月 30 日至 8 月 31 日，内蒙古书协承办了“强国复兴有我”全区国防教育书法美术作品展，本次展览展出书法作品 80 件。

8 月 12 日至 27 日，内蒙古书协负责的“‘四个 100’中华优秀传统文化

符号系列作品展”的篆刻作品部分在内蒙古美术馆展出，展出篆刻喷绘作品103件。展览征集与100种中华优秀传统文化符号相关的篆刻印花和边款的高清图片，收到160余件篆刻作品图片。经过组委会的意识形态审核，以及对中华优秀传统文化代表性符号的梳理，最终有100件篆刻作品入展，作品中有《诗经》《离骚》《论语》《左传》《礼记》《周易》《道德经》中的经典语句，有十二生肖、二十四节气、干支纪年、传统节日，有黄河、长城等中华民族的象征，也有阴山岩画、敦煌壁画、青铜器、甲骨文、彩陶等图样。展览聚力打造“北疆文化”品牌，以篆刻形式展现中华文化符号和中华民族形象，全面呈现内蒙古篆刻艺术推动中华优秀传统文化创造性转化、创新性发展的成果。

9月19日至24日，2022“中国书法·年展”全国篆书、隶书、篆刻作品展在乌海市举办。入展作品风格多样，或沉稳大气，或古朴率真，既扎根于传统，又充分展现了时代审美，是当代篆书、隶书、篆刻艺术基本风貌的集中反映。“中国书法·年展”是中国书法家协会下属中国书法出版传媒有限责任公司主办的大型综合专业展。设置“中国书法·年展”的目的是激励更多的书法爱好者深入研习经典，进一步夯实书法繁荣的基础，推动书法艺术的普及与提高。这项展览在内蒙古自治区乌海市举办，对于乌海市乃至全区的书法事业发展都有积极的作用。

10月8日，内蒙书协主办的“第二届内蒙古自治区妇女书法篆刻作品展”在呼和浩特内蒙古美术馆正式开展。10月22日，内蒙书协与中国书法家协会展览处、内蒙古师范大学、内蒙古自治区文学艺术界联合会等五家单位联合会主办的“翰海阑干——杨家伟书法作品展暨座谈会”在内蒙古美术馆举办，来自全国各地的专家学者以及书法爱好者200余人观展并参加座谈，杨家伟是近年来内蒙古自治区面向全国引进的书法博士，执教于内蒙古师范大学美术学院。专家学者们对于杨家伟的书法创作给予首肯和进一步的期待。11月7日，内蒙古书法家协会承办的“黄河几字弯里的鄂尔多斯”全国书法名家邀请展在鄂尔多斯市文化馆正式开展。

2. 内蒙古书法家协会第七次代表大会的召开

3月31日至4月1日，来自内蒙古自治区的108位代表参加了内蒙古书法家协会第七次代表大会，会议选举产生了内蒙古书法家协会新一届领导机构。这是本年度内蒙古书法界的一件大事,李力当选为内蒙古书法家协会主席，艺如乐图等12人当选为副主席。

3. 内蒙古第一个书法之乡的诞生

喀喇沁旗历史悠久，底蕴深厚，崇文重教，书法艺术源远流长，书法呈现出百花齐放、百家争鸣的良好势头，形成了特有的“喀喇沁书法现象”。经过内蒙古书法家协会考核组的调研考核，主席团会议讨论通过了将赤峰市喀喇沁旗命名为“内蒙古书法之乡”的决定。6月21日，由内蒙古书法家协会、中共喀喇沁旗委员会、喀喇沁旗人民政府联合主办，中共喀喇沁旗委宣传部承办的“清新喀喇沁”全国书法名家作品邀请展在赤峰博物馆南馆举行。内蒙古书法家协会主席、秘书长李力代表协会为赤峰市喀喇沁旗“内蒙古书法之乡”揭牌。

4.“会员之家”与“会员日”

内蒙古书法家协会会员之家，从5月12日到年底，共组织举办8次主题鲜明的会员日活动，吸引会员及书法爱好者200余人参加。这是书协会员交流学习的一个新的平台，受到大家一致欢迎。

（四）生机勃勃，盟市书法彰显活力

2023年，自治区书法界举办大量书法活动，全区各个盟市丰富多彩的活动展现出书法事业的勃勃生机。

呼和浩特市书法家协会举办了第二届书法临帖作品展，承办了第三届群众性书画作品展，第四届青少年书画作品展。呼和浩特市美术馆（书画院）举办名家讲堂活动，邀请中国书法家协会会员、内蒙古自治区文史研究馆馆员王迺欣老师主讲“书法审美与实践”，邀请故宫博物院研究员、中国书法家协会会员杨频老师主讲“文人书画中的诗意传统——从王维到齐白石”，薛帅杰主讲“《兰亭序》的是是非非”，受到书法家和爱好者的欢迎与好评。

包头市书协充分发挥文艺工作者的智慧和力量，坚持为时代书写，组织各类书法展览。5 月 1 日在包头文联举办“包头市首届少儿书法作品展”。9 月 1 日，组织包头市书协主席团成员以及创作骨干共 60 余人，参加在内蒙古美术馆举办的打造“北疆文化”品牌“嘱托里的印记”——包头市文艺作品展。10 月 9 日，包头书法家协会承办内蒙古自治区青少年优秀书法作品展。10 月 22 日，组织“传承发展，典亮中国”主题书法展。11 月 5 日，乔雁和王春和参加了中书协举办的“黄河里几字弯里的鄂尔多斯”全国书法名家邀请展。12 月 6 日在包头文联举办“包头首届青年美术书法展”。本年度包头书协会员踊跃参与省级各项赛事：第六届内蒙古自治区篆刻作品展包头共有 10 名作者入展，第二届内蒙古自治区妇女书法篆刻作品展共 13 人入展，艺韵北疆——内蒙古自治区美术、雕刻、书法、摄影跨年大展共 17 名作者入展。其中，乔雁、冯奇分别担任艺韵北疆跨年展和第六届内蒙古自治区篆刻作品展的评委。

乌海市书法家协会通过座谈会、微信群、公众号等方式带领广大会员深入学习贯彻党的二十大精神、习近平新时代中国特色社会主义思想，为凝聚和宣传书坛正能量作出积极的贡献。3 月 8 日，乌海市女子书家开展庆祝“三八”国际妇女节——世界因你而更美书法作品暨才艺网络展。3 月 10 日，学习贯彻党的二十大精神——乌海女子书家书写党的二十大报告金句书法作品网络展开展。4 月 2 日，“墨虹飞架——中国书法城 · 乌海 全国百家机场书画摄影作品巡展”在广州白云国际机场展出。4 月 10 日，海勃湾区书协承办了“墨韵新乌海 书写新时代”乌海市第七届全民书法临帖大赛，100 余幅作品在乌海当代书法艺术馆展出。5 月 4 日，“燃烧五四奋笔韶华”乌海青年书法作品网络展共 52 幅作品展出，呈现了新气象、新风貌、新特征。7 月 24 日至 30 日，乌海市“翰墨集英”书法人才培育工程全市书法骨干教师培训班在当代中国书法艺术馆圆满结班，70余人参加了此次培训。7月至8月，乌海市书协组织书协骨干深入巴音乌素村先后开展5次书法公益培训，为乡村留守儿童和书法爱好者带去了专业的书法知识。8月至10月，乌海市书协组织并参加了“墨舞新天”全国九省十城市书法联展交流，8月13日第二站在乌海当代中国书法艺术馆展出，100余人参加开幕式，乌海市书家与九省市地区书家进行了笔会交流，已在通化、乌海、鞍山、张家界、晋城五地展出。本次联展进一步提高了中国书法城乌海的品牌影响力。9月19日至24日，市书协组织会员参加“中国书法·年展”全国篆书、隶书、篆刻作品展暨第十二届黄河明珠·乌海书法艺术节。9月20日上午，“晏殊故里”文港走进“中国书法城·乌海”书法交流笔会活动在当代中国书法艺术馆二楼成功举办，两地书家进行了书法交流和学习。10月15日，乌海市文联、乌海市书协主办了“墨韵家庭 弘道养正”——乌海市首届家庭书法篆刻网络展，共展出20个家庭100余幅书法篆刻作品，并于10月22日在中国书法报网站展出。

赤峰市于2023年10月10日，建市四十年之际，在辽代历史博物馆举办北疆文化书法美术摄影展。展览立足全市发展大局和赤峰的地域文化优势，蕴含了赤峰四十年的光华，充分打造“北疆文化”品牌。2023年12月28日，“感党恩 听党话 跟党走‘汇聚艺术精品 建设亮丽北疆’——主题艺术作品展”在赤峰市群艺馆开展。此次作品展不仅是主题教育与学校中心工作相结合的重要实践，也是推进北疆文化建设的一项重要举措。

通辽市书法家协会在2023年通辽市政协书画院成立三周年之际，又推荐11名德艺双馨的书协会员加入政协书画院。同时，全年共吸纳新会员18名，向自治区推荐会员9名，为通辽市书法的发展注入了新的活力。并于2023年5月在通辽市图书馆举办首届临创展，共展览作品140幅。协助市文联开展“文艺进万家、健康你我他”三期全市文艺文化志愿者书法培训班并获得圆满成功。9月，由市教育局主办、市书协承办的“第三届全市中小学师生书法大赛”顺利举行。2024年春节前夕，市书协部分会员分别来到通辽市客运站、市总工会、市新华书店、科尔沁书虫、市委宣传部等单位进行写春联送福字活动，共写春联3000余副，受到各界人士的热烈欢迎。

锡林郭勒盟书协于2023年年初在锡林郭勒职业学院东展厅成功举办了“第二届艺宝斋杯锡林郭勒盟书法篆刻展”，98位书法家作品入展，锡盟书法家协会线上线下同时展出，锡林郭勒职业学院师生广大书法爱好者及社会各界人士200余人参加开展仪式。锡盟文联和锡盟书法家协会向锡林郭勒职业学院捐赠8幅书法作品及百余册文艺类图书。此外，为了满足广大青少年书法爱好者的书写意向和需求，从6月至8月，书协同锡林郭勒盟草原娃教育服务有限公司共同举办了锡林郭勒盟首届“草原娃杯”青少年书法大赛，并取得圆满成功。锡林郭勒盟书协还成功举办了锡林郭勒盟弘扬“蒙古马精神”主题书法展，围绕“蒙古马精神”“乌兰牧骑精神”以及习总书记交给内蒙古的五大任务共创作了蒙汉文书法篆刻作品54幅，其中冯笠等22名同志获奖。

鄂尔多斯市书协紧锣密鼓推动鄂尔多斯美术馆改造建设，并如期开馆，同期展出“一幅画的诞生——北京画院画家作品展”“艺韵北疆——内蒙古形象主题美术作品展”“暖城之暖——鄂尔多斯主题美术作品展”“马兰花开·芬芳暖城——马兰花文学艺术激励扶持工程成果展”，极力打造全市重要的对外宣传窗口、美育教育基地、文旅融合地标、文化财富宝库，全市文艺事业呈现百花齐放、生动活泼的良好局面。

阿拉善盟2023年书画展览交流活动丰富多彩，全年累计展出书法作品1000余幅。4月，举办了全盟书法专业大学生和青年作者书法作品展，展出30余人作品80余幅。5月，“艺路同行·民族同心”——云南曲靖、安徽宣城、内蒙古阿拉善三地书画展（简称“三地展”）在宣城市开展。6月，举办了王大梧师生作品展，展出作品200余幅。7月，在阿拉善经济开发区举办了安全生产暨主题教育的书画展，并在阿拉善左旗进行了展出。8月，三地展在巴彦浩特开展并举办交流学习活动；8月中旬，甘肃通渭县邀请阿拉善盟书法家10人参加甘肃通渭县书画艺术节并与当地书画家进行交流学习。10月，李鹏飞、闫红梅书法作品被内蒙古书协邀请参加了自治区主题教育主题展。11月，三地展在云南曲靖开展并举办交流学习活动。12月，阿拉善盟66名书法家参办了学习习近平新时代中国特色社会主义思想主题教育书法展。

二、年度重要成果

（一）获得各类表彰奖励情况

1. 书法创作的“萨日纳”奖

3月10日至12日，在自治区文联组联部的统一部署下，相关单位组织相关专家对第十三届内蒙古自治区艺术“萨日纳”奖书法奖作品进行评审。三松松《文心雕龙·体性篇》、杨家伟《学书感怀》、戚志敏《白雪歌送武判官归京》、阿尼斯（全福）《润雨》（蒙古文）、吴俊宏《蒙古文篆刻》（蒙古文）、白晓航《晓航印存》荣获第十三届内蒙古自治区艺术“萨日纳”奖书法创作奖。书法理论评论方面，王力春《中国古代早期石刻书人文献考辨》获得本届“萨日纳”奖的艺术理论评论奖的著作奖，王宏伟的《艺术创作语境中的书法与公众》获得本届“萨日纳”奖的艺术理论评论奖的文章奖。本届“萨日纳”奖的艺术理论评论奖3部作品中，书法理论作品有2部，占三分之二。这种成果侧面反映出内蒙古自治区书法理论评论的良好发展态势。

2. 其他表彰奖励

2月16日，内蒙古书法家协会副秘书长马静、干事孙婷荣获内蒙古文联2022年度先进个人荣誉称号。3月3日，协会副秘书长马静、孙婷代表内蒙古文联参加“满庭芳·北疆女工绽芳华”自治区直属机关女职工才艺展演，获优秀奖。4月15日，内蒙古书法家协会荣获中国书协2023年两节期间“送万福进万家下基层公益活动”先进单位表彰。

（二）理论评论成果

2023 年度，由国家艺术基金资助的艺术人才培训项目“书法理论评论人才培训”在北京大学拉开帷幕，由中国书协、中国评协等机构专家遴选出的 50 名学员在北京大学参加了为期一个月的集中培训，书法界以及理论评论界 50 余位专家亲临授课，开展了高水平学术交流活动，并举办了“当代理论评论家提名中青年书法作品展”。内蒙古自治区文艺工作者王宏伟、孙婷、何瑞乐入选此项目，赴京参加为期一个月的培训。7 月 11 日至 8 月 15 日，协会副秘书长马静参加国家艺术基金 2023 年度艺术人才培养资助项目“山东北朝摩崖石刻书法艺术创作人才”培训。

本年度，内蒙古自治区书法理论评论出现不少新的成果。张树天论文《边疆地区书法专业建设的实践与思考》在中书协第八届书法教育委员会第二次委员论坛宣读并收录到《晖光日新》中。张树天论文《破锋——审美的转换》被收入《激扬文字——张海破锋行草书评论集》河南美术出版社 2023 年 5 月版。孟德乡的《临观、意象与书法》发表于《大众书法》2023 年第 1 期。本文认为临观与意象是中国艺术的核心理念，是中国文化的重要内容。认识临观与意象有助于对书法的继承和学习，有助于理解人的感官与物象的关系，或寄形于物，或寄心于物，或寄情于物，观物取象，临象尽意。临观是临与观，是中国文化中的观照方式，是观看、体察、感受自然的方式。临观与意象的阐释直接引导书法、篆刻艺术学习的方法和对书法、篆刻艺术的认知。书法、篆刻的临摹与创作在临观与意象的映射之下观照，临摹的过程就是学古的过程，其中的方法就如临观，对意象的观照就是从临摹到创作的过程。杨家伟的《融古铄今 明心见性——书法创作摭谈》发表于《大众书法》2023 年第 2 期。本文认为书法学习没有什么捷径可言，临习古代经典书法作品，是学习书法的不二法门，也是与古人对话交流的过程。对话不等于复读。在临帖的过程中，“我”的作用非常重要。带有明确主观意图的临摹也是一种创作，临创转换是一个主观的、能动的、水到渠成的过程，是一个对法帖解读消化、溯本求源的过程，是一个从“似”到“不似”，从“无我”到“有我”的深化过程，关键是要学会“取舍”。杨家伟出版专著《宗唐溯晋——复古视角下的元代士人法书鉴藏研究》，本书以由宋入元所掀起的“复古”书法思潮及其创作实践为背景，以元代士人的法书鉴藏活动为核心展开考论，借助元代正史、野史、元人诗文集、笔记，以及明清书画著录文献等材料，综合社会学、艺术学和历史学等研究方法，从元代法书鉴藏发展的阶段特征、对晋唐法书的收藏与研究、题跋三个方面进行系统梳理。王宏伟《书法传播与大众的艺术史认知建构——由〈中国书法大会〉引发的一点臆想》刊载于《书法》2023年第10期，本文认为《中国书法大会》最突出的“战绩”是实现了书法传播过程中一个应该实现却长久没实现的目标——“破圈”。《中国书法大会》的播出打破了专业的壁垒，将书法的“专业性”通过嘉宾的讲解和现场参与人员的书写转化为观众能够直接接受、感知的方式，使书法传承与传播中的“专业性”问题从“圈内”走向“圈外”，转化为一种历史文化信息传递给大众。《中国书法大会》提升了书法在当代文化生态中的形象，填补了大众对书法和中国文化的“审美盲区”。

三、年度思考与建议

2023年，内蒙古书法界在取得一系列重要成果的同时，也面临着一些问题。以下是对内蒙古书法发展的几个问题与建议。

（一）创新不足

尽管内蒙古书法在传承经典方面做得很好，但在创新方面仍有待加强。部分作品过于注重对传统技法的模仿，缺乏现代审美元素的融入，使得作品在时代感上犹显不足。

（二）推广力度有待加强

尽管内蒙古书法在本地有一定的影响力，但在全国乃至国际舞台上的知名度还有待提升。推广平台的欠缺和宣传力度的不足，限制了内蒙古书法走出去的步伐。

（三）书法教育资源不均衡

尽管许多学校开设了书法课程，但教育资源在城乡之间、学校之间仍存在不平衡现象。一些地区的书法教育水平相对较低，缺乏专业的书法教师和优质的教学资源。

针对以上问题，提出如下建议：

第一，加强创新实践：鼓励书法家们在继承传统的基础上，勇于尝试新的创作理念和技法，将内蒙古书法与现代审美相结合，创造出更多具有时代特色的作品。

第二，拓宽推广渠道：利用互联网、社交媒体等现代传播手段，进一步加大对内蒙古书法的宣传力度。同时，积极参与国内外书法交流活动，提升内蒙古书法在全国乃至国际上的知名度和影响力。

第三，优化教育资源：加大对书法教育的投入，着力提升书法教师的专业素养和教学水平。同时，加强城乡之间、学校之间的教育资源共享，促进内蒙古书法教育均衡发展。

2023年，内蒙古书法界经历了充实而富有成果的一年。这一年里，内蒙古的书法家们通过不断努力和探索，取得了一系列令人瞩目的成绩，书法教育持续升温，学术讲座蔚然成风，展览交流丰富多彩，书法事业发展势头正旺，未来可期。在创作方面，内蒙古的书法家们深入研究传统书法精髓，结合自身审美理念，创作出一批具有独特风格和深刻内涵的书法作品。在教育、推广方面，内蒙古书法界也取得了显著成效。许多学校将书法纳入课程体系，为学生提供了学习书法的机会。内蒙古的书法家们也积极开展书法普及活动，走进社区、乡村，为广大群众提供书法学习和指导服务。这些举措不仅提高了书法艺术的普及率，也增加了群众对传统文化的认识和了解。这些成果不仅展示了内蒙古书法艺术的魅力和实力，也为内蒙古的文化艺术事业注入了新的活力和动力。展望未来，我们期待内蒙古书法界能够继续保持这种良好的发展态势，为传承和弘扬中华优秀传统文化作出更大的贡献。

主持人：

何瑞乐 呼和浩特市美术馆（书画院）二级文艺评论

参与撰写：

马福利 内蒙古大学创业学院讲师

马　静 内蒙古书法家协会副秘书长

孙　婷 内蒙古书法家协会二级美术师

王其云 包头轻工职业技术学院讲师

王垚磊 呼和浩特市新城区人力资源和社会保障局馆员

裴茂军 内蒙古民族文化艺术研究院三级美术师

董　昊 呼和浩特市土左旗金川学校教师

民间文艺

中华优秀传统文化是中华民族的精神命脉。民间文艺具有集体性、口传性、传承性和多样性，是中华传统文化的重要组成部分。习近平总书记在北京出席文化传承发展座谈会时发表重要讲话，强调要更有效地推动中华优秀传统文化创造性转化、创新性发展。[1]2023年是全面贯彻党的二十大精神的开局之年。总书记指出，中华文明具有突出的连续性、创新性、统一性、包容性，和平性[2]，从根本上决定了中华民族必然走自己的路。民间文艺工作要坚持"人民至上"的根本价值取向、坚持"守正创新"的创作理念，坚持"风清气正"的职业道德，才能把握时代脉动，坚守信念、践行忠诚，领悟人民心声，使文艺创作具有深沉的力量和隽永的魅力。这一年来，内蒙古各级民间文艺家协会在文联党组的正确指导下，加大力量推进各项工作提质增效。

一、年度概述

文化是一个国家一个民族的灵魂，2023年3月召开全国两会，新一届全国人大代表、全国政协委员积极关心文艺，围绕党的二十大作出的决策部署，为文化的繁荣发展献言献策。习近平总书记在看望参加政协会议的文艺界委员时强调，希望大家立足中国现实，根植中国大地，把当代中国发展进步和当代中国人精彩生活表现好展示好，把中国精神、中国价值、中国力量阐释好[3]。中华文明绵延五千年，是一座丰富的宝藏，文艺工作要有所建树，前提是要扎根优秀传统文化，坚定文化自信、自强。习近平总书记交给内蒙古的"五

1 李嫒嫒：《更有效地推动中华优秀传统文化创造性转化、创新性发展》，《光明日报》2023年7月3日，第2版。

2 龚鸣等：《中华文明将在同其他文明的交流互鉴中不断焕发新的生命力——习近平总书记在文化传承发展座谈会上的重要讲话引发国际社会热烈反响》，《人民日报》2023年6月5日，第2版。

3 习近平：《一个国家、一个民族不能没有灵魂》，《求是》2019年4月15日，第8期。

大任务”和全方位建设“模范自治区”两件大事，民间文艺工作者积极响应，深入贯彻习近平总书记有关内蒙古的重要讲话和重要指示批示精神，坚持创新、坚持开放、坚持协调、坚持发展。秉持共同利益、和谐共处、互利共赢的理念，推动文艺工作不断向前发展。充分发挥民间文艺家协会在文艺活动中的积极作用，提升内蒙古文艺事业的水平和影响力。各盟市、旗县因地制宜，依托当地民间文化资源优势开展工作，连续举办代表其特色的民间文艺活动。开展长期稳定的具有地域性特点的民间文艺活动成为保护与发展当地民间艺术的必然要求。

内蒙古民间文艺，自古以来便在广袤的草原上孕育生长，承载了蒙古族人民的智慧与情感，凝聚了世代相传的文化记忆，是优秀传统文化重要的一部分。它像是一条历史的长河，流淌着民族的血液，映照出独特的地域风情。从悠扬的马头琴音，到激昂的蒙古长调；从翩翩起舞的草原舞蹈，到精彩纷呈的杂技曲艺；从富含哲理的民间故事，到巧夺天工的传统手工艺——内蒙古民间文艺的每一个细分领域，都无不闪耀着夺目的光彩，让人为之惊叹，为之倾倒。内蒙古民间文艺作品，宛如一颗颗璀璨的明珠，镶嵌在内蒙古的文化长河中，闪耀着独特的光芒。它们由广大的人民群众在生活的沃土里共同培育，经过岁月的洗礼和历史的沉淀，逐渐发展成为具有鲜明地域特色和民族风格的文学艺术形式。在这片广袤的土地上，民间文艺以其独特的魅力，深深扎根于人民群众之中。它不仅是内蒙古人民智慧的结晶，更是他们情感的寄托和精神的慰藉，承载着内蒙古人民的历史记忆和文化传统，成为连接过去与现在的文化纽带。

二、焦点与热点

聚焦节日点亮集体性。内蒙古民间文艺的集体性，彰显了其深厚的群众基础，尤以传统节日春节前后最为显著。

在元旦、新春佳节来临之际，为深入贯彻落实党的二十大精神，增强文化自觉，坚定文化自信，提高各地非遗代表性项目的知名度和影响力，丰富各族人民群众的节日文化生活，内蒙古各地举办了精彩纷呈的民间文艺活动。

2023 年 1 月 1 日，《非遗中的呼伦贝尔大雪原》实景剧于 17 点准时演出；2023 年 1 月 14 日起，赤峰文博院以线上与线下相结合的形式，陆续开展文化惠民系列活动，更好地满足群众文化生活多元化需求；第二届锡林郭勒盟非遗年货展卓有成效；包头市昆都仑区图书馆联合云图数字有声图书馆开展“精彩非遗闹元宵”答题活动，通过非遗项目——灯谜，弘扬主旋律，传播正能量，增强全民文化自信和保护非遗的责任感、使命感，激发人民群众知史爱党、知史爱国的热情；1 月 9 日至 16 日期间，由科左后旗文旅局主办，旗图书馆、旗文化馆联合承办的“春联送福”进基层活动，在科左后旗民族社区举行，共送出春联 200 余副，将新年祝福实实在在地送到了群众家门口，送到了群众心坎里；1 月 11 日，由中共科左后旗委宣传部、科左后旗文化和旅游局等 8 个部门联合主办的“喜迎新春 · 乐享消费”2023 年科左后旗年货节启动仪式在甘旗卡镇满达步行街启动。在奉献精彩表演的同时，旗文旅局也为活动注入了“非遗”元素。蒙古族马具、蒙古族剪纸、蒙古族乐器等“非遗”展品琳琅满目，旗文旅局组织的“非遗”文创产品、手工艺品展，和文旅企业销售的传统奶制品、蒙古族皮雕等商品吸引了众多群众驻足观赏和购买。1 月 12 日，第五届非遗中国年暨“欢乐中国年 幸福青城季”——金兔闹新春 新岁纳吉祥系列春节群众文化活动在莫尼山非遗小镇开幕。正蓝旗、赤峰举办“非遗年货节”；新右旗文化馆举办“红火中国年 非遗家乡味”2023 年“非遗过大年——文化进万家”视频直播特别活动；1 月 14 日，昆都仑区文化馆举办“爱包头 作贡献”第十五届“魅力昆都仑”春节元宵节系列活动暨“我们的节日 · 春节”非遗传承系列活动；阿拉善博物馆非物质文化遗产展厅改陈布展工作有序开展；沉浸式演艺《非遗中的呼伦贝尔大雪原》在冬季为呼伦贝尔的市民朋友们带来一场场文化盛宴；“2023呼和浩特春节元宵节‘塞上老街非遗庙会’系列活动”于1月27日（正月初六）上午10点在“塞上老街旅游休闲街区”正式启幕；“植根文化沃土 探寻非遗内涵”——土默特右旗非遗项目践行二十大精神展览在敕勒川博物馆临展厅开幕；1月24日至2月6日，内蒙古自治区展览馆以“启航新征程 幸福中国年”为主题，推出了游九曲、赏花灯、逛展览、看电影、做手工等系列文化活动，鄂尔多斯市文化和旅游局借助举办大型节日活动契机，展销数十款非遗项目产品；1月31日（正月初十）晚，伊金霍洛旗以“郡王府非遗味 博物馆奇妙夜”为主题的2023年贺新春文化活动正式启动，极具年味的非遗项目亮相郡王府大院，非遗传承人现场展示非遗技艺、制作非遗产品，全方位呈现非物质文化遗产的传统意义、当代价值，让大众在王府大院里品尝儿时味道，感悟传统文化魅力；2月2日，和林格尔县春节、元宵节系列活动——“非遗迎春闹元宵”活动在盛乐博物馆、文化馆分别拉开帷幕；社火闹新春 非遗过大年——“欢欢喜喜过大年”赛罕区举办民间社火大联欢暨非物质文化遗产项目展示活动；2月4日，正蓝旗文体旅游广电事业发展中心来到扎格斯台苏木巴彦宝拉格嘎查开展“我们的中国梦——非遗进万家”活动；2月5日，新巴尔虎右旗开展2023年新春冰雪那达慕之阿拉坦额莫勒镇庆元宵节系列群众文化活动；2月4日，由陈旗文旅广局主办，旗文化馆承办的“庆元宵·非遗进景区活动”在莫尔格勒景区主游客中心拉开帷幕；2月4日至5日，青山区非遗传承人参加“福兔闹元宵 春意满青山”青山区2023年“我们的节日·元宵节”系列活动；2月5日，兴安盟文化旅游体育局、兴安盟文化馆等单位举办非遗展示展演活动；乌梁素海举办了非遗文化进景区展销活动，供春节期间乌梁素海游客观赏；2月5日至6日，由赤峰市松山区文化旅游体育局主办，非遗保护中心承办的“非遗过大年”——2023年庆元宵皮影戏展演在松山区综合场馆一楼隆重举行，为群众的传统节日增添了浓郁的文化氛围。

这些民间文艺活动源于生活，贴近群众，通过非物质文化遗产与人民群众的日常生活相结合，以生动、沉浸式的文旅活动展现，让丰富的文旅产品供给能够不断满足人民群众日益增长的精神文化需求，也反映了内蒙古人民的生产生活、思想情感和审美情趣。它们是人民群众集体智慧的结晶，体现了内蒙古人民的创造力和艺术才华。这种集体性不仅体现在创作过程中，更体现在欣赏和传承中。每当人们聚集在一起，欣赏民间文艺表演时，那种共鸣和认同感油然而生，仿佛将彼此的心灵紧紧相连。

三、新作、创新、突破

（一）多维空间赋能传承性

传承性是内蒙古民间文艺得以延续的关键，活化的民间艺术传承在商品市场的平台上大展身手。

鄂伦春非遗馆的鄂伦春非遗产品展销区，集中展示鄂伦春传统非遗技艺产品，是纪念旅游行程，选购一件具有当地民族特色的旅游产品的好去处。鄂伦春族非物质文化，是呼伦贝尔乃至全国稀有的文化遗产，是中华民族文化的珍品和瑰宝，是我国多元民族文化的重要组成部分。鄂伦春非物质文化遗产是活的传承，存在于与鄂伦春人民生活密切相关、世代相承的现实生活中。为弘扬中华优秀传统文化，有效保护非物质文化遗产，鼓励和支持非物质文化遗产代表性传承人开展传习传承活动，延续城市历史文脉，内蒙古各个市、旗、县、区文旅部门开展了各级非遗代表性传承人评审工作。经各地方文旅部门推荐及非物质文化遗产代表性传承人专家评审委员会评审，内蒙古自治区文化和旅游厅拟定了包括呼和浩特市在内的各个市、旗、县、区非遗代表性传承人名单，并予以公示。为认真学习贯彻落实习近平总书记关于非遗保护工作重要指示精神，落实中共中央办公厅、国务院办公厅《关于进一步加强非物质文化遗产保护工作的意见》精神，按照《文化和旅游部非物质文化遗产司关于在 2023 年春节期间组织开展非遗传承实践相关活动的函》，利用春节等传统节日重要时间节点推动形成人人传承弘扬中华优秀传统文化的生动局面，科右前旗文化旅游体育局开设的“非遗传承基地”“非遗展示中心”“非遗生活馆”在科右前旗图书馆二楼正式免费对外开放；1 月，人民日报客户端、学习强国、《中国旅游报》、草原全媒刊发了《西湾村：“活”了非遗“火”了乡村》的报道，2022 年 11 月，包头市西湾村入选 2022 年全国非遗与旅游融合发展优选项目名录名单，获评“非遗旅游村寨”；科右前旗展示中心通过图文、实物、场景还原等形式展现了科右前旗“非遗”文化，参观者不仅可以看到手艺人的现场制作过程，还可以就自己感兴趣的门类进行体验并得到指导，体验“非遗”文化的乐趣；2 月 22 日，苏尼特左旗召开 2022 年非物质文化遗产代表性传承人补助发放仪式暨传承人工作总结会议。会上，为国家级、自治区级、盟级非物质文化遗产代表性传承人发放补助金和《内蒙古自治区非物质文化遗产保护条例》宣传册，并签订责任书。非遗传承人就如何进一步做好非遗传承工作交流经验和思路；3 月 3 日，东乌珠穆沁旗文化体育旅游广电局相关负责人前往嘎达布其镇巴彦吉拉嘎嘎查牧民朝鲁家、乌里雅斯太镇朱洒楞奶食加工店、孟和奶食店普查皮制品制作、奶食制作非遗项目制作过程以及传承人情况；3 月 8 日，阿拉善左旗文化馆（非遗保护中心）组织召开第七批旗级非物质文化遗产代表性项目申报专家评审会，专家评审组对此次申报的五个大类共 11 个项目进行了现场评审，经评审专家组评审，最终推荐雅托噶、哈日靶等项目进入第七批旗级非物质文化遗产项目申报名录，后续将按程序报上级审核；鄂尔多斯市文化艺术创作研究院继续深入开展非遗代表性传承人抢救性记录工作，鄂尔多斯市共有 326 位市级及以上非物质文化遗产代表性传承人，目前已有 36 位离世，超过 60 岁的占总人数的三分之一以上，抢救性记录工作迫在眉睫。鄂尔多斯市文化艺术创作研究院 2022 年启动全市非物质文化遗产代表性项目代表性传承人抢救性记录工程，主要记录非遗代表性传承人技艺技能全过程和口述史。2 月 20 日至 24 日，非遗工作人员赴杭锦旗走访了自治区级非遗代表性项目杭锦道格礼俗传承人巴音达来、章萨（馓子）传统制作技艺传承人达楞太、鄂尔多斯短调民歌传承人呼毕斯哈拉玛、道格黑木日传承人宝日雅特 4 位传承人。此次抢救性记录工作通过数字化手段全面、真实、系统地记录了非遗传承人的技艺过程和传承故事，为鄂尔多斯市非物质文化遗产保护、传承、研究工作奠定了扎实的基础；乌海市第二届非遗民俗系列活动暨首届金沙湾风筝节成功举办，有助于加速乌海市文旅融合步伐，进一步展示乌海市非物质文化遗产的独特魅力，进一步提升广大市民对非物质文化遗产的知晓率和认同感。

在内蒙古地区，民间文艺的传承往往与家族、师徒等社会关系紧密相连，近几年来，随着国家及当地政府的扶持，民间文艺的传承路径得以拓展，传承平台也从小范围传承发展到全方位活态传承发展。在旅游资源开发和产品建设中，充分利用非遗资源，培育和打造非遗品牌，积极探索非遗传承保护路径，利用新思路、新路径、新模式，让非遗真正融入生活，回归生活，推动非遗活态保护与传承。以政府牵头，引领非遗融入生活，推动活态传承，通过老一辈艺人口传心态的传承方式，不仅保证了民间文艺的延续性，更赋予了其深厚的文化内涵和历史价值。

（二）紧跟文化政策，展现协会担当

为深入贯彻落实习近平总书记考察内蒙古时的重要讲话精神，聚力打造“北疆文化”品牌，以多元艺术形式展现中华文化符号和中华民族形象，由自治区文联主办的“‘四个 100’（雕塑、篆刻、摄影、剪纸）中华优秀传统文化符号系列作品展”在内蒙古美术馆展出。内蒙古民间文艺家协会承办了其中的剪纸类展览的相关工作，并在其间开展剪纸技艺现场展示活动。展览以四种艺术形式呈现了内蒙古文艺界在推动中华优秀传统文化创造性转化、创新性发展的火热实践中取得的丰硕成果。作为民间传统文化之一的剪纸艺术以其特有的艺术形式展现了中华文化符号和中华民族形象，也反映了内蒙古各

族人民在新时代幸福和谐的生活状态与昂扬奋进的精神风貌。内蒙古民间文艺家协会于6月15日举办第三届全区工艺美术精品展暨第二届呼和浩特工艺美术作品展，展出近300件优秀作品。作品形式多元、内涵丰富，包括民间刺绣、雕塑雕刻、工艺画、金属工艺、皮艺、陶艺、毡艺等。该展览在展示、宣传、弘扬民间工艺美术，繁荣工艺美术创作，扩大民间工艺美术的社会影响力等方面达到了应有的效果；在提升民间艺人的技艺水平、开拓创作创新思路、激发民间工艺美术的生机活力等方面必将产生较为深远的影响；为深入推进学习贯彻习近平新时代中国特色社会主义思想主题教育，聚焦习近平总书记交给内蒙古的“五大任务”和全方位建设“模范自治区”这两件大事，为内蒙古自治区民间艺术的创造性转化、创新性发展发挥更大的作用。2023年7月，内蒙古民间文艺家协会举办“学贯新思想 奋进新征程”2023内蒙古民间文艺骨干业务培训班，各盟市及自治区直属单位的民间文艺骨干、传承人、新文艺群体代表参加培训。此次培训加强了对民间文艺工作者的思想引领，广泛凝聚共识，学员们的理论水平有了提高，综合能力有所增强，精神面貌也更加昂扬，更加坚定了文化自信，明确了作为民间文艺工作者的使命。同时，进一步增强了协会的组织活力、向心力和影响力。

“北疆文化”是中华优秀传统文化在内蒙古的具体体现，我们挖掘和展现内蒙古大地上的厚重历史文化和丰富人文资源，就是为了打造以各民族交往交流交融、守望相助、共同弘扬“蒙古马精神”和“三北精神”、铸牢中华民族共同体意识为基本内容的“北疆文化”品牌，教育引导各族群众牢固树立正确的国家观、历史观、民族观、文化观、宗教观。在实现中国式现代化的伟大征程上，打造“北疆文化”品牌不仅是文化现代化的重要环节，更是现代化建设过程中的强大精神力量。充分发掘和挖掘“北疆文化”的多元性，注重对文化遗产的保护和传承，积极创新和发展“北疆文化”，加强与其他地区的文化交流与合作。全力以赴打造“北疆文化”品牌是内蒙古民间文艺家协会工作的重要方向和责任担当。

四、传承、交流、趋势

（一）历久弥新 夯实口头性

口头性是内蒙古民间文艺的一大特点。为更好贯彻落实习近平新时代中国特色社会主义思想和习近平总书记在文化传承发展座谈会上的重要讲话精神，特别是习近平总书记考察内蒙古时的重要讲话精神，弘扬“北疆文化”，8月25日至27日举办了以“建功新时代 民歌颂北疆”为主题的2023内蒙古民歌大会。此外，还加入了第十六届中国民间文艺山花奖·优秀民间艺术表演（民歌）初评活动、以“中华民歌 北疆文化”为主题的民歌研讨会以及“民歌走进乌海”文艺志愿展演活动。除内蒙古各盟市选送的节目以及歌唱家、明星歌手助阵外，还有来自全国18个省、自治区、直辖市的20支入选队伍齐聚乌海参加山花奖初评，并有部分节目在2023内蒙古民歌大会的三场展演中再次亮相。该项目的实施，扩大了民歌大会及民歌艺术的影响力；丰富了人民群众的精神文化生活，提升了人民群众的获得感、幸福感；促进了交流互鉴，激发了艺术活力，为民歌艺术的传承，为推动中华优秀传统文化创造性转化、创新性发展注入了生机活力，对促进社会主义文艺事业高质量发展具有积极意义。通辽市自治区级代表性传承人少布（海青少布）创作的好来宝《科尔沁走马》和市级代表性传承人金刚创作的乌力格尔《失火》荣获第十三届内蒙古自治区艺术“萨日纳”奖曲艺奖节目奖。3月24日，由赤峰市翁牛特旗非遗保护中心和翁牛特旗格斯尔文化保护传承协会指导，翁牛特旗格斯尔非遗传承人赛音敖其尔、丹巴牵头组织，来自新苏莫苏木、阿什罕苏木、格日僧苏木等地区的40余名格斯尔说唱艺人开展了研学、交流和互动活动；6月8日至15日在湖北省武汉市举办2023全国非遗曲艺周活动。通辽市文化旅游广电局选派市文化遗产保护中心、扎鲁特旗文化馆、科左后旗文化馆、科区戏曲剧团的乌力格尔、雅布干乌力格尔、好来宝、东北二人转4项曲艺类国家级非遗代表性项目工作人员共12人赴武汉参演。8月19日，为期四天的兴安盟2023年"格斯尔"说唱艺人初级、高级培训班在兴安盟职业技术学院举办开班仪式。中国三大英雄史诗之一"格斯尔"史诗说唱艺人培训开班为艺人们提供了学习交流的平台，能够让大家深入了解"格萨尔"文化的历史渊源、技艺要领和传承方式，提升自己的专业素养，对"格萨尔"史诗的传承发展起到了积极的助推作用，是兴安盟铸牢中华民族共同体意识、巩固民族团结进步成果的一项重要举措。为深入贯彻落实习近平总书记关于重视少数民族文化遗产保护传承的重要指示精神，铸牢中华民族共同体意识，进一步做好"格萨尔"等非物质文化遗产保护与传承工作，8月23日，由内蒙古自治区少数民族古籍征集研究室、兴安盟文化中心联合举办的全区"科尔沁格萨尔杯"格萨尔说唱大赛在兴安盟举行。"石榴花开 籽籽同心"网络主题活动内蒙古站采访团来到巴林右旗格萨尔传习所，共同观看了《格萨尔》说唱表演，9位格萨尔传承人用一句句节奏鲜明的蒙古语说唱词句，共同演绎了此首充满历史沧桑与厚重感的古典民族史诗。11月26日，西乌旗青少年工作保障中心举办"江格尔"说唱班开班典礼。西乌旗委宣传部向青少年工作保障中心捐赠了21把演奏乐器托布秀尔，为"江格尔"说唱班的筹建提供了硬件基础。

这些丰富多彩以说唱艺术为主题的活动围绕铸牢中华民族共同体意识、弘扬民族团结、促进各民族交往交流交融等方面内容，利用潮尔、四胡、毛布秀尔等乐器，以群众喜闻乐见的说唱形式来传承，全面展示了内蒙古自治区各民族共同团结奋斗、共同繁荣发展的美丽画卷和史诗说唱艺术水准。这不仅是传承优秀民族文化，也是民族间相互交流交融和相互理解的生动见证。加强保护和传承这一宝贵的民族文化遗产，对铸牢中华民族共同体意识，促进民族团结具有重要意义。这种口头流传，通过说唱、讲述等方式传递给后人的传播方式，使得民间文艺在内蒙古地区广泛流传，历久弥新。口头性与为民间文艺注入了灵活性和变异性。在传播过程中，艺人们可以根据不同的场合和观众需求进行即兴创作和改编，使得民间文艺更加丰富多彩。

（二）标新立异 强学术基石

在保护和传承民间文艺的过程中，2023 年我们看到了许多令人振奋的景象。一些年轻的民间艺术家和学者，致力于深入挖掘和研究民间文艺的内涵和价值，他们用自己的智慧和才华，为民间文艺的传承和发展贡献着力量。民间文艺也在与时俱进，不断创新和发展。一些新的研究角度被融入传统的民间文艺中，使其焕发出新的光彩和魅力。

内蒙古大学民族学与社会学学院 2023 年毕业的研究生乌日乐格以《安代疗法的文化人类学研究——以通辽市 M 医院为例》为自己的毕业论文题，分析安代疗法在医院领域的应用是过渡仪式在病人心理层面发挥作用，通过公共活动激发社会心理支持，揭示地方性知识对于现代医学疾病治疗具有一定的参考意义。内蒙古师范大学音乐学院的研究生王雪婷以《“双减”背景下民族民间舞在 SHJ 小学的教学实践与探究》为题，是“双减”这一新时代的新背景下，关于民族民间舞的学校教学研究，弥补了该方面的空白。中南民族大学民族学与社会学学院的金鑫、张明旭、刘佳发表在《中国民族博览》杂志上的一篇以《呼和浩特“香妃”民间叙事研究》为题的文章，述清了在清代北方各民族交往交流交融的大背景下，“香妃”这一源自南疆的地域文化符号于民族徙居与文化互动中移入呼和浩特地区，与地方风俗相结合，演绎出的独具特色的民间叙事。作为当地回族民众历史记忆的特殊载体，该民间叙事在当地隐性传承中历经地方正史、稗史的整合与重构，呈现出“和而不同”的历史书写。内蒙古师范大学蒙古学学院的研究生白通拉嘎以《民间文化资源与革命题材小说——以蒙古族当代小说为中心》为题，聚焦蒙古族当代小说，以民间文化与精英文化、外部环境与内部机制、革命实践与小说叙事视觉，考察革命历史题材小说如何吸纳、传承、创新和重塑民间文化资源问题。内蒙古民族大学研究生乌林图亚以《蒙古族故事中的禽鸟形象研究》为题，通过分析禽鸟和灵魂的关联现象，进一步探讨了蒙古族传统观念里认为鸟是灵魂载体形象的缘由。蒙古史诗中多次出现英雄的灵魂化鸟或者将灵魂依托于鸟身上的现象。内蒙古大学蒙古学学院的研究生丽丽以《库伦旗安代文化传播 5w 模式研究》为题撰写毕业论文，讲述了库伦旗安代文化的历史进程，同时以最基础的传播模式为大体框架，分析探寻在当前数字化的时代，如何以更好的方式来保护、传承以及发展库伦旗安代文化。为进一步加强少年儿童中华民族共同体意识教育，2023 年，内蒙古自治区民委、内蒙古自治区文联组织,内蒙古民间文艺家协会编辑出版"'石榴籽'绘本丛书·美丽中国"系列，推出以民族团结等为主题的 10 则民间故事。

2023 年民间文艺学术研究展现出了显著的发展和成就，研究领域呈现出诸多特点。广泛性：研究领域十分广泛，涵盖了蒙古族民族民间音乐、蒙古族乐器改革、蒙医药、蒙古舞、地方新闻等多个方面。这些研究领域都取得了扎实而系统的研究成果，显示出内蒙古民间文艺学研究的深度和广度。创新性：在内蒙古民间文艺学的研究中，一些研究具有开创性，不仅填补了学术空白，也推动了民间文艺学的发展。这些创新性研究使得内蒙古的民间文艺学术研究在国内处于领先地位。依托重大项目的研究：内蒙古民间文艺学的研究者积极参与重大项目或课题，如"石榴籽绘本丛书"等。这些项目为研究者提供了丰富的资源和平台，推动了内蒙古民间文艺学研究的深入发展。近年来，内蒙古民间文艺学研究逐渐形成了系统，综合研究成为主流。这种综合研究不仅关注单一的艺术形式，也注重不同艺术形式之间的内在联系和相互影响，为民间文艺学的研究提供了新的视角和方法。2023 年，内蒙古民间文艺学术研究取得了显著的进展和成就，为民间文艺的发展作出了重要贡献。

五、问题、思考与建议

内蒙古民间文艺的传承与发展任重而道远，仍然面临挑战和问题。当然，我们不能否认民间文艺在现代社会中仍具有一定的生命力和影响力。毕竟，这些艺术形式承载着我们民族的历史和文化记忆，它们是我们身份认同和文化自信的重要源泉。如果我们想要确保民间文艺能够长久地传承下去，并在未来得到更好的发展，那么我们就必须正视当前面临的挑战和问题，积极寻求解决方案。

（一）传承与发展困境

在当前的文化背景下，民间文艺的传承与发展显得尤为重要。随着现代化进程的日益加速，传统民间文艺技艺正面临着前所未有的挑战和困境。老一辈艺术家，他们承载着丰富的传统文化和艺术智慧，但随着岁月的流逝，他们逐渐老去，这使得许多珍贵的技艺面临着失传的风险，与此同时，我们注意到年青一代对传统文化的兴趣和热情似乎并没有那么高涨。在全球化的大背景下，年轻人接触到了各种各样的外来文化和流行元素，这使他们对本土民间文艺的认同度逐渐降低，形成了民间手工艺者青黄不接的局面。这种情况进一步加剧了民间文艺传承的困境，我们无法确保年青一代会愿意接过老一辈艺术家的接力棒，继续传承和发扬这些珍贵的艺术形式。

除此之外，民间文艺在传承过程中也存在一些问题。一些传统艺术形式过于保守，缺乏创新元素，这使它们在现代社会中难以引起年轻人的关注。年轻人是社会的未来和希望，如果无法吸引他们的注意力和兴趣，那么这些民间文艺形式就很有可能逐渐消失在历史的长河中。

怎样走出这种困境是我们现在急需解决的。通过教育来培养年青一代对传统文化的兴趣和热爱是一种很好的方法。近几年各地都在积极组织非遗走校园的活动，但是该活动并不能实现民间艺术常态化教育，在教育体系中加入更多关于传统文化和民间文艺的内容，让学生从小就接触到这些艺术形式，了解它们的价值和魅力，为培育民间文艺的传承者和推动者打下基础。

加强引导民间文艺的创新和发展。传统并不意味着守旧和过时，相反，传统应该是一个不断发展和演变的过程。可以通过资助和扶持民间文艺项目，鼓励艺术家们在保留传统元素的基础上进行创新尝试，从而创造出更多符合现代审美需求的作品。在现代化进程加速和外来文化冲击的背景下，努力找到一条适应现代社会的传承与发展之路，才能够确保民间文艺在未来能够继续繁荣昌盛下去，为我们的民族和文化留下宝贵的财富。

（二）人才短缺问题

民间文艺人才的短缺问题如同一道无形的枷锁，束缚着民间文艺的发展脚步。在内蒙古地区，民间文艺教育投入相对较少，专业的教育机构和师资力量如同稀缺的资源，历年各地开展民间艺术多门类的培训班均以各级传承人为培训主体，难以满足非传承人民间文艺爱好者的需求。这种状况下，民间文艺人才的培养如同在成分单一的土地上播种，收获自然是寥寥无几。人才流失严重的问题也在无情地蚕食着民间文艺的根基。民间文艺行业的待遇和发展前景相对有限，这使得许多有潜力的年轻人才在现实的压力下选择转身离去。他们或许曾对民间文艺怀有满腔热情，但在现实的打击下，这份热情逐渐被消磨殆尽。这种人才流失的现象，不仅剥夺了民间文艺传承和发展的新鲜血液，也使其陷入了后继无人的尴尬境地。

加大教育培养力度是解决民间文艺人才短缺问题的根本途径。增加对民间文艺教育的投入，建立完善的教育体系，培养专业的师资力量。通过设立更多的民间文艺教育机构、开设相关课程、举办培训班等方式，为广大民间文艺爱好者提供学习的平台。我们还可以借助现代科技手段，如网络教育、远程教育等，打破地域限制，让更多的人能够接触到民间文艺的魅力。

改善行业待遇和发展前景是留住人才的关键所在。提高民间文艺从业者的社会地位和待遇水平，让他们能够得到应有的尊重和回报。为民间文艺行业提供更多的发展机会和空间，让人才能够充分发挥自己的才能。通过举办高质量的民间文艺比赛、展览、演出等活动，为民间文艺人才提供展示自己才华的舞台；通过与旅游、文化创意等产业的融合发展，为民间文艺行业注入新的活力和机遇。

（三）市场化与商业化问题

在深入探讨内蒙古民间文艺的现状时，我们不难发现，市场化与商业化的问题已成为其发展道路上的显著挑战。内蒙古，这片广袤的土地孕育了丰富多彩的民间文艺，它们既是历史的见证，也是文化的传承。在现代社会的浪潮中，这些珍贵的文化遗产面临着前所未有的困境。

市场开发的不足是制约内蒙古民间文艺发展的一个重要因素。长期以来，由于缺乏有效的市场推广和营销策略，许多优秀的民间文艺作品未能走出内蒙古，进入更广阔的市场。这不仅仅是一个经济问题，更是一个文化传播的问题。民间文艺是民族文化的瑰宝，它们应该被更多人了解和欣赏。但由于市场开发的滞后，这些作品往往只能在本地小范围内流传，难以实现其应有的文化价值和社会影响。

商业化过度的问题也不容忽视。在追求商业利益的过程中，一些民间文艺作品逐渐失去了其原本的艺术性和文化内涵。被过度包装，只为迎合市场的口味。这样的商业化行为不仅对作品本身造成了损害，也给整个民间文艺的声誉和形象带来了负面影响。人们开始质疑这些作品的真实性和价值，对民间文艺的信任和尊重也随之降低。

品牌意识的缺乏是另一个需要解决的问题。在当今社会，品牌已经成为一个产品或文化现象被大众认知和接受的重要标志。对于民间文艺而言，品牌建设同样重要。一个具有影响力的品牌不仅能够提升作品的知名度和影响力，还能够为作品带来更广泛的传播机会和商业价值。目前，内蒙古民间文艺在这方面还存在较大的差距。缺乏具有影响力的品牌作品和艺术家，使得民间文艺在市场竞争中处于不利地位。

面对这些挑战和问题，要坚持问题导向，采取切实有效的措施来推动内蒙古民间文艺的健康发展。加强市场推广是关键。通过有效的营销策略和推广手段，让更多的人了解和欣赏到内蒙古民间文艺的魅力。这可以通过各种渠道实现，如举办民间文艺展览、演出、文化交流活动等，将作品推向更广阔的市场。也可以利用现代科技手段，如互联网、社交媒体等，进行线上推广和传播，打破地域限制，让内蒙古民间文艺走向世界。注重保持民间文艺的艺术性和文化内涵。在商业化的过程中，我们不能忘记民间文艺的本质和价值，要尊重传统、尊重艺术、尊重文化，避免过度商业化的现象发生。对于商业合作和开发项目，要进行严格的审核和评估，确保它们符合民间文艺的发展方向和价值取向，也要鼓励艺术家和创作者坚守艺术初心，不断创新和发展，为民间文艺注入新的活力和魅力。加强品牌建设和管理。通过培育具有影响力的品牌作品和艺术家，提升内蒙古民间文艺的整体形象和竞争力。这需要投入资金和资源进行长期的品牌建设和管理工作，包括作品筛选、艺术家培养、品牌推广等。建立健全品牌保护机制，维护民间文艺的声誉和形象，打击侵权行为，保障创作者的合法权益。

六、立足当下展望未来

2023 年，内蒙古民间文艺的发展呈现出勃勃生机与盎然活力。这片广袤的土地上，民间文艺以其多姿多彩、形态各异的表现形式，将古老的传统与现代的创新完美融合，为广大民众带来了一场场视觉与听觉的盛宴。内蒙古民间文艺的发展前景广阔而光明。在传承与创新的道路上，内蒙古民间文艺将不断焕发新的活力与魅力；在人才队伍的支撑下，内蒙古民间文艺将涌现出更多杰出的艺术家和优秀作品；在科技媒体的助力下，内蒙古民间文艺将走向世界舞台展现其独特风采；在与旅游产业的融合发展中，内蒙古民间文艺将为文化产业和旅游产业的共同繁荣注入新的动力。相信在不久的将来我们能看到一个更加繁荣、多元、充满活力的内蒙古民间文艺新景象。我们也应看到，内蒙古民间文艺的发展还面临着一些挑战和困难。比如，如何在全球化背景下保持民族文化的独特性和多样性，如何平衡传统与现代的关系以满足不同观众的需求等。这些问题需要我们共同思考和努力解决。但无论如何，我们都对内蒙古民间文艺的未来充满信心和期待。我们相信在这片充满活力和创造力的土地上孕育出的民间文艺必将继续书写属于它的辉煌篇章。

表 1　2023 年内蒙古民间文艺学术成果表

类型	作者姓名	研究题目
硕士论文	李慧琴	互动仪式链视角下的土默特右旗“二人台”非物质文化遗产的旅游演艺传播研究
期刊	张瑞坤	黄河几字弯流域（内蒙古段）非物质文化遗产的媒介呈现路径探究
硕士论文	包可心	科尔沁民间文学的短视频传播研究
硕士论文	赵坤亮	科尔沁叙事民歌的流变与发展
硕士论文	丽丽	库伦旗安代文化传播 5w 模式研究
硕士论文	娜布其	马尾胡琴“勃依拉鲁特·达日拉嘎”技法研究——以《阿斯尔》乐曲为例
期刊	赵宏亮	蒙东南地区民间体育文化遗产与休闲健身产业融合探究
硕士论文	郝相熠	蒙古族“乌力吉”纹样的历时性符意阐释与共时性解构设计
硕士论文	刘姝彤	蒙古族儿童民歌的音乐分析与传承现状研究
硕士论文	乌林图亚	蒙古族故事中的禽鸟形象研究
硕士论文	张淑欣	蒙古族皮雕技艺在现代文创产品设计中的应用研究
硕士论文	白通拉嘎	民间文化资源与革命题材小说——以蒙古族当代小说为中心

续表

类型	作者姓名	研究题目
硕士论文	胡万佳	民族交往交流交融视域下张北二人台艺术研究
期刊	魏琳琳　任敏	民族音乐在高校教学改革中的传承与创新
硕士论文	于三珊	内蒙东部地区辽代乐舞图像遗存研究
硕士论文	房福顺	内蒙古“那达慕”国际化发展研究
硕士论文	桑小茜	内蒙古“三少”民族舞蹈艺术特征与民族文化探析
硕士论文	张海燕	内蒙古包头地区儿童圆锁习俗研究
硕士论文	刘兴安	内蒙古传统美术类非物质文化遗产的保护研究
硕士论文	仓婧	内蒙古地区的蒙古国雅托噶音乐研究
期刊	朱穆兰	内蒙古电视纪录片对区域民俗建构探析
硕士论文	萨仁高娃	内蒙古东部地区萨满教现状研究——以兴安盟为例
期刊	刘玉欣　董波	内蒙古二人台民间戏班现状调研——从内蒙古土默特右旗“二人台小班”个案谈起
硕士论文	刘玉欣	内蒙古二人台艺术的当代传承——基于土默特右旗和左旗的考察
硕士论文	白海峰	内蒙古和林格尔剪纸造型与审美特征
硕士论文	王雨清	内蒙古河套民间剪纸典型纹样的文化内涵与活态传承现状研究
期刊	赵香连　刘尧晔	内蒙古科尔沁蒙古剧音乐特征研究
硕士论文	柴拉干	内蒙古蒙古语卫视《话说蒙古族民俗》系列报道研究
硕士论文	格丽沙	内蒙古乌拉特地区山地草场山羊牧俗研究——以乌拉特中旗呼勒斯太苏木为
硕士论文	张一翀	内蒙古乌兰察布地区春节民俗文化研究
期刊	刘玉欣	内蒙古西部“二人台”民间传习现状——以内蒙古土默特左旗和土默特右为例
硕士论文	刘雅楠	内蒙古西部民歌融入初中音乐教学的调查与实践研究——以包头市固阳二为例
硕士论文	程靖	内蒙古镶黄旗地区火不思音乐研究
报纸	朱丽娜	内蒙古自治区版权局：激活民间文艺作品资源价值
硕士论文	李甜甜	内蒙古自治区民俗旅游节庆时空分异研究

续 表

类型	作者姓名	研究题目
硕士论文	樊丹	商都县东路二人台现状调查与研究——以三种生态环境下的个案为例
硕士论文	陈子萱	社会性别视角下鄂温克女性及其音乐生活研究
硕士论文	谭婧雅	谭盾祭祀题材音乐创作研究——以《鬼戏》《火祭》为例
期刊	金鑫　张明旭 刘佳	呼和浩特“香妃”民间叙事研究
硕士论文	张海燕	内蒙古包头地区儿童圆锁习俗研究
硕士论文	秀英	国内《格斯尔》学术史梳理研究（1949—2022）
硕士论文	赵询	和林格尔剪纸造型语言研究
硕士论文	包奇蕊	非遗传承人敖特根巴雅尔身份认同研究
硕士论文	刘佳欣	非物质文化遗产的数字化传播应用研究——以内蒙古中西部炕围画为例
硕士论文	盛怡瑶	非物质文化遗产的活化路径研究——以内蒙古奈曼旗民间皮影戏礼盒设计为例
硕士论文	董辰婧	鄂尔多斯准格尔旗漫瀚调的文化功能研究
硕士论文	娜木恒	鄂尔多斯民歌《杭锦色库勒》研究
硕士论文	莫日格乐高勒	地域特色课程资源开发在高中思政课中的运用——以内蒙古 H 市为例
硕士论文	鄂晶晶	达斡尔族民间舞蹈“鲁日格勒”形式构成及应用实践研究——以原创作品《“鲁日格勒”畅想》为例
硕士论文	郝巧宁	“二人台”戏曲的新媒体传播与“走西口精神”研究
硕士论文	李倩	“和林格尔剪纸”根性文化的传承与保护研究
硕士论文	刘沛闻	“贺・乌嘎拉吉”在蒙古族婚礼中的应用研究
硕士论文	王雪婷	“双减”背景下民族民间舞在 SHJ 小学的教学实践与探究
硕士论文	陈昊　叶展辰	“一带一路”背景下内蒙古博克运动传承与传播研究
硕士论文	安赫鲁玛	《江格尔》山岩文化研究
硕士论文	马越	《清嘉录》器物类民俗词语研究
硕士论文	乌日乐格	安代疗法的文化人类学研究——以通辽市 M 医院为例
硕士论文	包小梅	巴尔虎婚姻型史诗研究

续表

类型	作者姓名	研究题目
硕士论文	媛媛	巴尔虎史诗《喜热图莫尔根汗》的文本研究
硕士论文	阿亚斯	察哈尔地区《阿斯尔》艺术传播研究
硕士论文	秦帅	潮尔琴在内蒙古宝龙山镇 ZX 校教育传承的调查与研究
期刊	李娜	文化自信视域下内蒙古民族声乐艺术的继承与发展探究
硕士论文	贺希格达来	文化人类学视角下非物质文化遗产的传承研究——以乌珠穆沁长调为例
硕士论文	张迪	通辽市蒙古族服饰非物质文化遗产立法保护研究
硕士论文	代红梅	文学活动：内在机制与外在形式——以蒙古族文学有关活动为中心（2001—2022 年）
硕士论文	格根塔娜	乌拉特刺绣在现代女装设计中的创新应用研究
硕士论文	海日汗	乌苏《江格尔》的多角研究
硕士论文	萨楚日娜	小道具在民族民间舞蹈作品中的表演实践研究——以学演作品《博古（镯）》、《红蜻蜓》为例
硕士论文	春苗	游动的歌——蒙古族民歌《达古拉》的传播研究
期刊	娜布其　杨波	在日用而不觉中铸牢中华民族共同体意识——“二人台”民族文化交融路径
硕士论文	包满达胡	扎拉森演述的嘎拉巴故事研究
硕士论文	格根召拉	扎鲁特搏克习俗传承研究
硕士论文	包苏日娜	扎鲁特民间故事文化研究
硕士论文	王阳	昭乌达喀喇沁地区民歌音乐形态与旋律发展手法研究
硕士论文	李心洁	中国传统造物思想下的马家“精点心”造型艺术研究
硕士论文	萨如拉	乡村振兴视域下内蒙古“图什业图王府刺绣”文化产业发展路径研究
硕士论文	马明琦	准格尔旗民歌漫瀚调唱腔研究
专著	陈玉华	赤峰民间剪纸
专著	铁安	蒙古族民间魔法故事的文化人类学研究
专著	孙亚红、伊乐泰	内蒙古药用菌
专著	芒・牧林	巴拉根仓的故事

主持人：

海　棠　内蒙古师范大学教师

特邀专家：

伊和白乙拉　中国民间文艺家协会副主席、
内蒙古民间文艺家协会主席

参与撰写：

李润平　内蒙古民间文艺家协会副秘书长

包玲玲　内蒙古民间文艺家协会副秘书长

云　璐　呼和浩特市文联创作研究室助理编辑、
呼和浩特市民间文艺家协会秘书长

网络文艺

2023年是全面贯彻落实党的二十大精神的开局之年，是实施“十四五”规划承上启下的关键一年。这一年，内蒙古网络文艺界继续深入学习贯彻习近平新时代中国特色社会主义文艺思想，紧紧围绕习近平总书记关于网络强国的重要论述，以铸牢中华民族共同体意识为主线，努力拓展，快速提振，助力打造内蒙古“北疆文化”品牌，以创作兼具时代精神与民族特色的优质网络文艺精品为首要任务，不断调整网络文艺工作政策与规范秩序，加强网络文艺自身队伍建设，努力促进全区网络文艺事业稳步、健康、蓬勃发展，为新时代内蒙古文艺事业新征程贡献积极能量。

一、发展概况

（一）组织建设持续推进，业界开创新气象

2023年10月26日，内蒙古网络文艺家协会主席团会议以线上线下的形式召开。会议指出网络文艺是文联工作的重要部分和重点任务之一，强调换届是内蒙古网络文艺家协会工作的重中之重；针对积极吸纳社会化网络文艺人才、丰富协会会员、推荐好理事会成员候选人，以及新一届主席团候选人推荐名单等工作进行部署；主席团成员又结合内蒙古网络文艺2023年重点工作和当前形势任务进行了深入交流，提出了很多富有建设性和可操作性的意见建议。

2023年12月2日，内蒙古网络文艺家协会第二次代表大会预备会议表决通过了大会建议议程、工作报告、章程修改、代表资格审查委员会建议名单，为第二次代表大会的顺利召开奠定基础。

2023年12月3日，内蒙古网络文艺家协会第二次代表大会在呼和浩特市顺利召开，全区81名网络文艺界代表参加会议。会议通过了《内蒙古网络文艺家协会第二届理事会理事选举办法（草案）》《内蒙古网络文艺家协会第二

届理事会理事选举总监票人、监票人建议人选名单》《内蒙古网络文艺家协会第二届主席团关于聘请名誉主席、副主席的决定》《内蒙古网络文艺家协会第二届主席团关于聘任秘书长、副秘书长的决定》《关于〈内蒙古网络文艺家协会第二次代表大会工作报告〉的决议》和《关于〈内蒙古网络文艺家协会章程（修改草案）〉的决议》。通过大会选举，44 名代表当选为内蒙古网络文艺家协会第二届理事会理事，同时选举产生了内蒙古网络文艺家协会新一届领导机构。

内蒙古网络文艺家协会第二次代表大会与 2018 年第一次代表大会时隔五年，这次大会提出要凝聚全区广大网络文艺工作者更加紧密地团结在以习近平同志为核心的党中央周围，再次提升创作的积极性与活跃度，努力担负起新的文化使命，不断开创网络文艺事业新局面，为奋力书写中国式现代化内蒙古新篇章贡献网络文艺的力量。

（二）团结引领聚凝心，助推工作再发力

内蒙古自治区高度重视网络文艺的发展，为吸纳更多优秀网络文艺工作者加入网络文艺事业的队伍中来，为切实有效发挥组织优势和价值导向作用，内蒙古网络文艺传播中心、内蒙古网络文艺家协会共同编写了《内蒙古网络文艺工作》学习资料，供广大网络文艺工作者和文艺家参阅。学习资料共分为十三章内容，分别对《习近平总书记关于网络强国的重要思想概论》选篇，网络文艺概念、形式、作用、发展等问题，以及内蒙古网络文艺概况和相关组织建设进行深入细致的诠释。这本资料有效地帮助广大网络文艺工作者和文艺家对网络文艺有更全面的认识与理解，有助于促进内蒙古网络文艺事业的进步与提高，从而助推内蒙古文艺高质量发展。

（三）扩容构建新矩阵，全面覆盖新格局

为深入学习贯彻习近平总书记关于网络强国的重要思想，全面贯彻落实

党的二十大精神以及全国网络安全和信息化工作会议精神，为助力完成习近平总书记交给内蒙古的“两件大事”和打响“北疆文化”品牌的重要文化任务，内蒙古文联积极主动开展了网络文艺阵地建设，根据中国文联有关工作指导意见和《全国文联“网上文艺之家”建设工作规划（2021—2023）》安排，内蒙古网络文艺传播阵地经过多年的建设和发展，目前已构建了“立体、矩阵（4+N）×3”线上文艺家之家，覆盖了自治区、盟市和旗县，以及涵盖了各个艺术门类，有效互动线上线下“13+1”文艺传播矩阵，探索出了“线上线下”文+联的同行同向的有效模式和成功经验。截至2023年，全区各类各级以文艺命名的线上文艺阵地202余家，有效涵盖了内蒙古自治区103个旗县，12个盟市和13个艺术门类，服务覆盖了全区各级文艺家和文艺工作者，服务群体超过了10万人。

内蒙古广播电视局在扩展渠道上求实效，统筹用好区内外头部平台，打造“内蒙古新视听”融媒体矩阵，已于6月30日正式启动。截至2023年，在微信视频号、小红书、抖音、快手、微博、哔哩哔哩、爱奇艺、优酷、西瓜视频等11个平台发布内容4491条，根据全网各媒体和各平台发布量、推荐位、媒体权重、转评发分享数据综合估算，全网关于内蒙古新视听媒体矩阵相关内容预估传播量达到552.5万次，展播的网络视听推优扶持作品共1395条，全网相关内容预估传播量达到156.7万次。

内蒙古网络文艺传播矩阵和“内蒙古新视听”融媒体矩阵的建设在本年度得到显著发展，呈现出多元化、多覆盖的有利局面，为内蒙古文艺家和文艺工作者提供网络文艺创作传播平台，也为提高内蒙古网络文艺作品的知名度、影响力作出积极贡献。

二、焦点与热点

（一）高质量网络文艺精品创佳绩

为深入学习贯彻习近平新时代中国特色社会主义思想，有效服务自治区落实“两件大事”，内蒙古网络文艺工作者深挖优秀资源，做好精品打磨，助力提升网络文艺视听节目作品创作和传播水平，并取得较好成绩。

由内蒙古自治区广播电视局指导推荐，科尔沁右翼前旗融媒体中心制作的短视频《功勋犬“黑豹”来啦》获得国家广播电视总局 2023 年第一季度优秀网络视听作品推选活动优秀作品。作品在轻松的氛围中讲述功勋犬的故事，让观众通过视频的形式更加直接、全方位地了解边境民警及警犬的日常生活。内蒙古广播电视台制作的网络音频节目广播剧《风展红旗如画》荣获国家广播电视总局 2023 年第四季度优秀网络视听作品推选活动优秀作品。本剧紧贴时代脉搏，把握时代主流，以艺术的、形象的方式深入刻画了“乌兰牧骑”这一深入人心的北疆文化符号，于 2023 年 11 月 21 日在内蒙古广播电视台奔腾融媒客户端、评书曲艺广播同步首播，目前已经在全国各省台、区内各盟市台、学习强国等多平台播出，引发了广泛传播和热议，好评如潮。

（二）鼓励创新创优，激发网络文艺创作活力

创新、创优是网络文艺发展的不竭动力，推优、扶持有助于激发网络文艺工作者的创作活力。2023 年，内蒙古自治区广播电视局继续实施季度推优扶持工作机制，安排专项扶持资金，加大扶持力度，上报广播电视和网络视听节目作品数量由每季度 80 余部提升至每季度 100 余部，全区各级网络视听节目制作机构申报比例占到 60% 以上，经过评审，其中 33 件网络文艺视听节目作品给予推优扶持；由自治区党委宣传部指导、自治区广播电视局主办

的内蒙古第二届短视频创新创意大赛也在原有基础上扩大了大赛规模以及增加扶持作品数量和奖励金额，共征集参赛作品 1395 部，《总书记和我们在一起系列之② ⑦ ⑩ 》《海的尽头是草原》《本地瓜农本地瓜》《人生都愿分你一半，何止春天！》《来喜和李昂的美好生活》《火药雕刻师》等 81 部作品获奖，内蒙古自治区教育厅、内蒙古自治区总工会等 15 家单位获得优秀组织单位荣誉；内蒙古自治区广播电视局组织开展 2023 年“弘扬社会主义核心价值观·共筑中国梦”主题原创网络视听节目征集推选和展播活动，经过组织申报、评审，推选出《有为》《一灯一影一世界》《“割鼻教授”只为最牛的牛！》等 20 部优秀网络文艺视听节目作品给予扶持。

三、创新与突破

（一）唱响“北疆文化”新旋律

内蒙古地区积淀了丰富的特色资源和文化基因，使得北疆文化内涵愈加鲜明，北疆文化始终保持旺盛的生命力与蓬勃生机，成为实现内蒙古优秀文化创造性转化、创新性发展的沃土，也成为网络文艺创作的广阔平台。

在乌海湖畔举行的 2023 内蒙古民歌大会以“建功新时代 民歌颂北疆”为主题，民歌大会为期 3 天，展演活动分为“金曲嘹亮咏传”“黄河两岸是我家”“山花烂漫踏歌行”三个部分，展演节目包括传统民歌、新民歌、中国梦主题歌曲等，形式多元、内容丰富，作为一次全景式表现各民族民歌艺术的展演活动，本次民歌大会以独特的风格和新锐的视角，让观众感受了一场别开生面的北疆文化盛宴；2023 年内蒙古原创网络文艺音乐作品《最美最美的中国》《远大前程》《今日份快乐源泉》《阿衣莫》紧贴时代脉动、记录人民心声、汇聚创造热情，成为当代文艺富有朝气活力的北疆音乐新力量。

内蒙古电影集团腾讯微短剧《重回 1993 之纵横人生》正在进行二审，于春节档在腾讯视频平台播出，网络微短剧《竹马难猜》正在后期制作，两部作品均与北疆文化相关；锡林郭勒品牌与本土网红乌伊汗合作的《一只锡林郭勒羊的诞生》系列主题短视频，在抖音、快手、微信、小红书等平台同步播出，引发网友热评，作者乌伊汗希望通过自己的社交媒体影响力来推广和宣传北疆草原的美丽景色和生态环境。

（二）引领主流价值正能量

2014 年，习近平总书记《在文艺工作座谈会上的讲话》指出："抓好网络文艺创作生产，加强正面引导力度。"[1]2015 年，《中共中央关于繁荣发展社会主义文艺的意见》中也指出："让正能量引领网络文艺发展。"[2]2021 年，中共中央办公厅、国务院办公厅印发了《关于加强网络文明建设的意见》，进一步明确提出"要加强网络空间思想引领"[3]。这一年，内蒙古网络文艺界认真贯彻习近平总书记关于网络文艺的重要论述，并将其转化为生动的网络文艺实践。内蒙古网络文艺工作者也始终贯穿这条主线，创作出引领时代主流气质、充分凸显正能量的网络文艺作品。

由内蒙古文联主办、内蒙古新的社会阶层联谊会协办的内蒙古网络春晚以"2023，看我内蒙古"为主题，旨在展现内蒙古各族人民在新时代、新征程上的精神风貌和幸福生活。在节目内容方面，以"欢乐""喜悦""绽放""感动""信心"等关键词，展现人民生活中的精彩瞬间，表达内蒙古在过去一年锐意奋发、昂扬向上的丰硕成果和对美好未来的坚定信心，网络春晚用实际行动弘扬向上向善的正能量，为全社会呈现一台思想精深、艺术精湛、制作

1 中共中央宣传部编：《习近平总书记在文艺工作座谈会上的重要讲话学习读本》，学习出版社，2015 年版，第 14 页。

2 《中共中央关于繁荣发展社会主义文艺的意见》，2015 年 10 月 19 日，人民网（http://politics.people.com.cn/n/2015/1020/c1001-27716634.html）。

3 《中办国办印发〈关于加强网络文明建设的意见〉》，《人民日报》2021 年 9 月 15 日，第 1 版。

精良的新春云端文艺大餐；2023 年乌兰察布网络春晚，也在丰富的节目作品中展现乌兰察布年轻、时尚、创新、开放的城市形象，引领人们乐观向上的时代精神。

由内蒙古自治区党委宣传部指导、自治区广播电视局主办的内蒙古第二届短视频大赛主题为“奔腾吧，内蒙古！”。作品大多以真实生产生活为创作素材，展示内蒙古优势亮点和现代化发展成就、历史人文和自然风光、团结和谐的幸福生活和干事创业的精气神，以此为内蒙古的发展加油鼓劲，积极传播正能量。

锡林郭勒盟关爱未成年人心理健康协会为深入推进“护苗 2023”专项行动，制作播出系列动画片《阿穆尔和图布新的成长日记》，题材为儿童心理健康服务、生命教育、挫折教育、性别教育等。这部系列动画片对为未成年人营造身心健康成长的良好社会氛围起到引领作用，网络播出后引起较好的反响。

内蒙古首部网络警匪电影《卧狼行动》4 月 24 日登陆爱奇艺平台，这部电影讲述一场扫黑除恶的人民战争取得胜利，人民群众的生命财产安全得到保障的故事，维护了法律的尊严、彰显了正义的力量。

（三）增强凝聚力，激发认同感

内蒙古网络文艺积极推动中华民族共同体意识在网络空间的广泛传播，充分发挥网络文艺优势，增强人民凝聚力，激发文化认同感，为实现中华民族伟大复兴的中国梦贡献力量。

由内蒙古艺术学院主创的网络微动画《国家的孩子》以“三千孤儿入内蒙”的感人故事为蓝本，以动画形式再现了以都贵玛为代表的草原母亲们，为养育‘国家的孩子”无私奉献，诠释人间大爱，书写民族团结历史佳话的故事。

由兴安日报社、兴安盟文联、兴安盟作家协会等共同举办的兴安盟第三届蒙古语网络文学那达慕以“铸牢中华民族共同体意识，唱响民族团结，抒写生态文明”为主题描绘新时代赞歌。

鄂温克族自治旗融媒体中心制作的短视频《请查收来自鄂温克族自治旗的冬日约定》也展示出内蒙古文化的独特节拍，作品以洁白的雪原为底色，五颜六色的民族服饰为点缀，各族儿女欢聚一堂、热情如火、载歌载舞，彰显了内蒙古人民的激情豪迈。

（四）城市人文题材引关注

本年度网络文艺作品中内蒙古城市人文题材异彩纷呈，在发挥网络文艺功能性的同时，彰显出内蒙古城市的精神面貌和文化内涵。

网络剧《平原上的摩西》，2023 年 1 月 16 日在爱奇艺播出，并入围第 73 届柏林国际电影节剧集单元，也成为首部入围柏林国际电影节的华语剧作。剧中有着大量的内蒙古呼和浩特元素印记，这些丰富的细节内容使镜头浓缩温情，它们共同达成了对内蒙古文化与生活的描摹；内蒙古电影制片厂有限责任公司出品制作发行的 20 集当代都市题材网络微短剧《烟火里的奋斗》，讲述了生活在都市的普通大众的平凡生活，通过细腻的故事情节，生动展现了属于“我们”的烟火民生故事；2023 年 2 月，在国家广电总局“重点网络影视剧信息备案系统”中登记且符合重点网络原创视听节目制作相关规定的片目《草原上的繁花》，讲述了一位内蒙古女孩将蒙古族文化的独特与美丽发扬光大的故事，同时引发年轻人的思考，呼吁他们回到家乡、建设家乡，通过发扬本地文化的方式实现个人价值。

鄂尔多斯市委网信办联合央视网推出暖城形象系列短视频，全景式展现鄂尔多斯的高质量发展，多维度讲述暖城故事，其中《一枚土豆话暖城》通过央视网的多个平台进行首发，随即在社交平台引发众多媒体转载和网友互动，带网友走进鄂尔多斯这座暖城；赤峰广播电视台拍摄制作的《我们赤峰 40 年 · 蝶变》《我们赤峰 40 年 · 见证》系列短视频，展示赤峰发生的天翻地覆的变化以及赤峰在城市建设中体现的政策善意和人文关怀，在各大主流网络平台发布、转载，评论区里满是赞美、自豪；2023 年 8 月 29 日，呼和浩特市政府召开新闻发布会，明确了呼和浩特市城市 IP 正式上线，同步推出“呼和浩特市城市形象全球短视频征集活动”，活动围绕呼和浩特市的文化文脉、民俗风情、文旅打卡点、精神风貌等主题，通过小切口、接地气的视角传播呼和浩特城市精神，所有人都可以通过抖音、今日头条平台添加“一见青城再见倾心”话题，上传短视频作品，通过视频讲述与青城的“倾心”相遇，从而让更多人了解和爱上呼和浩特，为城市发展和文化传承作出贡献。

（五）高频率广覆盖深度传播

随着科技的飞速发展，全媒体融合成为了一种趋势，这种趋势不仅推动了媒体行业的创新和发展，也开创了网络文艺传播的新赛道，众多广播电视节目、网络直播也通过网络各大平台，将精品文艺节目输出。内蒙古网络文艺传播构建了与主流媒体、行业单位全盘互动的“多元一体”格局，推进了内蒙古网络文艺建设，形成了“高站位、多声道、众平台”的内蒙古文艺最强音。

由中国曲艺家协会、中国文艺志愿者协会、内蒙古自治区文学艺术界联合会、鄂尔多斯市文学艺术界联合会主办的 2023 年内蒙古曲艺春节晚会节目精彩纷呈，除在电视端和广播端播出外，还在人民网、新华网、奔腾融媒、新浪内蒙古微博矩阵、内蒙古文艺等众多网络媒体陆续播出；由自治区文联主办的 2023 年内蒙古网络春晚由人民日报客户端、央视频、中国文艺网、中国网草原频道、草原全媒、奔腾融媒、内蒙古文艺、内蒙古音乐、腾讯、新浪、今日头条、抖音、哔哩哔哩等二十余家媒体和网络平台联合首播，累计播放量超过 240 余万；《北疆党课进行时》之“三千孤儿入内蒙”以情景剧、现场评述、理论辅导等形式呈现，在内蒙古卫视首播，同时在奔腾融媒客户端、奔腾融媒视频号、北疆先锋网、北疆先锋视频号、学习强国客户端等平台推出，全网传播量超过了 500 万，其中在北疆先锋视频号拆条播出的短视频作品单条最高点击量超过了 200 万。

由中央宣传部电影卫星频道节目制作中心和鄂尔多斯市委宣传部联合摄制的春节年俗微纪录片《人间至乐是家乡》鄂尔多斯篇，展现现代化鄂尔多斯的发展成就和文化传承，在电影频道、电影频道融媒体中心、中国电影报道、1905 电影网官博、1905 影视频等平台发布；内蒙古日报社联合鄂尔多斯市文化和旅游局联合启动“遇见‘河套人’”大型全媒体传播活动，3 个微纪录片和 30 个短视频，在内蒙古日报社、鄂尔多斯文化和旅游局等的官方网络平台播出。

由满洲里市融媒体中心等 10 家电台媒体参与制作的《跟着班列跑丝路》联合融媒直播，节目在广电总局中国视听以及七彩云端客户端、看看新闻、中国蓝、大象新闻、起点新闻等十家省级新媒体平台同步直播，主流融媒体平台矩阵体现出强大传播优势。据不完全统计，本期直播节目总点击量超过 420 万次，并荣获国家广播电视总局 2023 年第三季度优秀网络视听作品推选活动优秀作品。

由内蒙古自治区通信管理局指导、内蒙古自治区互联网协会举办的首届“乾坤杯”直播比赛暨短视频大赛，共有 42 家单位 84 名选手报名。4 月 4 日启动以来，共有 13 家单位提交 38 件作品，共评选出 10 部优秀短视频作品为金奖作品，此次比赛不仅带动网络直播的常态化，也推进了网络直播规范、有序、健康发展。

（六）虚拟现实技术与文艺形式融合创新

随着信息技术的突飞猛进，科技创新成果在文艺领域广泛应用，虚拟现实及人工智能等科技手段为网络文艺创作提供了新的创作工具和表现形式，这种科技赋能有效地促进了内蒙古网络文艺的创作、传播等向新样态发展。

2023 年，内蒙古网络春晚运用虚拟现实拍摄技术和 XR 技术，创新表演和摄制形式，节目既有演员在不同地区跨越时空的云合唱，也有通过特效制作演员在钢琴琴键上载歌载舞的创新表演。

内蒙古安达文化传媒有限责任公司在 2018 年申报的国家广播电视总局开展的“中国经典民间故事动漫创作工程（网络动画片）”重点扶持项目“中国经典民间故事之蒙古族经典民间故事”已在 2023 年验收合格，动画片利用三维和二维动画相结合的技术手段，共制作完成 50 部，总时长 300 分钟。项目与优酷、腾讯等网络平台合作推广播放，下一步将把动漫内容设计成全息视频并制作成 VR 教育资源，进入中小学进行科技文化网络宣传。

四、活动、交流与趋势

（一）组织培训、座谈以及调研活动

1．提升网络视听节目人才队伍专业素质

内蒙古自治区广播电视局举办全区网络视听节目创新创优培训班，邀请内蒙古师范大学和内蒙古艺术学院教授对精品创作进行专业培训，旨在提升作品结构、故事叙述、创作思维、拍摄手法等创作要素。此次培训深化全区各级网络视听节目制作机构“找准选题、讲好故事、拍出精品”的认识，提升网络视听领域人才队伍的专业素养，引导全区网络视听节目向精品化、主流化、精细化发展。各盟市广播电视行政管理部门、内蒙古日报社、内蒙古广播电视台、内蒙古电影集团、各级融媒体中心、民营制作机构等相关负责同志和相关业务人员共 600 余人参加此次培训；内蒙古自治区广播电视局组织融媒体机构业务骨干赴北京参加新视听媒体融合学院，提升网络视听领域人才队伍的专业素质。

2．深挖网络视听节目资源，为创新创优提供新思路

内蒙古自治区广播电视局为推进网络视听节目推优评选工作晋位升级，针对节目创新创优制度机制、重点节目创作等召开 8 次座谈会，赴兴安盟、赤峰市进行深入实地调研，广泛听取各盟市广播电视行政管理部门、广播电

视台、融媒体中心、民营制作机构、内蒙古日报社、实践杂志社、内蒙古电影集团就网络视听节目创新创优提出的意见建议，以此了解创作需求，挖掘创新思路，提升制作水平。

3．举办专题培训，紧扣业务实际抓提升

2023 年 10 月 9 日至 13 日，自治区广播电视科学技术委员会在大青山脚呼和浩特料木山顶，举办了为期 5 天的“创意短视频制作”专题培训班，培训班紧扣业务实际和行业发展需求，通过创新培训模式，有效推动学员短视频创作能力快速提升。广电局属事业单位 40 余名相关业务骨干、摄影和视频制作爱好者参加培训。

（二）开展作品征集、推选、展播活动以及比赛

1．“弘扬社会主义核心价值观·共筑中国梦”主题活动

内蒙古自治区广播电视局大力开展“中国梦”主题教育活动，大力弘扬社会主义核心价值观，在网络视听空间唱响“共筑中国梦奋进新征程”的主旋律，组织开展 2023 年“弘扬社会主义核心价值观·共筑中国梦”主题原创网络视听节目征集推选和展播活动。

2．“中国经典民间故事动漫创作工程（网络动画片）”扶持项目征集活动

为进一步贯彻落实中办、国办《关于实施中华优秀传统文化传承发展工程的意见》中“实施中国经典民间故事动漫创作工程”的要求，内蒙古广播电视局组织全区各网络视听节目制作机构参加国家广播电视总局2023年度“中国经典民间故事动漫创作工程（网络动画片）”扶持项目征集活动。

3．“温暖世界的城市鄂尔多斯”网络主题活动

鄂尔多斯市委网信办锚定市委“三个四”工作任务，精心策划“温暖世界的城市鄂尔多斯”网络主题活动。活动以短视频作为主要成果载体，全景式展现鄂尔多斯的高质量发展，多维度讲述暖城故事。央视网是本次活动成果的首发媒体。

4. 内蒙古第二届短视频大赛

内蒙古自治区党委宣传部指导、自治区广播电视局主办的“内蒙古第二届短视频大赛”顺利开展,本次大赛充分发挥优秀网络视听作品示范引领作用,大力弘扬蒙古马精神,激发创作创新活力,唱响新时代主旋律,进一步展示传播壮美和美善美、可信可亲可爱的内蒙古形象,拉近全国网民与内蒙古的心理距离。

5. “携手同心 · 奋进新征程”第五届“三月三”网络短视频大赛

为唱响民族团结主旋律,铸牢中华民族共同体意识,打造全国性网络视听名片,内蒙古、广西、西藏、宁夏、新疆广电局于 2023 年联合举办“携手同心 · 奋进新征程”第五届“三月三”网络短视频大赛。自 2 月 20 日开始,内蒙古自治区报送 128 部作品,获 2 个一等奖,1 个二等奖,2 个三等奖,1 个最具人气作品,2 个优秀作品及 4 个优秀组织单位。

五、内蒙古网络文艺学术研究

在 CNKI 平台以“内蒙古网络文艺”为主题,查找到 1 篇题目为《乡村振兴背景下少数民族地区网络文化产业的培育路径——基于内蒙古地区网络文艺的实践研究》的期刊论文,作者孙婧、孙恒存。文章观点如下:

为了能够更好地推进少数民族地区网络文艺事业的发展,本文通过选取具有代表性的内蒙古网络文艺网站进行调研、分析和总结,最终得到内蒙古网络文艺产业发展的总体概况,在此基础上提出少数民族网络文化产业培育路径的策略,以期进一步促进少数民族地区网络文艺的传播发展。乡村振兴背景下,传统民族文化要保持生机,就要和新时代接轨,在内容和形式上创新性地结合时代特色,才能吸引更多的年轻人来了解少数民族文化。少数民族文化的创作者也应充分利用影视、游戏、音乐和动漫等网络文艺形式,结合本民族的文化资源，生产出一批兼具时代精神与民族特色的优质文艺作品，最终实现乡村振兴战略与文化产业的协同发展。

六、问题、思考与建议

（一）问题与不足

1．作品形态与类型发展不均衡

依据网络文艺架构，一般将其分为网络视频（网络剧、网络综艺、网络电影、网络纪录片、网络动画片和网络短视频等）、网络文学、网络音乐、网络游戏、网络直播、网络音频等形态和类型。

目前内蒙古网络文艺形态与类型发展参差不齐。网络短视频发展势头迅猛，作品数量最多，不乏精品；网络剧、网络电影、网络纪录片与网络动画片因制作难度较高，资金投入较大，作品数量不多，有些作品质量较为粗糙；网络综艺、网络文学、网络音乐、网络直播、网络音频作品数量虽少，但部分作品水平也可圈可点；而网络游戏基本处于停滞状态。根据内蒙古自治区广播电视局网络试听节目管理处数据统计，在各类推优活动中，节目申报单位集中，节目类型单一，报送单位以内蒙古广播电视台为主，占全部节目的三分之二，盟市广播电视台和县级融媒体中心参与较少，民营制作机构参与寥寥无几，作品以短视频居多。

2．内容优质化程度不高，创新意识薄弱

网络文艺的发展应有明确的发展方向和目标，这包括确保网络文艺作品的内容质量。内容生产精品化，创新探索常态化，才能使网络文艺作品更具有经济效益与审美价值。目前，内蒙古网络文艺精品化与创新性水平亟待提高，全区各持证网络视听制作机构创作工作重点放在传统节目制作上，很多机构依然沿用传统广播电视节目制作手段，甚至将广播电视播出的内容“生搬硬

套”到互联网和移动互联网平台进行传播，与互联网传播特征严重不符，节目创新转化利用率较低，而民营制作机构及自媒体普遍存在规模小、组织松散、社会化产业程度不高的问题。因此，内蒙古地区出现的具有全国知名度的网络文艺作品寥寥可数。

3. 传播影响力不足

内蒙古文联和内蒙古广播电视局已经在网络文艺的数字化和网络化建设上取得了一些进展，构建了多种网络传播平台矩阵和战略合作。但这些平台和合作仍然存在渠道窄、范围小、传播方式单一、舆论引导能力不强、影响力较小等诸多方面的问题。如内蒙古自治区持证备案网络视听服务机构以网站、客户端为主，用户基数固定，宣传范围和影响力有限，对于全区的获奖和获得推优扶持的优秀节目作品宣推不足。因此，对于传播力建设需要进一步扩大和加强，以覆盖更广泛的受众群体和艺术门类。

4. 制作水平相对落后

网络文艺作品除了在内容上创新，还要在形式上突破，这种突破也表现在作品制作精良。随着科技时代的到来，新兴的科学技术赋能网络文艺广阔的创作空间，使得网络文艺作品极大地满足了受众的审美需求。内蒙古网络文艺的科技能量相对国内发达城市而言还是较为落后，虽有精良之作，但大部分作品还是较为粗糙。

5. 地域发展不平衡

由于网络文艺的发展对人才、技术水平要求较高，区内不同盟、市、旗、县的网络文艺发展程度差距甚远，目前呼和浩特、包头、鄂尔多斯作为内蒙古最具活力的城市经济圈，作品数量较多，网络文艺取得了较大的成就，但大多数地区的网络文艺发展仍处于初级阶段。

6. 内蒙古网络文艺理论研究相对滞后

相关研究成果屈指可数，更没有系统的研究成果，学术交流研讨活动不足。

（二）思考与建议

1．坚定创作内容理念，拓宽创新发展思路

首先，要坚持以人民为中心的创作导向，牢记人民是创作的源头活水，把反映新时代人民生活作为创作内容的重中之重，更好地为网络文艺的发展培根铸魂；其次，在网络文艺作品形式表达方面，要善于运用新技术、新手段激发创作灵感，要积极探索新的艺术形式和表达手段，以此提升网络文艺作品的质量品格与美学表达；再次，要适当改变网络文艺内容的叙述形式，要进一步拓宽创作思路，丰富作品内容，通过创立增加多种生动形象板块，结合内蒙古地域文化，提升网络用户的阅读、观看兴趣，提升网络用户体验；最后，全区网络文艺工作者要政治思想高度统一、提高认识、积极探索、认真研究、积极谋划、主动作为，在内容创新创优上下功夫，努力打造内蒙古网络文艺事业。

2．运用好推优扶持机制，激发创作活力

内蒙古文联及内蒙古广播电视局等相关部门要积极组织各文艺机构的推优扶持工作，同时增加扶持方式，加大扶持力度，将推优扶持等各类作品征集通知发布在官网、公众号等媒体平台，并进行相关政策解读，扩大宣传，实现自身影响力的扩散，引导更多的网络视听平台、文艺制作机构、拍客达人生产更多作品，从而进一步激发创作活力，为网络文艺的发展提供良好的外部环境。

3．充分运用“网上文艺之家”与“内蒙古新视听”矩阵

利用内蒙古网络文艺传播矩阵及网络媒体平台把内蒙古自治区优秀网络文艺作品、作品链接、作品片花海报充分展示出来，进一步使全区优秀网络文艺作品传播范围更广、影响力更强。

4．推动创作精品导向，加强人才队伍建设

首先，积极组织开展针对全区网络文艺工作者的专业培训，各类网络文艺重点项目、推优作品在评审结束后，以创作分享会形式，通过线上线下分

享优秀作品的创作理念、制作过程等，形成互学互鉴的氛围；其次，请评审专家对优秀网络文艺作品进行解析，并通过内蒙古网络文艺矩阵及网络公众平台发布，供全区制作机构、创作者学习、互动、交流；最后，持续深化全区各制作机构对“找准选题、讲好故事、拍出精品”的规律性认识，提高内蒙古自治区网络文艺创作队伍的专业素养，引导全区网络文艺作品向精品化、主流化、精细化发展。

5. 完善网络文艺的政策法规

确保网络文艺的发展方向与社会主义核心价值观相符合，让内蒙古网络文艺朝着积极、健康、正确的方向发展。

6. 开拓多元化跨界融合

积极推动与文旅产业，电影、电视、音乐、游戏等传统文艺形式跨界融合，扩大内蒙古网络文艺的影响力和市场空间。

7. 市场运营探索商业模式

通过网络文艺的市场化运作，探索可持续发展的商业模式，例如广告、会员制、版权交易等多种盈利方式，带动网络文艺工作者创作积极性。

8. 加强国内外网络文艺交流

借鉴国内外先进的创作理念和技术，提升内蒙古网络文艺的外部影响力。

9. 鼓励公众参与网络文艺的创作和传播

通过社交媒体、在线论坛等渠道，收集公众意见，提高作品的互动性和社会传播力。

10. 充分利用最新的科技手段

提高内蒙古网络文艺科技水平，如人工智能、虚拟现实（VR）、增强现实（AR）等，提升网络文艺的表现力和体验感。

七、数据统计

截至 2023 年 11 月，内蒙古网络文艺传播中心新媒体运营情况：

（一）内蒙古文联官网

发稿量 7522 篇，客户端上传 2345 篇，用户数是 2132 人，浏览量 1700146 次

（二）内蒙古文艺微信公众平台

发稿量 3755 篇，阅读次数 3810370 次，阅读人数 2541457 次，粉丝量 32498 人。

（三）内蒙古文艺视频号

发布视频 1047 条，视频号播放量 9752770 次，评论 5300 余条，点赞量 17500 余个。李德戈景蒙古族舞蹈巡回课堂——《雄鹰》片段视频浏览量达 144.4 万次，关注点击量 1.8 万次，点赞量 7802 个，转发量 9814 次；《今日雨水 | 东风解冻，散而为雨》视频浏览量达 3.7 万次，关注点击量 190 次，转发量 369 次；《2022 年度最受欢迎十大内蒙古原创歌曲展播 | 〈月光如水〉视频浏览量达 1.2 万次，关注点击量 119 次；专访额尔古纳乐队——上海产的半导体》视频浏览量达 1 万次，关注点击量 124 次；《〈画你〉要火，快来围观 ~》视频浏览量达 8636 次。

（四）内蒙古文艺抖音号

发布视频 542 条，粉丝数量 3313 人，视频播放量 6654300 次，抗疫舞蹈《最美逆行者》点击量 64 万次。

（五）内蒙古文联新浪微博

发布信息 268 条，浏览量 26783 次，粉丝数量 78 人。

主持人：

修　婷　内蒙古师范大学新闻传播学院教师

特邀专家：

张　芸　内蒙古师范大学新闻传播学院副院长、教授

参与撰写：

王　玥　内蒙古师范大学新闻传播学院 2022 级硕士研究生

王钰文　内蒙古师范大学新闻传播学院 2022 级硕士研究生

黄霆昊　内蒙古师范大学新闻传播学院 2022 级硕士研究生

文艺评论

一、年度概述

2023 年，是内蒙古自治区发展历程中具有里程碑意义的一年。在这一年，习近平总书记再次莅临内蒙古自治区进行考察，给我们带来了深切的政治关怀以及宝贵的发展契机。随着学习贯彻习近平新时代中国特色社会主义思想主题教育的深入推进，我们不断汇聚起磅礴力量，努力书写中国式现代化在内蒙古的崭新篇章。国务院颁布支持内蒙古高质量发展的指导意见，为我们更好地完成“五大任务”注入了强大动力。自治区党委明确提出办好两件大事的统领性要求和闯新路、进中游的奋斗目标，团结带领各族人民坚定理想信念，感党恩听党话跟党走、紧跟习近平总书记奋进新征程，全区上下凝聚起做大总量、晋位升级的雄心壮志，形成齐心协力、加速发展的强大合力。一年来，内蒙古文联、内蒙古文艺评论家协会等机构，以习近平新时代中国特色社会主义思想为引领，坚持铸牢中华民族共同体意识的核心理念，全面学习贯彻落实党的二十大精神，坚持树立以人民为中心的工作导向，在充分发挥组织优势和专业优势的基础上，着力推进“做人的工作”和“推动文艺创作”深度贯通，以期实现全区广大艺术工作者接续奋斗、砥砺前行，为自治区艺术理论与评论研究工作贡献卓越力量。

二、焦点、热点、动态

（一）导向积极正确，艺术评论工作者自觉提升政治站位

2023 年是全面贯彻党的二十大精神的开局之年，也是党的宣传思想文化事业发展历史上具有里程碑意义的一年。在自治区党委的坚强领导和自治区

党委宣传部的精心指导下，内蒙古文联秉持习近平新时代中国特色社会主义思想的指导思想，以铸牢中华民族共同体意识为核心理念，全面学习贯彻落实党的二十大精神，坚持树立以人民为中心的工作导向，充分发挥组织优势和专业优势。

为深化理论武装工作，坚定不移地以习近平新时代中国特色社会主义思想为指导，全面加强文艺工作者的思想引领和教育培训，确保内蒙古文艺界思想引领“培根铸魂”工程有序推进，内蒙古自治区组织举办了一系列教育培训活动，并联合各级文联组织举办了学习贯彻习近平新时代中国特色社会主义思想主题教育小戏、小品、曲艺作品展演、“翰墨学思想、丹青建新功”内蒙古书法美术作品展等主题文艺活动百余场次。举办了中华戏曲名家名段演唱会、内蒙古民歌大会，以及“四个 100”中华优秀传统文化符号系列作品展等主题活动，扶持引导创作推出主题文艺作品万余件。全区文联系统累计开展各类培训 1025 场次，培训文艺工作者 10 万余人。这些培训活动的开展，为推动内蒙古文艺事业高质量发展提供了有力支撑。

为服务工作大局，积极营造全面建设中国式现代化内蒙古的浓厚氛围，内蒙古文联聚焦完成习近平总书记交给内蒙古的“五大任务”，制定项目清单，并在中国美术馆成功承办了内蒙古印象摄影展、内蒙古“弘扬蒙古马精神”美术摄影作品展两项大展，启动了“亮丽北疆”内蒙古形象主题美术作品全国巡展，以更广泛地树立和宣传内蒙古的正面形象。为进一步聚焦打响“北疆文化”品牌，以“北疆文化”为主题，召开了音乐创作座谈会、民歌艺术研讨会等学术活动 20 余场次，为北疆文化文艺创作奠定了坚实的理论基础，特别是举办的“艺韵北疆——内蒙古自治区美术 雕塑 书法 摄影跨年大展”，在社会各界收到了广泛的关注和赞誉。

为深化对文艺创作规律的认识，努力创作更多增强人民精神力量的优秀作品，本年度，自治区实施内蒙古文艺作品质量提升工程，开展优秀影视剧本孵化工程，组织召开内蒙古文联推进文艺创作工作会，发布《内蒙古文联关于推进文艺精品创作的十条激励机制》，以此来进一步激发文艺工作者的创作热情，提升内蒙古自治区的文艺创作水平。充分搭建优秀文艺作品展演展示平台，组织开展内蒙古文艺界迎春联谊会、网络春晚、曲艺春晚、新年舞蹈晚会、新春诗会等一系列舞台展演活动，举办第六届内蒙古自治区篆刻作品展、溢彩北疆——第三届内蒙古综合材料绘画作品展、第二届内蒙古“新人新作”摄影展、第三届全区民间手工艺精品展等展览展示活动，策划新歌速递、音乐时间、文艺视点等网络宣介活动，并持续推动第七届内蒙古室内乐比赛、第七届内蒙古职工美术书法摄影评奖及作品展、第六届内蒙古舞蹈大赛等近50项文艺品牌活动的展开。

同时，为聚焦“做人的工作”，不断夯实行业建设主导作用，自治区持续深化内蒙古艺术人才培养工程，全面开展文艺家协会新入会会员教育培训工作，分类有序推进各类艺术人才的专业培训，组织开展了各类培训活动，培训艺术评论与研究工作者千余人，并选拔推荐545人参加中宣部、中国文联、中国作协举办的各类高层次人才培训。自治区文联高度重视行风和职业道德建设工作，充分发挥内蒙古文联艺术工作者职业道德建设委员会的积极作用，召开内蒙古文艺界职业道德和行风建设座谈会，探索完善各艺术门类行业规范、行业守则和自律公约。开展“感党恩、听党话、跟党走”内蒙古文艺界主题宣讲活动，继续开展自治区中青年德艺双馨文艺工作者的宣传推介工作，举办内蒙古民族团结进步榜样人物和生态文明建设榜样人物短视频征集展播活动，深入挖掘自治区文艺界先进典型和模范人物，塑造内蒙古艺术评论与研究工作者的正面社会形象。

本年度，自治区文艺界建立健全“深入生活、扎根人民”主题实践常态化机制，强化文艺惠民，促使乌兰牧骑成为文艺领域的标杆，在资金扶持、专业指导、落地协调等方面提供坚实保障，组织引导全区各级文联组织累计开展“到火热的生产一线去”等采风创作活动960批次，涉及文艺工作者8万余人次，并组织文艺家作为艺术指导员深度参与到乌兰牧骑“学·创·演”

活动中去，扶持各级乌兰牧骑创排优质作品，还成立颉元芳工作室等一批重点作家艺术家基层工作室、创作室，引领自治区艺术界掀起“深入生活、扎根人民”的新风尚。

这些成果的取得不仅是内蒙古文联努力的结果，也离不开各盟市，各旗县文联的支持与配合。一年来，自治区各盟市、旗县文联认真贯彻落实中央决策部署和地方党委政府的要求，推动内蒙古文联第九次代表大会精神落实落地，聚焦主责主业，强化使命担当，积极主动作为，开展了一系列行之有效的工作，取得了可喜的成绩和进步。兴安盟文联进一步深化“文化村长”行动，发挥典型示范作用，丰富文艺惠民形式；鄂尔多斯市文联大力建设“一馆二刊多基地”，推动文艺阵地建设创新发展；包头市文联聚力打造文化高地，主题文艺活动影响广泛；乌海市文联以中国书法城为抓手，乌海品牌越擦越亮。自治区文艺事业和文联工作呈现出一片欣欣向荣、蓬勃发展的繁荣景象。

（二）聚焦艺术热点，艺术评论交流活动频繁

本年度，在习近平新时代中国特色社会主义思想的指导下，广大艺术理论与评论工作者以铸牢中华民族共同体意识为核心，全面学习贯彻落实党的二十大精神，坚持树立以人民为中心的工作导向，以座谈研讨、学术论坛、创作分享等形式，开展了一系列艺术理论与评论交流活动，为推动内蒙古艺术理论与评论研究工作发展、促进内蒙古艺术创作繁荣发展奠定了坚实基础，也为努力打响“北疆文化”品牌，推动自治区艺术评论与研究事业和文联工作高质量发展作出积极贡献。

1. 学术论坛阐释内蒙古艺术创作旨归

9 月 3 日上午，由中国文联理论研究室指导，内蒙古文联主办，内蒙古文艺评论家协会承办的“守望相助 文润北疆——北疆文艺论坛”在呼和浩特市召开，此次论坛邀请《文艺报》原总编辑梁鸿鹰、中国文艺评论家协会副主席向云驹、中国传媒大学艺术研究院院长王廷信、梅兰芳纪念馆原馆长刘祯、

区蒙古社科院院长包银山、内蒙古大学文学与新闻传播学院教授崔荣围绕论坛主题发表主旨演讲，主旨演讲由内蒙古艺术学院院长、内蒙古文艺评论家协会主席赵海忠主持。北疆文艺论坛致力于践行习近平新时代中国特色社会主义思想和党的二十大精神，遵循内蒙古自治区党委关于培育“北疆文化”品牌的战略部署，展现新时代内蒙古文艺工作者的时代责任与使命担当，深入探讨文艺工作及文艺事业在推动“北疆文化”品牌建设中见行、见效，助力全方位建设模范自治区。此次论坛的举办，是内蒙古文艺界学习贯彻习近平新时代中国特色社会主义思想的具体行动，旨在立足自治区文艺创作的发展实际，大力营造全面建设中国式现代化内蒙古的浓厚氛围，对铸牢中华民族共同体意识，强化文艺惠民，发展自治区的艺术创作具有至关重要的作用。

2. 交流研讨剖析内蒙古艺术创作风尚

本年度，围绕艺术创作和研究，各类艺术研讨会也在内蒙古文联的大力倡导和艺术评论研究者们的积极推动下有序开展，为推动内蒙古的艺术创作和艺术理论发展作出了卓越贡献。

10 月 25 日，电视剧《大盛魁》研讨会于呼和浩特市成功举办。此次研讨会由内蒙古文联、内蒙古工商联、中共呼和浩特市委宣传部、内蒙古广播电视台联合主办，并由内蒙古电视艺术家协会与王新民影视工作室共同承办。会议指出，文艺是时代前进的号角，最能代表一个时代的风貌，最能引领一个时代的风气。长期以来，内蒙古文联高度重视自治区电视艺术事业的发展，以创作推出更多优秀作品为己任，通过内蒙古电视艺术家协会，精心组织实施重点现实题材电视剧剧本创作扶持计划、召开剧本论证会、举办创作骨干培训班，以务实举措引领创作、推出精品。召开电视剧《大盛魁》研讨会，主要是为了在《大盛魁》三部曲的第一部成功播出之际，进一步研究探讨内蒙古主题电视剧创作，应该如何突破现有题材环境，实现内容创新；电视艺术形式，应该如何以更为优质的内容建设，满足人民文化需求，增强人民精神力量。

10月27日至29日，内蒙古察哈尔文化研究会第二届会员代表大会暨学术研讨会在呼和浩特市顺利召开。会议全面梳理了五年多来察哈尔文化研究事业的辉煌成就、文化发展的显著变革以及研究工作的丰硕成果，也对新一届领导班子提出建议并寄予厚望。会议指出，五年多来积累的宝贵经验弥足珍贵，要倍加珍惜、不断完善，针对当前工作中存在的不足和问题，要采取切实有效的措施认真改进和加强。会议强调，全体会员要在新一届班子成员的领导下，紧密地团结在以习近平同志为核心的党中央周围，高举伟大旗帜，践行初心使命，勇于担当作为，潜心创新创造，以更加坚定的信心、更加开阔的视野、更加务实的精神，为繁荣发展民族文化事业、推进民族文化强区建设贡献更大的力量。会议顺应时代发展要求，鼓舞人心、催人奋进，为当前和今后一个时期的文化研究工作指明了前进方向。同时，会议提出，未来五年研究会工作要始终坚持以习近平新时代中国特色社会主义思想为指引聚焦新文化使命，铸牢中华民族共同体意识，坚持正确的政治方向和学术导向紧紧依靠全体会员和专家学者们，以奋发有为的精神状态和高度的责任意识勇毅前行、不辱使命，坚定文化自信、把准时代方位、明确职责定位，以更加昂扬的精神状态、更加扎实的工作作风，推动察哈尔文化研究事业迈上新台阶、开创新局面，为繁荣发展“北疆文化”，助力地区经济社会文化发展作出新的更大的贡献。

11月29日，由内蒙古自治区艺术研究院主办的“大力弘扬‘北疆文化’探索非遗系统性保护”研讨会在呼和浩特市召开。会议旨在贯彻落实习近平总书记关于要扎实做好非物质文化遗产系统性保护的指示精神，打响“北疆文化”品牌。会议明确指出，北疆文化是内蒙古大地上各类卓越文化的综合性体现，是在各民族不断交往交流交融中形成的。打造好北疆文化品牌，对于内蒙古自治区贯彻落实习近平总书记对内蒙古的重要指示精神，办好两件大事，传承和弘扬好中华优秀传统文化，具有十分重要的意义。会议提出，当前作为北疆腹心的内蒙古提出打造“北疆文化”品牌，发掘北疆地区的自然优势和文化优势，由此来提升内蒙古正面形象，凝聚各民族人心和力量，展示文化自信，助力中国式现代化建设，是正当其时的正确战略举措。

各类研讨会和交流会的召开，推动了自治区艺术理论与评论研究事业的进一步发展，增强了自治区现实艺术创作和艺术理论研究发展的有机结合，满足了人民群众的艺术需求，为内蒙古自治区的艺术发展注入了强大动力。

3. 话题引领激活盟市艺术评论澎湃生机

在本年度，各盟市的艺术评论与研究工作者们紧密结合当地艺术创作及相关工作实际，在习近平新时代中国特色社会主义思想的引领下，围绕相关重点，依托多种形式，开展了一系列艺术评论活动。在充分发挥艺术评论研究对现实艺术创作的指导作用的同时，发挥艺术评论对广大人民群众的思想指引作用，着力描绘内蒙古艺术事业发展的崭新篇章。

本年度，呼和浩特市文联举办了“翰墨写初心·礼赞新时代”主题书画摄影展暨“翰墨进军营，共筑强军梦”文艺志愿服务活动，召开了第五届委员会第五次全体会议，开展了呼和浩特市第二届“童心向党·少年之声”歌曲大赛展演颁奖活动、呼和浩特市首届“童心向党·舞跃青城”青少年舞蹈大赛展演颁奖活动……这些活动的开展旨在弘扬习近平新时代中国特色社会主义思想，深入贯彻落实党的二十大精神，助力建设内蒙古艺术事业发展新风尚。

2023 年，鄂尔多斯市文联持续发挥积极作用。年初，鄂尔多斯市文联召开全体干部会议，传达学习内蒙古文联八届八次会议精神；3 月 31 日上午，内蒙古舞蹈创作发展研讨会在鄂尔多斯市成功举办，为全区乃至全国舞蹈界带来了一次精神上的宴飨。这一年，鄂尔多斯市戏剧家协会继续对经典剧目的打造和戏剧艺术人才的培养给予高度重视，旨在培育出更多优秀剧目和戏剧艺术人才。在第六届中国黄河流域戏剧红梅大赛中，鄂尔多斯市戏剧家协会收获颇丰，取得了斐然成绩。

在本年度，通辽市文艺工作者积极回应自治区文联的倡议，立足新高度，开展了一系列富有成果的艺术评论与研究活动。2023 年是通辽市艺术创作繁忙且富有成效的一年，标志着通辽市艺术创作的活跃和丰收。从内蒙古自治区党委提出的“两个打造”到打造“北疆文化”品牌，通辽市艺术创作进入了快速发展的繁荣期。这一年，话剧《马走日》《赤子长歌》、歌舞剧《荞麦花开》相继成功上演；成功举办了哲里木版画培训班和第十四届全国美展培训班，为冲刺第二十五届全国版画作品展览作出了充分的前期准备，在此期间，有 5 件艺术作品荣获第十三届内蒙古自治区艺术“萨日纳”奖。年度内，无论是艺术作品创作的数量还是质量，在通辽市艺术事业的发展历史上都是空前的。

本年度，乌兰察布市通过开展形式多样、内容丰富的艺术评论与研究活动，弘扬了习近平新时代中国特色社会主义思想和党的二十大精神。同时在本年度，乌兰察布市文联荣获第九届精神文明建设“五个一工程”奖。赤峰市文联和呼伦贝尔市文联积极召开工作会议，学习习近平总书记重要指示和全国宣传思想文化工作会议精神。同时，为全面贯彻落实习近平总书记关于内蒙古的重要讲话精神，打响“北疆文化”品牌，持续营造喜迎“十四冬”的浓厚氛围，12 月 22 日，呼伦贝尔市文联在市城市规划馆组织开展了“展光影之美　靓冬‘韵’之城——第十四届全国冬季运动会呼伦贝尔主题摄影展”。

本年度，包头市文联深入学习贯彻党的二十大精神，举办了“学习贯彻党的二十大精神 助力乡村振兴 喜看大河之湾”——包头市书法、摄影作品展。本年度，包头市共有 14 部艺术作品入围第十三届内蒙古自治区艺术“萨日纳”奖终评作品名单，创下历史最好成绩，取得历史性突破。

2023 年，兴安盟开展了首届非物质文化遗产保护传承主题摄影展。同时，为持续深入学习贯彻中央民族工作会议精神，全面落实党的民族理论和民族政策，由兴安盟文艺评论家协会主编的《文心发轫——兴安盟文艺评论集》正式出版。《文心发轫——兴安盟文艺评论集》是兴安盟第一部文艺评论专辑，《文心发轫——兴安盟文艺评论集》的出版，是兴安盟文艺评论家协会坚持以习近平新时代中国特色社会主义思想为指导，发挥文艺评论“价值引导、精神引领、审美启迪作用”（《关于加强新时代文艺评论工作的指导意见》），推动兴安盟地方文艺健康繁荣发展的结果。

巴彦淖尔市文联以线上加线下的形式组织召开了主题教育专题学习会，第一时间学习贯彻党的会议精神。乌海市文联为认真学习领会习近平总书记在首届全民阅读大会上的贺信精神，进一步强化对全民阅读推广工作的领导，持续深入打造“全民阅读·书香乌海”的文化品牌。同时，继续加强书法城特色建设，如今的乌海市，到处洋溢着浓郁的书法气息。乌海市始终将培养书法名家摆在突出位置，不断增强中国书法城建设发展的人才基础。本年度，乌海市书法家冯印强摘得书法最高奖——第四届中国书法兰亭奖佳作奖一等奖，填补了全自治区此奖项的空白。

三、新作、创新、突破

2023 年，各艺术评论工作者与研究者们接续奋斗、砥砺前行，以习近平新时代中国特色社会主义思想为指导，以铸牢中华民族共同体意识为主线，全面学习贯彻落实党的二十大精神，坚持以人民为中心的工作导向，充分发挥组织优势和专业优势，在相关平台上，大量优秀的艺术评论与研究性质的文章得以发布，作者们凭借丰富的学识和广阔的视角，对各类艺术现象进行了深入分析，这些文章展示了本年度艺术评论与研究的丰硕成果。在本年度，自治区的艺术理论与评论研究事业呈现出繁荣景象，取得了显著成就，并展现出鲜明特征。

（一）艺术评论立足时代高度，以人民为中心

面临新的形势和任务，必须推动宣传思想文化工作高质量发展，立足时

代高度，以人民为中心，这是时代所需、使命所系、群众所盼，是宣传思想文化战线面临的一道必答题。文艺事业是党和人民的重要事业，文艺战线是党和人民的重要战线，文联组织在团结引领文艺工作者、繁荣发展社会主义文艺事业方面肩负重要职责。美成在对大型歌舞剧《荞麦花开》的评论文章中写道，艺术应当为续写人民幸福的时代答卷服务。文章指出，《荞麦花开》用舞台艺术铭记时代，通过小切口、小人物、小故事折射大时代，既反映着当地党委、政府和人民对生态环境、生态建设的高度关切，又通过对人物的切肤之痛予以细致入微的观察和描述，真实客观地反映了库伦人民穷则思变、人心思进、百折不挠、改天换命的心路历程和豪迈气概。演出用微观视角带来宏大叙事，真实地记录了库伦旗经历的时代变革，该剧充分展现了库伦人民在脱贫攻坚与乡村振兴道路上，克服重重困难、坚守初心使命的拼搏历程，从历史、时代、政策、人物以及精神等多个维度，深入剖析了我国农业农村政策调整为库伦旗新时期发展带来的重要历史契机。库伦人朴实的外表下赓续着强劲的思想伟力。习近平总书记在中国文联十一大、中国作协十大开幕式上的讲话中指出："从时代之变、中国之进、人民之呼中提炼主题、萃取题材。"[1]《荞麦花开》剧中的生态园开工、越野车俱乐部开业，是对库伦精神、人物使命、时代命题的延展和深化。剧中人物服务主题，故事烘托时代，起到了反映国运、提振民心的艺术效果。而在生态文明建设中"南治山、北治沙""山戴帽、沟镶边、坡铺绿"所凝聚的库伦精神，正在成为当代库伦人不断前行的动力之源。崔荣《平凡英雄的北疆颂唱——安达组合〈孤勇者〉改编版的艺术创新》分析了安达组合对《孤勇者》的再度编创中采用的创作导向，即坚持以人民为中心的创作导向。《孤勇者》这首歌曲，颂扬了即便衣衫褴褛、千斤重担在肩，却仍敢堵命运的枪的不屈不挠；在毫无凭借、手无寸

1　习近平：《在中国文联十一大、中国作协十大开幕式上的讲话》，《中国文艺评论》2022 年第 1 期，第 6 页。

铁的情况下，依然勇敢地挺身而出、迎接挑战的无怨无悔；即便前景堪忧，仍然义无反顾地勇往直前的磊落豪迈。这首歌曲对坚忍不拔、永不言败的赞美，唱出了我国人民的志气、骨气、勇气与豪气。同时，它也体现了中华民族精神中绵延赓续的悲怆豪迈、自强不息的气概，以及不达目的绝不罢休的蒙古马精神，使歌声在奔腾不息、激越回旋中动人心魄。郝绪荣《论舞剧〈骑兵〉音乐的个性化表达》中，通过分析舞剧《骑兵》在多种乐器的组合运用下产生的独具匠心的艺术效果，品味出蒙古族的英雄气概和内蒙古人民的民族性格。李树榕《民歌，唱出老百姓的真情和深意——评“建功新时代，民歌颂北疆”·2023 内蒙古民歌大会》中，充分肯定了民歌在反映老百姓真实生活和真切感受中的重要意义，明确指出，民歌是中华民族现代文明建设中不可或缺的重要部分，是传承中华优秀传统文化过程中特别值得重视、值得挖掘和保护的精神文化资源。美成在评论内蒙古第二十届草原文化节参演剧目话剧《赤子长歌》时，指出“艺术为人民”的重要性，同时呼吁广大文艺工作者，要在发展社会主义先进文化，弘扬革命文化，传承中华优秀传统文化，不断铸就中华文化新辉煌方面久久为功，矢志不渝地继承好“到人民中间去”的优良作风，感受时代脉搏，坚持与人民同心同向同行，在打造“北疆文化”波澜壮阔的雄浑篇章中，开拓出更多的美学意蕴、更大的美学空间。

（二）艺术评论依托生活需要，以现实为导向

在本年度，广大艺术评论工作者们依托现实生活需要开展艺术评论与研究工作，从现实艺术作品中探寻现实生活的脉络，在现实生活中感悟和发掘艺术创作的沃土。牡丹在《讴歌时代精神，熔铸崇高之美——话剧〈天边的草原〉简评》中，深入剖析了话剧《天边的草原》的创作特点和内容表现，阐释出文艺作品创作该如何塑造新时代奋发进取的青年形象，勾勒时代面孔的典范。徐可对水孩儿的《黄河好人》作出评论，认为《黄河好人》讲的是普通的渔民的故事，但却反映出一个作家的责任和良知；满全同样认为，水

孩儿是有良知有担当的好作家，《黄河好人》是有深度有厚重感的好作品。李树榕在《那棵被生命滋润的“枯树”——评内蒙古“金鸡奖”影后巴德玛的新片〈脐带〉》一文中指出，这是一部关注阿尔兹海默症患者的故事片，在令观众揪心、扎心、痛心的些许无奈中，又饱含着血缘亲情的浓浓温馨，往事回忆的美美陶醉，以及母子俩一同寻找那棵“一半已经枯死，一半依然旺盛”的“奇迹之树”的执着和期待。美成在《创新红色题材文艺作品和现实对话的新方式 历史的纵深感：在时空交错的世界——评科尔沁区乌兰牧骑新编话剧〈马走日〉》一文中，对乌兰牧骑的新编话剧作出评价，指出该话剧采用红色题材和现实对话的新方式，用小细节、小故事反映大背景、大时代，不仅具有厚重的历史感和生活的真实感，而且还显现了温暖现实主义的明亮底色和正大气象。李树榕在《细节是作品真实的基础——评康洪雷导演新作〈父亲的草原母亲的河〉》一文中表明，作品的真实，细节是基础，电视剧也是如此，其真实感是基于演员表演和服化道等众多细节基础之上的。评论中指出《父亲的草原母亲的河》是一部注重细节的真实的佳作。

（三）艺术评论开拓宏阔视野，以发展为目标

三宝在题为《黄河文化中的“璀璨明珠”——昭君文化》的文章中，对昭君文化和黄河文化的基本内涵及其相互关系进行深入探讨，旨在为坚定社会主义文化发展道路、助力呼和浩特黄河流域生态保护和文化旅游产业高质量发展作出贡献。文中强调昭君文化与黄河文化之间的关系体现于三个方面：一是昭君文化是黄河文化的重要组成部分，彰显了黄河文化的多元特色；二是昭君文化是黄河文化的延伸，是黄河文化的杰出传承者和发扬光大者；三是昭君文化是黄河文化中的“璀璨明珠”，它为中华民族精神和中华多民族统一国家的形成，以及使其走向世界发出了不可替代的政治和文化引导光芒。叔嘎拉、赵香连对歌剧《江格尔的雄狮》作出简评，认为该剧讲述了古老的英雄史诗故事，使古老的史诗在新时代焕发活力。同时指出该剧在体裁形式

及音乐的“创新”方面：一是将《江格尔》这一民间文学作品首次用歌剧形式呈现；二是音乐创作上借鉴西方歌剧的作曲技法，将史诗音乐要素与西洋作曲技法巧妙地结合，大胆地创新，对史诗音乐精髓陈述与思维方式进行多元化、歌剧化、交响化改编创作，成为英雄史诗音乐与西洋作曲技法相交融的一次有益尝试，同时也为内蒙古歌剧音乐的创作注入了新的生命力。鄢冬在《捧起暖阳，我们来谈谈“辩证法”——融媒互动访问节目〈真心燃〉观后》一文中认为,《真心燃》以一种略带清新、充满诗意和温暖溢出的方式展现，无论是呈现形式还是叙事内容，都体现了一定的美学高度和人文价值。同时，指出此类节目想要实现长足发展，应当遵循“变”与“不变”的原则。面对不同代际的采访对象要有不同的话术,这是《真心燃》话语系统的“变”。同时，作为一个想要继续打造的品牌节目，需要有相通之处以维持文化影响力的稳定输出——这就是“不变”。张常胜在《评〈封神〉如何开启封神之作》一文中表明，乌尔善版的《封神》之所以成为封神之作在于给古老的故事赋予了新的内涵，同样的故事嵌入了不一样的情节，传统的中式故事，因现代特技的运用，有了西式大片的画面冲击力和动感的音乐效果。李树榕在对王新民新作《大盛魁》的评论文章中提到，这部剧作秉承现实主义的创作原则，将人物的塑造深植于中华优秀传统文化，他还提到《大盛魁》的第一部具有强烈的现实意义，也为进一步巩固“一带一路”国际合作提供了历史性借鉴。

（四）艺术评论发展势不可当，以成绩为基石

本年度，自治区艺术评论与研究工作成绩斐然，为艺术评论与研究工作的进一步发展奠定了坚实基础，其中有三部作品成就最为突出，在第十三届内蒙古自治区艺术“萨日纳”奖中获艺术理论评论奖，如下所示：

表 1　第十三届内蒙古自治区艺术“萨日纳”奖艺术理论评论奖获奖情况表

奖项	作品名称	作者
著作奖（2 部）	《中国古代早期石刻书人文献考辨》	王力春
	《千年传承马头琴——内蒙古马头琴传承与变迁研究》（蒙古文）	张劲盛
文章奖（1 部）	《艺术创作语境中的书法与公众》	王宏伟

四、活动、交流、趋势

在 2023 年，内蒙古文联以党的二十大精神为指导，坚定不移地推进艺术评论阵地建设。在处理艺术评论工作时，内蒙古文联十分注重前瞻性和宏观性，强调艺术评论应紧密围绕自治区文艺焦点和热点话题，并始终立足于艺术创作的实际情况。同时，内蒙古文联也高度重视艺术评论工作队伍的建设，致力于扩大艺术评论人才队伍，确保艺术评论工作的专业性和权威性。

（一）提升艺术评论前瞻意识，提倡艺术评论跟踪热点

内蒙古文联主张全面提升艺术评论的权威性、专业性，对引导创作、推出精品、提高审美、引领风尚具有关键性作用。艺术评论与研究工作要立足北疆，关注内蒙古自治区艺术创作，跟踪自治区艺术热点与焦点、新人与新作，提升艺术评论的针对性，做更多具有宏观性、前瞻性的评论工作。提倡平民化、百姓式艺术评论，让艺术评论融入广大人民群众的文化生活。不断加强“北疆文艺评论”的传播力和影响力，在艺术评论的有效性方面进行新的探索，特别是适应网络快速传播的实际，倡导短评、快评、图评。

（二）立足艺术评论创作实际，树立艺术评论良好风尚

在本年度，内蒙古文联的工作立足于自治区的艺术评论、研究及创作实

践，大力宣扬中华美学精神，彰显中华气派。以鲜明的主体意识，在与时代的碰撞互动中，赋予中华文化以鲜活气息。坚持马克思主义基本立场，开创新视角，挖掘新内容，缔造新成果。在内蒙古评论家协会第五次代表大会闭幕仪式上，赵海忠代表新一届主席团表示，要认真学习贯彻落实习近平总书记关于文艺工作和民族工作的系列重要指示，坚持正确的价值取向和舆论导向，建立文艺工作的良好风尚。广大艺术评论工作者要着眼于提高艺术作品的思想水准和艺术水准，坚持以理立论、以理服人，增强朝气锐气，倡导张扬理性的批评精神，树立良好的评论文风，把更多有筋骨、有道德、有温度的优秀作品推荐给读者观众。同时，各艺术评论工作者和研究者们要注重“北疆文化”和“北疆文艺”的各种表现形式，均衡艺术评论力量，强化薄弱环节，使自治区艺术评论得到健全发展。

（三）加强艺术评论队伍建设，建立艺术评论协同机制

本年度内蒙古文联大力加强艺术评论工作队伍建设，发现和培养艺术评论与研究人才，加强和拓展艺术评论阵地建设。致力于做好“人”的工作，在组织活动、开展项目、强化阵地建设过程中注重队伍建设，持续建设一支学术型、思想型的人才梯队。密切关注艺术创作现实，发现新人，举荐力作，推动艺术评论人才在艺术评论实践中不断成长。做好“北疆文艺评论”，必须培育本土艺术评论工作者，立足北疆，放眼全国，共同参与自治区艺术评论建设，进而为中华文化、中华文艺、中国文艺评论发展添砖加瓦。内蒙古文艺界统筹自治区文联理论室、文艺评论家协会、高等学校和社科研究机构，建立艺术评论引导协同工作机制，形成工作合力。加强自治区艺术评论阵地建设，充分发挥主阵地作用，办好“北疆文艺论坛”，办好《内蒙古日报》“文艺评论”专栏、《金钥匙》等报刊，用好“学习强国”内蒙古学习平台、“内蒙古文艺”等网络平台。培养“北疆文艺评论”网络人才，形成“北疆文艺评论”新风貌。

此外，本年度内蒙古自治区继续发挥社科规划等专项课题在自治区艺术发展中的激励作用。

表 2　2023 年度内蒙古自治区哲学社会科学规划项目新时代文艺评论专项立项表

项目名称	申报人姓名	所属单位	项目类型	结项成果形式
新时代内蒙古文学制度与路径研究	李旺	内蒙古大学	重点项目	专著
新时代内蒙古文艺评论人才队伍培育体系研究	王赫德	内蒙古师范大学	重点项目	专著
新时代内蒙古二人台艺术的媒介表达与受众解码研究	白文清	内蒙古民族文化艺术研究院	一般项目	专著
新时代乌力格尔曲艺创新性发展与铸牢中华民族共同体意识研究	高巧艳	内蒙古民族大学	一般项目	专著
新时代内蒙古主题性美术创作中的中华美学精神	芬笋得日	呼和浩特民族学院	一般项目	系列论文
新时代内蒙古书法创作的现状、问题与创新路径研究	韩琛	内蒙古大学	一般项目	系列论文
新时代内蒙古民族题材美术对中华民族视觉形象的建构研究	邹维佳	内蒙古师范大学	一般项目	系列论文
新时代内蒙古纪录片创作与评论高质量发展研究	赵金波	内蒙古鸿德文理学院	一般项目	系列论文
新时代内蒙古文艺创作的“人民性”向度研究	李佳音	内蒙古艺术学院	一般项目	系列论文
新时代内蒙古阿尔寨石窟壁画艺术的文化传承与转化研究	郭敏	内蒙古大学创业学院	一般项目	研究（调研）报告
蒙古马精神在本土文艺创作中的文化语义研究	李军	内蒙古科技大学	一般项目	研究（调研）报告
新时代乌兰牧骑在职艺术人才培养研究	安其乐	内蒙古自治区艺术研究院	一般项目	研究（调研）报告
新时代内蒙古民间工艺创作研究与评论	阿古达木	内蒙古师范大学	委托项目	研究（调研）报告
内蒙古草原红色歌曲述评	李杰源	内蒙古师范大学	委托项目	系列论文

表 3　2023 年内蒙古自治区社会科学基金项目文艺专项立项表

项目编号	申报题目	项目主持人	项目承担单位
2023CY01	冀察热辽鲁艺内蒙古民间音乐搜集整理研究	杨　屹	内蒙古民族大学社科联
2023CY02	新时代民族地区现实题材美术研究——以内蒙古地区为例	邹维佳	内蒙古师范大学社科联
2023CY03	以马克思主义文艺理论指导乌兰牧骑发展研究	丛龙瑞	内蒙古民族文化艺术研究院
2023CY04	古诗词艺术歌曲在民族高校声乐教学中的价值判断研究	孟宪红	内蒙古民族大学社科联
2023CY05	内蒙古青年电影导演的创作美学特征与取向研究	窦　兴	内蒙古师范大学社科联
2023CY06	打造中华文化符号——内蒙古新媒体与影视动画创作的融合发展研究	王　羽	内蒙古艺术学院社科联
2023CY07	内蒙古雕塑艺术中蒙古马精神的审美追求研究	曹　雄	内蒙古师范大学社科联

五、问题、思考、建议

2023 年，内蒙古文联以习近平新时代中国特色社会主义思想为指导，深入学习贯彻习近平文化思想，充分发挥组织优势和专业优势，持续推进队伍建设，将其视为推动文艺事业繁荣发展的根本性、基础性、长远性工作。此举旨在团结凝聚内蒙古广大艺术理论与评论工作者们积极投身党的艺术事业，努力担负新的文化使命。本年度，内蒙古艺术理论与评论工作成就斐然，但不可否认的是，具体的艺术评论与研究工作中还存在不足，艺术评论与研究工作需要更进一步观照人民，发展社会主义文艺和人民文艺。同时，艺术评论的时代性、针对性和前瞻性应当进一步加强，发挥艺术评论与研究工作在现实艺术创作中的引领作用，加大力度打造一支艺术评论人才队伍，为发展好人民的艺术事业添砖加瓦、蓄力助能。总之，内蒙古文联将继续秉持严谨的态度，推动艺术理论与评论工作不断迈上新的台阶，为实现社会主义文艺事业的繁荣发展贡献力量。

艺术评论应以人民为核心，褒优贬劣，才能进一步推动自治区艺术作品质量的提升。社会主义文艺本质上是人民的文艺，艺术创作与艺术评论均需秉持人民至上的原则，都要为人民抒写，为人民抒情，为人民抒怀。第八届“啄木鸟杯”中国文艺评论优秀短评作品《该给影视剧取个好名字》直指当下部分影视剧创作理念出现偏差，导致原本应为点睛之笔的剧名变得模样让人“晕”、格调显得“俗”、含义越来越“虚”等问题，具有现实针对性，引发受众共鸣；短评《理性看待网络时代戏曲艺术的“冷”与“热”》通过分析互联网平台青年观众对戏曲的热捧现象，指出了戏曲艺术当代传播热潮背后值得反思的问题，理性思考了戏曲在电子媒介主导的大众评论主潮中应当如何守正创新……这些作品都展现了艺术评论激浊扬清、观照大众心声的特点。

艺术评论只有立足时代，与“新”俱进，我们的艺术作品才能与时俱进。第八届“啄木鸟杯”在以广阔的历史视野关注文艺领域基础性问题的同时，也注重对彼时彼刻的新人新作，如对网剧《漫长的季节》、电视剧《人世间》等的评论，针对热点艺术现象如“云演艺”“抖音手势舞”等的解析，更关注在人工智能等前沿技术影响下产生的艺术新样态。他们的作品在文本解读与阐释方面具备专业性和深刻性，同时保持批评语言的透彻、准确和清新，不仅关注新领域和新现象，文风亦独具创新，从而降低阅读难度，使广大读者在面对这些艺术作品和现象时，具备评判其艺术水准高低优劣的审美能力，从优秀作品中获得深刻的思想启迪和艺术感染，而不仅仅是被动地接受批评家们语焉不详的简单评论。

艺术评论加强人才队伍建设，我们的艺术作品方能实现飞跃。持续加强艺术评论人才队伍建设，始终是文联队伍建设的重中之重。内蒙古文联紧扣“做人的工作”这一核心任务，密切与各层次各方面艺术工作者的沟通联系，以“四大工程”为抓手，形成俊采星驰、人才辈出的良好局面。实施内蒙古文艺界思想引领“培根铸魂”工程，以习近平文化思想为重点，通过教育培训、交流座谈、主题宣讲等多种形式，全区文联于 2023 年系统开展了各类培训 1025 场次，培训文艺工作者 10 万余人，有力推动习近平新时代中国特色社会主义思想在内蒙古落实落地、深入人心。实施内蒙古文艺人才培养工程，持续完善“深入生活、扎根人民”主题实践常态化机制，在资金扶持、专业指导、落地协调等方面提供有力保障。推进内蒙古文艺理论与评论建设工程，编纂《内蒙古文学艺术 2022 年度发展报告》，设立社科规划、社科基金、文艺创作基金三个“新时代文艺评论”专项课题，三者协同推动自治区艺术理论与评论工作蓬勃发展。

习近平总书记在文艺工作座谈会上提出“要高度重视和切实加强文艺评论工作”，强调文艺评论的重要地位和作用，指出文艺批评是文艺创作的一面镜子、一剂良药，是引导创作、多出精品、提高审美、引领风尚的重要力量。[1]这深刻阐明了艺术评论工作者们肩负与作品、创作者、社会大众对话的使命与责任，要打磨好艺术评论这把“利器”，通过对艺术作品和艺术作品背后现象的剖析与评论，对同时代的艺术创作和艺术评论起到赏析解读和创作引导的作用，不断激励更多优秀作品产生。同时，提高受众的艺术趣味，提升当代审美水准，引领社会文化风尚。内蒙古文联和内蒙古文艺评论家协会等要牢记习近平总书记的指示精神，继续推动自治区艺术评论与艺术创作工作繁荣发展，为繁荣社会主义文艺事业贡献力量。

主持人：

王赫德　内蒙古师范大学设计学院副教授、硕士生导师

1　习近平：《论党的宣传思想工作》，中央文献出版社，2020，第 92—119 页。

特邀专家：

王宏伟 中国文艺评论家协会理事，内蒙古文艺评论家协会副主席、副秘书长

参与撰写：

殷福军 内蒙古师范大学设计学院副教授、内蒙古文艺评论家协会副主席、内蒙古民族文化艺术研究院院长

李芳芳 和林格尔县职业高级中学行政办主任

沈志伟 内蒙古师范大学设计学院研究生

张婧丹 内蒙古师范大学文学院本科生

曲艺与杂技

2023年，内蒙古曲艺与杂技事业继续踔厉奋发，取得多项令人瞩目的佳绩，赢得区内外各界人士及专家、学者的高度认可。内蒙古自治区各级曲艺、杂技表演团体和相关单位，始终以学习贯彻习近平文化思想作为首要任务，认真学习贯彻党的二十大精神，在思想引领、宣传宣讲、融入创作等方面下功夫，以铸牢中华民族共同体为主线，弘扬中华优秀传统文化，紧紧围绕“两件大事”、打造“北疆文化”品牌，推进内蒙古曲艺、杂技艺术繁荣发展。

一、发展概况

（一）团队建设情况

内蒙古曲艺家协会、内蒙古杂技家协会作为自治区曲艺、杂技事业最具权威的行业协会在2023年始终坚持以人民为中心的创作导向，充分发挥组织优势和专业优势，加强“文艺两新”团结引领，紧扣“做人的工作”这一核心任务，延伸工作手臂，拓展服务内容，强化行业教育、行业服务、行业管理、行业自律，团结带领广大曲艺、杂技工作者，围绕中心、服务大局，奋力投身曲艺、杂技文化建设，自治区曲艺、杂技事业欣欣向荣、万象一新。

2023年，内蒙古曲艺家协会修订完善个人会员入会细则，加大对基层一线、青年文艺工作者和新文艺群体的吸纳力度，创新开展内蒙古首批新文艺领军人才评选，密切与新文艺组织和新文艺群体联系，注重团队建设，积极吸纳优秀人才加入曲艺家协会，在评奖推优、项目扶持等方面进行帮扶，提升曲艺团队创新活力。协会2023年继续深入开展与大盛魁相声茶馆、图乐相声社等新文艺组织的交流与合作。

2023年3月29日，内蒙古曲艺家协会第八次代表大会、杂技家协会第六次代表大会在呼和浩特胜利闭幕，会议选举产生了内蒙古曲艺家协会、杂技家协会新一届领导机构。王占新当选为内蒙古曲艺家协会主席，杨钰海等10

人当选为副主席。塔纳当选为内蒙古杂技家协会主席，马帅等 10 人当选为副主席。

为了进一步凝聚人心，打造团队，自治区文联着力打造“文艺家之家”。2023 年 5 月 12 日，自治区文联组织多个协会集中举办会员日活动，征求对“文艺家之家”建设的意见建议。活动日当天开展丰富的会员日活动，例如曲艺家协会举办共建“家”园活动、杂技家协会举办杂技艺术研讨会等。8 月 4 日内蒙古杂技家协会部分会员来到内蒙古文艺家之家参与讨论协会每个阶段的工作活动方案。与会会员群策群力，共同谋划利用“内蒙古文艺家之家”的阵地资源开展杂技 (魔术) 创作交流的新模式、新做法。

在团队建设方面，内蒙古曲艺家协会共有会员 630 人。其中有 109 人已成为国家级文艺家协会会员。2023 年 2 月 10 日乌审旗曲艺家协会成立，这是继伊金霍洛旗曲艺家协会、准格尔旗曲艺家协会后鄂尔多斯市成立的第三个旗区级曲艺家协会。

（二）人才培训与非遗传承实践

2023 年 9 月 17 日，内蒙古曲艺骨干人才培训班在兴安盟科右中旗开班，开班仪式由内蒙古曲艺家协会秘书长格根塔娜主持。中国戏曲学院马克思主义学院原院长梁建明、国家一级演员李立山、内蒙古曲协主席王占新、山西省曲协主席柴京海分别进行了专题讲座，为学员搭建交流和学习的平台。

2023 年 7 月 21 日，内蒙古杂技家协会主办了第三届全区杂技（魔术）高级研修班，此次研修班围绕魔术教学、近景魔术、魔术效果策划及设计等方面进行学习，组织学员观看“相约北疆 文颂中华”第四届华北五省区市优秀杂技（魔术）节目展演。内蒙古文联副主席、内蒙古杂技家协会主席塔纳出席开班仪式并发表讲话，内蒙古杂技家协会秘书长马永主持仪式。内蒙古党校（行政学院）哲学系教研部副主任闫恒作了题为“筑牢中华民族共同体意识与中华优秀传统文化及其当代价值”的主题讲座。7 月 22 日，由中国杂技家协会、内蒙古自治区文学艺术界联合会主办，中国杂技家协会理论研究委员会、《杂志与魔术》杂志社、内蒙古自治区杂技家协会等承办的第三届全国杂技理论作品推优活动暨新时代中国杂技人才发展研讨会在内蒙古呼和浩特召开，会议涌现出来自艺术研究院（所）、杂技院团、兄弟文联和“文艺两新”等诸多领域的新人新作，为自治区杂技理论队伍建设注入新活力。

2023 年，内蒙古曲艺家协会推荐多名会员参加中国文联、中国曲协组织的培训班，1 名会员参加中国文联研修院舞台表演人才培训班，11 名会员参加中国曲协各类专业培训班，青年曲艺家李格根株格入选全国优秀青年曲艺人才扶持计划。全区各盟市、旗县曲艺表演艺术团也积极参与区内外组织的曲艺人才培训活动，进一步提升了内蒙古曲艺人才的艺术实践水平。

2023 年 2 月 12 日至 3 月 17 日，内蒙古艺术剧院民族曲艺团举办了春季业务培训，此次培训由传统曲艺潮尔史诗（陶力）、叙事民歌、乌力格尔说唱和台词、舞台表演等部分组成，通过传承与深层次的学习帮助演员掌握传统曲艺说唱技能，强化演员在曲艺的创作、说唱和舞台表演方面的能力。培训邀请了国家一级演员霍尔查、“科尔沁潮尔史诗”市级代表性传承人金刚进行专业技能授课，为期 30 天。

内蒙古艺术剧院杂技团于 2023 年 2 月 24 日开展春季业务培训，培训邀请国家一级导演、一级艺术管理黄国庆，国家一级演员曾辉对杂技团成员进行授课。培训主要围绕内蒙古自治区原创杂技剧《我们的美好生活》进行修改与提升，培训为期一个月，通过线上线下相结合的方式进行，旨在进一步提高演员杂技、魔术表演的专业技巧与业务水平，优化魔术设计和作品编创，提升舞台艺术效果和专业水准。

（三）科研课题与学术研究

内蒙古自治区 2023 年审批立项了“内蒙古自治区文艺创作发展基金”项目——《内蒙古曲艺与杂技发展年度报告》（2023 年）。该课题通过梳理内蒙古曲艺家协会、杂技家协会2023年度发展概况，汇总热点与亮点，分析年度现象等，并对下一年度的曲艺、杂技工作给予相关建议。

10月24日，由内蒙古自治区文联组织编纂的《内蒙古自治区志·文学艺术志》（以下简称《文学艺术志》）在内蒙古美术馆首发。《文学艺术志》是内蒙古自治区编纂出版的第一部文学艺术方面的通志，该书篇幅庞大，内容丰富，涉及艺术领域较为全面，时间跨度广。正文分为14篇39章122节，全书160余万字，涵盖了内蒙古自治区音乐、舞蹈、曲艺杂技、文学、文艺理论与评论等领域的发展概况，全面梳理了内蒙古自治区文学艺术领域自195-年至2020年的发展脉络。

（四）作品创作与演出情况

内蒙古曲艺艺术发展始终坚持围绕中心、服务大局、与时代同频共振，在紧紧围绕党和国家工作大局的基础上，创作、演绎出一系列主题突出、特色鲜明、极具感染力的文艺作品，得到了区内外文艺工作者的关注与认可。2023年，内蒙古民族曲艺团累计演出百余场，其中优秀曲目展演11场，惠民演出27场，人民剧场演出9场，政府指令性演出（推介会）26场，边防演出19场，商业演出29场，遍布瑞典、拉脱维亚等国家和地区，国内包括武汉、重庆、西安、沈阳等中心城市。原创优秀作品《拉起四胡唱新歌》、好来宝《美丽乡村》《党的光辉》、乌力格尔《出征》、呱嘴《礼赞二十大，欢乐中国行》等亮相海内外，进一步提升了内蒙古曲艺事业的影响力，在政策传播、公益惠民、招商引资等方面起到了重要的作用。民族曲艺团还完成了自治区原创歌剧《江格尔》的排练和创演工作。

2023年内蒙古新文艺组织以贯彻二十大精神为核心要义，创作出以反映当代生活为主题的相声快板作品，部分作品入选中国曲协及内蒙古曲协相关作品展播。图乐相声社在2023年举办相声小剧场专题演出共282场，公益演出16场，文化下乡演出12场，服务观众超过4万人次，原创作品《我是志愿者》

《疯狂的探店》《趣说地名》等受到了广泛的好评，取得了良好的社会效益与经济效益。大盛魁相声茶馆作品《走西口》入选全国曲艺小剧场相声小品优秀作品展演。

内蒙古艺术剧院杂技团 5 月 26 日至 10 月 4 日演出大型马舞剧《千古马颂》80 场；6 月 1 日至 8 月 31 日在黄花沟大剧院上演大型文化艺术精品剧目《敖包相会》；6 月 22 日在北京木偶艺术剧院举办大型儿童舞台剧《国家的孩子》首演，9 月 2 日至 22 日在全区开展巡演；8 月 5 日在包头参加由内蒙古杂技家协会主办、包头文化旅游发展集团承办的全区优秀魔术节目展演；8 月 9 日，在兴安盟举办的“2023 中国（阿尔山）旅游大会——兴安盟那达慕”上表演杂技节目《套马杆》，9 月 2 日至 23 日在自治区 12 个盟市进行巡回演出；在国庆黄金周演出杂技剧《我们的美好生活》6 场，11 月 14 日在内蒙古艺术剧院上演，11 月 25 日至 26 日在北京民族剧院上演。

二、焦点与热点

本年度内蒙古曲艺家协会、内蒙古杂技家协会认真落实“强基工程”和“9 + N”文艺志愿服务体系，开展了系列曲艺进万家活动，创办了首届内蒙古自治区曲艺展演，打造了内蒙古曲艺春晚品牌，为赋能北疆文化，贡献了曲艺、杂技的艺术力量。

（一）文艺志愿送温情

2023 年，各类文艺志愿品牌活动深入人心，“5・23 中国文艺志愿者服务日”“曲艺送欢笑”“曲艺进军营”“送福进万家”等品牌文艺志愿服务活动广受欢迎，赢得基层人民群众真诚赞誉。全区共组建 1259 支文艺志愿者服务队，深入全区 20 多个盟市、旗县，累计培训基层文艺骨干 5000 余人，演出70余场次，惠及观众10万人次。

1．文艺志愿者的航天情

2023年6月13日至15日，中国曲协学雷锋文艺志愿服务走进东风航天城。曲艺志愿者们以实际行动践行雷锋精神，担负起新的文化使命，表达文艺工作者对航天科技人员的崇高敬意以及对我国航天事业蓬勃发展的由衷赞颂三天的时间里，为航天工作者倾情演绎了7场讴歌党、讴歌祖国、讴歌人民讴歌英雄的优秀曲艺节目。其间，文艺志愿者与航天城科技人员一同深入交流座谈，感受中国航天事业所走过的光辉历程，接受航天精神的洗礼。活动最后，中国酒泉卫星发射中心表彰了杰出贡献团体单位以及相关工作人员。

2．文艺志愿者的基层情

2023年2月13日至14日，内蒙古杂技家协会在呼和浩特市新城区苏雅拉社区主办“礼赞新时代 奋进新征程”杂技魔术进万家文艺志愿服务活动。3月，内蒙古杂技家协会参加纪念毛泽东同志“向雷锋同志学习”题词60周年志愿服务活动，活动以杂技表演《雄狮送福》开始，杂技团不仅带来了精彩的舞狮表演，更通过舞狮为观众送上“艺绽新时代，技炫新未来，弘扬雷锋精神，凝聚体育力量”的祝福。此次活动以文艺的形式推动学雷锋志愿服务深入群众，深入人心。

2023年5月4日，内蒙古杂技家协会组织青年杂技艺术家在内蒙古鸿德文理学院开展“艺绽新时代，技炫新未来”优秀杂技（魔术）文艺志愿演出活动，此次内蒙古杂技家协会通过文艺志愿演出，以特有的文艺表演方式，让学生们感受中华优秀传统文化，进一步弘扬“爱国、进步、民主、科学”的五四精神，增强青年的团结力、凝聚力和向心力，激励青少年继承和发扬五四精神。

2023年5月12日，在第112个国际护士节来临之际，内蒙古自治区第四医院与内蒙古杂技家协会在呼和浩特市乌力格尔艺术宫共同举办“我们的护士，我们的未来”庆祝5·12国际护士节表彰大会暨文艺汇演活动。

5月23日，内蒙古杂技家协会走进呼和浩特市回民区第二幼儿园开展“艺绘新时代，技炫新未来”优秀杂技（魔术）文艺志愿演出活动。9 月 23 日，内蒙古杂技家协会在东昇学校主办“礼赞新时代，奋进新征程”杂技、魔术文艺志愿演出活动，为留守儿童送去温暖。

9 月 6 日下午，由内蒙古曲艺家协会的“送欢笑·草原万里行”文艺惠民活动在呼和浩特市武川县上秃亥乡圪奔村开展。悠扬的马头琴音、优美的歌声、有趣的相声表演等节目艺术地展现了内蒙古各族人民守望相助的传统美德。

3. 文艺志愿者的军旅情

2023 年 2 月 5 日上午，由内蒙古文联主办，内蒙古文艺志愿者协会、内蒙古杂技家协会、呼和浩特市文联承办的“文艺进万家 健康你我他”新时代文明实践文艺志愿服务活动走进内蒙古自治区消防救援总队训练与战勤保障支队。本次活动以文艺汇演的形式走进基层，深入基层，体现出军民一家亲的鱼水之情。4 月 27 日，内蒙古杂技家协会走进呼和浩特市消防救援支队特勤大队，开展“礼赞二十大奋进新征程”为主题的优秀杂技（魔术）文艺志愿演出活动，通过本次精彩的杂技演出为一线消防官兵送去关心，推动自治区消防救援工作的发展。

7 月 27 日至 29 日，八一建军节来临之际，由内蒙古文联、湖南省文联联合举办的“曲赞新时代 奋进新征程”——蒙湘送欢乐 真情暖军营文艺志愿服务活动在锡林郭勒盟苏尼特右旗边防旅拉开序幕。本次活动中湘蒙两地艺术家们与苏尼特右旗乌兰牧骑队员同台献艺。演出包括歌舞、相声、小品、呱嘴及器乐演奏等，展现出新时期民拥军、军爱民的真挚情谊，奏响祖国北疆军民鱼水情深的和谐乐章。

9 月 20 日下午，由内蒙古文联主办、内蒙古杂技家协会承办的“喜迎二十大，礼赞新时代，奋进新征程”——新时代文明实践杂技、魔术活动在内蒙古消防救援总队举办。演出由《坛技》《双人力》《滚环》《丝韵》《套马杆》《肩上芭蕾》《魔手神彩》《高车飞碗》等 13 个精彩节目构成。本次“魔术进消防救援总队”活动，进一步增加了军民团结。

（二）举办首届内蒙古自治区曲艺展演

2023 年 7 月 1 日至 3 日，内蒙古自治区文化和旅游厅、内蒙古自治区文学艺术界联合会、赤峰市人民政府主办的“曲赞新时代 奋进新征程”首届内蒙古自治区曲艺展演在赤峰市巴林右旗举办。历时 3 天的曲艺展演中，内蒙古艺术剧院民族曲艺团、全区各地乌兰牧骑等多个曲艺团体为基层群众送去了 10 场演出，为观众表演了相声、快板、呱嘴、评书、笑嗑、赞词、岱日拉查、好来宝、乌力格尔等 13 个曲种组成的 68 个优秀节目，让广大观众近距离体验到曲艺的独特魅力。此次展演坚持“线下线上融合，演出演播并举”的传播理念，联合中央、地方等多家网络平台形成媒体矩阵，对演出进行线上直播，并且通过视频、图片、文字介绍等形式普及传播曲艺知识，展演相关视频点击量超百万次。

（三）打造具有时代气息的曲艺春晚

2023 年 1 月 12 日，“2023 内蒙古曲艺春晚”在鄂尔多斯大剧院录制。晚会以“欢笑送万家，曲艺迎新春”为主题，来自全国各地的曲艺名家以及内蒙古各地乌兰牧骑演员和曲艺院团的专业曲艺工作者为观众表演了京韵大鼓、对口呱嘴、漫瀚调、小品、相声等观众熟悉的曲艺节目，展现了民族特色浓郁的祝词、陶力、古如歌、赞词等极具魅力的曲种，喜迎新春佳节。

本次曲艺晚会节目多是 2022 年以来，参演文艺工作者扎根基层、深入生活创作的具有中国风格和中国气派的优秀作品，反映了各族人民阔步新时代、奋进新征程的磅礴力量和各民族群众交往交融交情谊、同心同德同发展的美好景象。晚会上，刘全和、刘全利、大兵、赵卫国等全国曲艺名家表演了精彩节目，金霏、陈曦等新生代曲艺演员与王占新、王舜等内蒙古曲艺名家同台献艺，奏响内蒙古百业兴旺、人民群众幸福生活的美好赞歌。

（四）承办第二十届中国·内蒙古草原文化节暨第四界华北五省区市优秀杂技（魔术）展演

2023 年 7 月 8 日至 8 月 6 日，“相约北疆 文颂中华——第二十届中国·内蒙古草原文化节”在呼和浩特市举办。本届草原文化节举办了包括民族曲艺专场《拉起四胡唱新歌》等各盟市重点文化艺术活动集萃 9 项活动。

7 月 21 日晚，本届草原文化节系列活动之一的“相约北疆 文颂中华”第四届华北五省区市优秀杂技（魔术）展演上演。6 月 25 日至 27 日召开的展演预备会议上，相关特邀专家对初审出的 22 个节目进行终审，最终选出 12 个节目参加展演。展演活动现场，由内蒙古祥升龙狮杂技团、沧州杂技团、天津市杂技团、太原市歌舞杂技团、内蒙古艺术剧院杂技团、中国杂技团表演的《雄狮送福》《涟漪·扇变》《炫·空竹》《心灵捕手》《六人飞碗》等 12 个节目登上了展演舞台。

三、新作、创新与突破

2023 年内蒙古曲艺界、杂技界依托北疆地域优势，创作出了一系列接地气、传得开的优秀作品，在相声、好来宝、小品、呱嘴、魔术等方面再次取得新突破。

（一）曲艺、杂技新作荣获第十三届“萨日纳”奖

第十三届内蒙古自治区艺术“萨日纳”奖评审会于 2023 年 3 月 10 日召开，评选出音乐、舞蹈、曲艺、艺术评论等方面优秀作品 69 部，其中曲艺类有 4 部作品获奖、获奖个人 10 名，分别是海青少布、内蒙古艺术学院安达组合表演的好来宝《科尔沁走马》（蒙古语）获得节目奖，袁沛耀的撸板呱嘴《唠家

常》获表演奖，李照日格图创作的好来宝《总书记回信了》（蒙古语）获编剧奖，王舜的呱嘴《走在幸福的大路上》获新人奖。获杂技节目奖的作品《双人蹬技》由内蒙古艺术剧院杂技团选送，获表演奖的作品《魔幻草原》由包头市朱红岩编创。作品围绕二十大精神创作，体现了祖国北疆的文化特色。

（二）群口相声《wolcome to 内蒙古》创新意

6月8日至10日，第七届“南山杯”全国曲艺新人新作展演在广东省深圳市南山区成功举办。由宋宁创作，杨钰海、任立平、任振国、曹雄表演的群口相声《wolcome to 内蒙古》，用朴实幽默的语言、形象生动的表演，向观众展示了祖国北疆亮丽风景线，博得全场观众阵阵掌声。该作品是2023年内蒙古文联“春暖草原百花开”迎春联谊会上内蒙古曲协组织创作的语言类作品之一，曾在内蒙古广播电视台等众多平台播出。作品用相声的形式讲述了新时代内蒙古故事，展现了新征程上闯出的一条边疆民族地区的现代化之路。

（三）弘扬北疆文化，激发曲艺新活力

自治区组织曲艺骨干人才，创作推出以学习宣传贯彻党的二十大精神为主题的“六条促进条例曲艺作品”，推荐给全区曲艺演员排演。联合直属机关工委，承办学习贯彻习近平新时代中国特色社会主义思想主题教育小戏、小品、曲艺作品展演，推选出好来宝《中国式现代化》、快板《启航新征程》、呱嘴《老网红点赞新时代》等作品，将理论学习成果转化成文艺形式的创新表达，推动党的创新理论“飞入寻常百姓家”。

8月12日下午，全区相声比赛暨第二届“达·金巴扎木苏”笑嗑比赛在西乌珠穆沁旗成功举办。比赛通过激烈的角逐评选出《绰号》《金驴子》《请柬》《赛恩额日》《城镇与乡村》《害羞的人》《如此婚礼》等优秀作品。全区相声比赛的成功举办团结引导广大曲艺工作者、曲艺艺术家和乌兰牧骑队员，深入生活、扎根人民，讲好各族人民团结奋斗的内蒙古故事，努力推出一批

反映中国式现代化伟大实践的精品力作，培养造就高水平曲艺创作表演人才，培育地方文化旅游文艺品牌项目，保护传承“笑嗑”非物质文化遗产项目，推动文化旅游产业高质量发展，不断丰富群众精神文化生活，为繁荣发展社会主义文艺做出新贡献。

8 月 27 日至 28 日，“艺苑撷英——全国优秀青年曲艺人才展演”在浙江省台州市举办，内蒙古曲协推选的青年曲艺人才王舜、李格根株格入选 2023 年全国优秀青年曲艺人才复评。

四、活动、交流与趋势

为深入贯彻党的二十大精神，更好推动新时代内蒙古曲艺高质量发展，内蒙古曲艺家协会、内蒙古杂技家协会围绕弘扬北疆文化，开展“走出去”系列相关调研学习，赴宁夏、山西、湖南等地采风调研，接待台湾、浙江等曲艺团交流与学习，促进内蒙古曲艺、杂技工作进一步发展。

2023 年 3 月 30 日，中国杂协第八届理事会第四次会议在陕西省西安市召开，内蒙古杂技家协会被评为中国杂技家协会 2022 年度“先进团体会员”。5 月 11 日，2023 年全国曲协工作会在京召开，内蒙古曲艺家协会被授予“2022 年度中国曲协优秀团体会员”称号。

（一）内蒙古曲艺家协会开展“走出去”调研学习

5 月 20 日至 26 日，第 10 个中国文艺志愿者服务日主题活动暨湘蒙辽琼滇五省区文艺志愿服务采风创作交流研讨活动持续在湘开展。活动期间，湘蒙辽琼滇五省区文艺志愿深入武警湖南总队新兵团、衡阳常宁水口山、郴州桂阳县文化园等多地开展慰问演出和形式多样的采风交流活动。此次交流，通过精彩的文艺演出推动内蒙古文化“走出去”，也通过学习调研将好的经验做法“请进来”，为内蒙古曲艺提供多元的交流平台，推动了内蒙古曲艺事业新发展。

10月22日至25日，内蒙古文联副主席、内蒙古曲协主席王占新，内蒙古曲协副主席杨钰海，内蒙古曲协秘书长格根塔娜一行7人赴山西省开展“走出去”调研学习活动，本次交流活动以“奋楫劈波浪，携手共远航”为主题，进一步加强晋蒙两地曲艺艺术家交流互鉴，为进一步促进两地“高质量共建曲艺艺术，携手实现共同发展繁荣”奠定了基础。晋蒙两地艺术家通过活动交流了近年来曲艺艺术创作的基本情况以及主要的经验和做法。

（二）内蒙古曲协赴宁夏采风调研

2023年内蒙古曲协由副主席斯琴带队赴宁夏观摩学习、采风调研。一行人带着新时代内蒙古曲艺事业和曲协工作如何守正创新、锐意进取，不断迈出新步伐，开创新局面等问题走进了宁夏。

曲协团在观摩了云、贵、川等12个省区为第五届中国西部优秀曲艺节目展演带来的优秀节目后，又参与了“中国曲协名家新秀送欢笑活动”。富有内蒙古特色的好来宝《美丽乡村》《党的光辉》、呱嘴《礼赞二十大，欢乐中国行》亮相宁夏大舞台，受到当地军民的热烈欢迎。展演结束后，主办方组织参加展演人员到百年董府、黄河大峡谷、水利博览馆进行了实地采风调研，通过实地感受文化底蕴、现场观看祖国伟大的建设成就激发创作灵感。

（三）两岸青年曲艺演员交流研学共促曲艺新发展

为促进两岸青年曲艺演员交流，共同传承发展中华优秀传统文化，10月8日台湾吴兆南相声剧艺社、相声天团一行9人走进内蒙古艺术剧院交流学习。交流团分别走进了京剧团、民族曲艺团、民族乐团、二人台艺术团等。艺术剧院精选了部分节目与来自台湾的青年演员们进行了交流演出，让台湾同胞在交流参观的过程中深刻地了解到内蒙古地区在传承和发展中华优秀传统文化方面所做的贡献和努力。10 月 9 日至 10 日，台湾青年曲艺演员交流团赴乌兰察布参访交流，深入了解当地乌兰牧骑的发展与成就，与当地曲艺工作者分享创作中的技巧和经验，双方演员进行了演出交流。

（四）开启全国基层曲艺共建之先河

6 月 28 日至 7 月 1 日，浙江省台州市路桥区·内蒙古扎鲁特旗曲艺共建结对仪式、浙江省台州市路桥区·内蒙古巴林右旗曲艺共建结对仪式分别在内蒙古扎鲁特旗、巴林右旗举行。这次友好结对中国曲协给予了牵线搭桥与指导，得到了内蒙古曲协、浙江省曲协的大力支持，被誉为“大海与草原”的牵手，开启了全国基层曲艺共建结对之先河。在共同促进彼此曲艺等文艺事业兴盛的同时，为两地的经济社会发展做出应有成绩，也为中国曲艺事业的进一步繁荣贡献力量。

五、问题、思考与建议

内蒙古地域辽阔，在曲艺、杂技方面拥有较多的文化资源，各盟市均有独具特色的艺术表现形式，但存在如缺乏创新队伍建设、曲艺和杂技类非遗传承基地不足、新媒体宣传待开发与应用等问题，这些都是制约曲艺、杂技发展、传播与弘扬的关键。

（一）缺乏新作品研发团队建设

优秀作品的创作与研发是弘扬曲艺、杂技艺术的关键，缺乏研发团队建设是制约作品高质量产出的原因之一。目前自治区存在缺乏高层次艺术人才、团队老龄化严重、作品创新与研发较为薄弱等问题，导致部分民族曲艺、杂技表演团队陷入进退两难的窘境，相关机构与单位应当立足于新时代的需要，充分利用政策扶持、相关奖励机制，广泛吸收具有艺术创新力的新型人才合理运用地区高校资源，邀请民间艺术家普及曲艺、杂技文化，打造曲艺杂技阵地联盟，为作品创作与研发提供“培育土壤”。打造老中青相结合的作品研发团队，为曲艺团、杂技团的发展注入青春与活力。

（二）曲艺和杂技类非遗传承基地不足

曲艺和杂技是人的艺术，传承人的生存现状直接影响曲艺、杂技艺术的兴衰。内蒙古地大物博，民间曲艺、杂技资源丰硕，其中国家级非物质文化遗产名录中就有曲艺类项目 5 项、杂技类项目 9 项，如果不能做到全面的保护、开发与利用，很多民间曲艺将伴随着传承人的逝世而消亡。目前内蒙古传统艺术表现形式没有得到很好的保留，盟市间对于传承人的保护不予重视，缺乏系统的传承人管理制度，在曲艺的传承与发展层面与传承人缺乏良性沟通，导致曲艺传承链的破坏。

另外，盟市缺乏曲艺和杂技类非遗传承基地也是制约非遗传承的关键之一，11 月 13 日上午，中国曲协深化改革基层联系点工作推进会在上海嘉定工业区召开。会上，巴林右旗格斯尔文化生态保护发展中心分享了格斯尔传习所非遗基地建设经验。格斯尔传习所是中国格斯尔文化抢救保护与研究基地，是一所传承中华优秀传统文化、团结各族群众的教育基地。内蒙古各盟市都具有各自特色的曲艺、杂技文化，但在资金、人力等多方面因素制约下，缺乏像格斯尔传习所这样的非遗教育基地建设。

（三）新媒体开发与利用待完善

新媒体是科技时代的新生产物，它可以突破时间与空间的限制，做到实时实地与外界建立桥梁，在曲艺、杂技品牌建设、活动宣传等方面都发挥着至关重要的作用。目前内蒙古曲艺、杂技的线上媒体开发较为欠缺，宣传力度不足，部分盟市虽有自己的曲艺、杂技线上宣传窗口，但存在资源整合不足、信息发表较慢等问题。相关单位和机构要立足于新时代的发展背景，扎根于北疆沃土，打造北疆曲艺、杂技艺术的线上宣传窗口，组建新媒体运营与开发团队，提高在当地公众号上的文章推送频率，利用抖音等短视频软件的影响力，针对受众人群投放相关演出的海报、宣传片等。以线上与线下相结合的方式，打通各盟市、旗县的曲艺、杂技品牌的对外宣传通道，提升北疆文化的国内外影响力。

主持人：

张劲盛　内蒙古自治区艺术研究院二级艺术评论

参与撰写：

戈琳娜　内蒙古自治区艺术研究院二级音乐理论

萨其日拉　内蒙古艺术学院附属中等艺术学校民乐教研室主任

宋姝一　内蒙古艺术学院硕士研究生

赵政南　内蒙古艺术学院硕士研究生